Un train
pour la Suisse

Pour mes parents, Jenny et David

Un train
pour la Suisse

Diccon Bewes

HELVETIQ

TEXTE INTÉGRAL

TITRE ORIGINAL
Slow Train to Switzerland
Diccon Bewes
publié pour la première fois par Nicholas Brealey Publishing, 2013

ISBN original : 978–1–85788–609–2
© Diccon Bewes 2013, 2014

TRADUCTION FRANÇAISE
Un train pour la Suisse
Diccon Bewes

Traduction © 2014 par Andréane Leclercq
Avec l'aide de Julia Hirsch

prohelvetia

Avec le soutien de Pro Helvetia, Fondation suisse pour la culture

ISBN : 978–2–940481–10–1

Graphisme et mise en page : Roxanne Borloz
© Photo couverture : Keystone, Martin Ruetschi

Relecture : Marie-Claude Hornisberger et Dag Olsen

Dépôt légal en Suisse : octobre 2014
Bibliothèque cantonale, Lausanne, Vaud
Bibliothèque nationale suisse, Berne

édité par
© **HELVETIQ**
Côtes de Montbenon 30, CH-1003 Lausanne
www.helvetiq.ch

Toute reproduction d'un extrait quelconque de ce livre, par quelque procédé que ce soit, est interdite sans autorisation écrite de l'éditeur.

Sommaire

	Prologue	7
	Introduction	10
– 1 –	Le Junior United Alpine Club	19
– 2 –	La cité au bord de l'eau	57
– 3 –	À la découverte des Alpes	101
– 4 –	Un bain bien chaud	139
– 5 –	Par-delà les collines	183
– 6 –	Le Paris des Alpes	220
– 7 –	Le pays des ouragans gelés	263
– 8 –	La reine des montagnes	306
	Épilogue	353
	Post-scriptum personnel	373
Annexe 1	Le monde en 1863	378
Annexe 2	La suisse dans les années 1860	383
Annexe 3	À propos de l'argent	386
	Bibliographie	390
	Liste des illustrations et crédits des photos	396
	Remerciements	401

Prologue

Le changement est un phénomène curieux. Souvent, il se produit sans même qu'on y fasse attention, mais tout aussi fréquemment, il survient sans prévenir, lorsqu'on s'y attend le moins. Le plus difficile est alors de parvenir à prendre assez de distance avec les évènements pour être vraiment en mesure de les comprendre. Heureusement, le destin est parfois de notre côté, nous offrant l'opportunité d'appréhender un univers ou une époque différents des nôtres. Pour ma part, ma destinée s'est manifestée sous la forme d'un journal de voyage, depuis longtemps oublié, mentionné en note de bas de page dans quelque guide anglais sur la Suisse.

C'est ainsi qu'il y a quatre ans je découvris ce journal, en faisant des recherches pour mon premier livre. Aussitôt, je surfai sur Internet et dénichai une copie de l'ouvrage, disponible chez un bouquiniste d'Amsterdam. Quelques jours et quelques euros plus tard, un petit paquet arrivait dans ma boîte aux lettres : à l'intérieur, un petit livre broché de 126 pages, à la couverture bleu ciel poussiéreuse ornée d'un edelweiss. Ce n'était pas l'original, évidemment, mais une édition parue 50 ans plus tôt pour le centenaire d'un évènement touristique singulier qui bouscula l'avenir de tout un pays et initia une nouvelle forme de loisir dans le monde entier. Il s'agissait d'un voyage au cours duquel des femmes en grande toilette s'aventuraient sur des glaciers, où les trains circulaient lentement mais dont l'incroyable nouveauté et les paysages d'une beauté à couper le souffle laissaient l'auteure sans voix.

Dans un moment d'inspiration ou de folie (ou les deux), je décidai de prendre le même chemin. Guidé par une femme décédée depuis plus d'un siècle, je traverserais l'Europe pour tenter de voir le continent à travers son regard. Tout au long de la route, j'espérais entrer en connexion avec elle, malgré les différences et la distance qui nous séparaient. Cette femme avait cherché l'aventure, et moi je chercherais cette femme. J'avais son journal, je pouvais donc suivre ses mots, mais je voulais aussi retrouver des traces de son passage dans les endroits qu'elle et moi aurions visités. Non pas pour vérifier ses dires, mais pour créer un lien entre son tour et le mien, entre le tourisme d'alors et celui d'aujourd'hui, entre nous deux.

Bien sûr, je voulais aussi constater les changements depuis son époque; les aspects aussi évidents que les temps de transports par exemple, mais aussi ceux auxquels on ne pense pas forcément. Après des années passées en tant que chroniqueur de voyage, allais-je réussir à imaginer ce que voyager pouvait signifier à l'époque de ces pionniers? Après des années en tant que touriste, allais-je comprendre comment tout avait commencé? Après des années en tant que Britannique en Suisse, allais-je découvrir comment mes compatriotes avaient contribué à transformer ce pays? La Suisse était-elle si différente? Je n'allais pas tarder à le savoir.

Ce tour changea le monde du voyage.

Ce voyage initia le tourisme de masse.

Cette invasion donna naissance à la Suisse moderne.

Ce voyage, je devais le faire.

Donc je l'ai fait, tout simplement.

– Prologue –

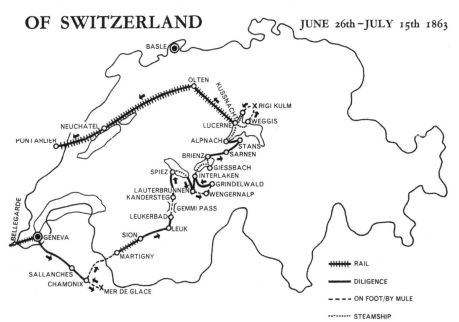

L'itinéraire du premier tour de Suisse

Introduction

Ils furent découverts dans une vieille boîte en fer toute cabossée, au milieu des décombres de l'après-guerre dans l'East End de Londres : deux grands livres à la couverture de cuir rouge éraflé qui avaient survécu au Blitz, bien à l'abri dans leur emballage métallique. Toujours entiers, pourtant presque perdus, parmi les débris des bombardements nocturnes. Heureusement, quelqu'un les découvrit avant qu'ils ne disparaissent à jamais.

Ces deux volumes forment un journal complet, le récit d'un voyage à travers l'Europe accompli il y a plusieurs décennies. Couverts d'une adorable écriture légèrement penchée, parfaitement lisible et délicieusement démodée, ils sont agrémentés çà et là de couronnes de feuillages dessinées à la plume. Plus fréquemment, des photographies noir et blanc défraîchies et des cartes postales jaunies sont épinglées aux pages et confèrent à l'ensemble des airs d'album autant que de journal. Les informations personnelles concernant l'auteure sont rares ; pas même son nom de famille n'est indiqué, ni comment ces carnets ont pu se retrouver dans les ruines d'un immeuble bombardé, 80 ans après avoir été écrits. Quant à la destination du voyage, la description est digne d'un véritable défi pour toute lady de l'époque victorienne :

> "Nous avons atterri à Weggis, et si chaque garçon, chaque homme et chaque muletier qui nous ont assaillis avait été une guêpe et chaque mot une piqûre, Weggis aurait eu raison de nous tous. Nous avons littéralement été infestés, persécutés et encerclés par ces importuns !"

Les « guêpes » se transforment ensuite en « parasites » puis en « ogres goitreux », autant de qualificatifs qui ne viennent pas nécessairement à l'esprit lorsqu'on pense à la Suisse ; ce pays qui compte aujourd'hui parmi les plus riches et les plus propres du monde. Le voyage de notre auteure était un tour des Alpes de trois semaines et, pour être exact, son journal était la chronique du premier tour de Suisse organisé par Thomas Cook. Rien à voir avec la Suisse d'aujourd'hui. Désormais, les trains, le chocolat et l'argent collent tellement à l'image de la Confédération qu'ils en sont devenus ses symboles. Ces clichés sont toutefois basés sur des faits bien réels. Car les Suisses sont vraiment les champions du monde dans ces trois domaines : ce sont eux qui détiennent les records du plus grand nombre de kilomètres parcourus en train, de la plus grande quantité de chocolat consommée et de la plus grande quantité d'or engrangée par habitant.

Mais, il y a 150 ans, aucun de ces stéréotypes n'aurait convenu à la patrie d'Heidi puisqu'aucun d'eux n'existait sous sa forme actuelle (même Heidi n'est apparue qu'en 1880). Les Suisses ont mis du temps à opter pour le chemin de fer qui totalisait à l'époque tout juste 650 km contre plus de 5 000 aujourd'hui ; le chocolat – cadeau souvenir par excellence – n'arriva qu'en 1875 ; quant à l'argent, c'était une denrée assez rare dans un pays qui vivait essentiellement de la terre, que ses habitants quittaient pour trouver ailleurs une vie meilleure. Il y a un siècle et demi, la Suisse était un endroit très différent, dont une grande partie croupissait dans la pauvreté rurale, et où le salaire journalier d'un travailleur moyen à l'usine équivalait au prix du petit déjeuner dans un hôtel. Dans un guide anglophone de cette époque, on pouvait lire le conseil suivant :

Un sou ou une petite pièce de monnaie est suffisante pour les légions de mendiants qui vous assaillent. Ne sortez jamais sans une réserve de pièces, mais distribuez les avec parcimonie.

Pour les visiteurs britanniques, habitués aux bidonvilles et aux Oliver Twist, cela ne correspondait pas à l'image romantique qu'ils avaient de la Suisse. C'était un pays lointain certes, mais pas tout à fait inconnu. Pendant des décennies, les Alpes avaient été romancées, peintes et escaladées, autant d'expériences qui avaient contribué à transformer cette barrière redoutable au cœur de l'Europe en une merveille naturelle du 19e siècle, un peu sauvage et dangereuse. La Suisse n'était pas pour autant la cible de hordes de touristes : les voyages demeuraient le privilège des riches et des insouciants, ceux qui avaient du temps et de l'argent. Ainsi, alors que Byron, Turner, Dickens et Wordsworth avaient déjà tous séjourné longuement en Suisse, en quête d'inspiration, un tel voyage restait inconcevable pour la plupart des Britanniques : trop loin, trop cher. La République alpine était l'équivalent géographique de la royauté européenne : éblouissante, belle et intrigante, mais hors de portée des simples citoyens, seulement appréciée de loin. Tout cela changea en 1863, grâce aux classes moyennes britanniques et à leur appétit d'aventure.

Ces visiteurs-là, ces banquiers et ces juristes, allaient révolutionner la Suisse. Leur invasion pacifique apportait les moyens financiers et sociaux de transformer les pauvres en riches. Grâce au tourisme, la Suisse devint la Cendrillon de l'Europe et, comme dans tous les contes de fées, il fallait une marraine, ou plutôt ici un parrain. C'est en la personne de Thomas Cook qu'il s'incarna ; un homme qui allait révolutionner le monde de la manière la plus ludique qui soit : par les vacances.

– Introduction –

. . .

Depuis plus de 150 ans, Thomas Cook est synonyme de voyage et d'aventure, mais avant de devenir une enseigne mondiale, Thomas avait une mission. Pasteur baptiste dans le Derbyshire, il voulait que le monde renonce à l'alcool et parte visiter d'autres contrées. Alors qu'il posait le jalon sur la voie de la renommée mondiale en organisant un voyage en train dans les Midlands anglais, c'est la Suisse qui allait insuffler le succès nécessaire pour créer la nouvelle industrie du tourisme. Certes, ce n'est pas à Thomas Cook que revient la mode des vacances à l'étranger, mais il a développé leur attrait, les a rendus financièrement accessibles, élargissant l'offre bien au-delà du nord de la France. D'abord simple filet, puis flux constant, et finalement véritable inondation ininterrompue : le tourisme de masse arrivait !

Avec Cook, la Suisse est devenue accessible et abordable. Les trains réduisaient les temps de transport et les voyages en groupe diminuaient les coûts, permettant aux classes moyennes britanniques de profiter d'un séjour de villégiature dans les Alpes. Son premier tour organisé à destination de la Suisse remporta un tel succès que d'autres suivirent juste après, puis d'autres, et d'autres encore, jusqu'à ce que les touristes britanniques soient aussi répandus que les vaches. Et les Suisses ne tardèrent pas à prendre conscience du potentiel de cette marée montante, capitalisant aussitôt sur ses possibilités : construction d'hôtels, création de souvenirs, pose de rails de chemins de fer dans les montagnes ; tout cela pour les visiteurs d'outre-Manche. L'échange convenait à tout le monde. Les Britanniques découvraient les Alpes dans le confort d'un train, dormaient chaque nuit dans de vrais lits et repartaient avec une belle montre neuve. Les Suisses remplissaient leurs caisses. Une histoire d'amour qui dure depuis 150 ans.

Ceci dit, il n'est pas question ici de relater uniquement l'odyssée du tourisme ou comment il a cessé d'être un luxe, ni comment un simple voyage a donné naissance à la mode des vacances à l'étranger. Ce livre a pour but de raconter l'histoire de la relation entre deux nations, entre deux pays qui n'auraient pas pu être plus différents : une monarchie puissante dont l'empire s'étendait dans le monde entier, et une petite république qui se remettait tout juste d'une guerre civile. Sans la Suisse, les Britanniques n'auraient peut-être jamais eu la possibilité de voyager uniquement pour le plaisir, sans avoir à conquérir les habitants ou à les convertir. Sans les Britanniques, la Suisse ne serait peut-être jamais devenue l'un des pays les plus riches du monde.

Le premier tour organisé par Cook en Suisse fut le moteur du développement de la Suisse au même titre que les trains qui le faisaient voyager. C'est grâce à lui que quelques voyageurs Britanniques intrépides posèrent le pied en France un vendredi de juin. C'est grâce au chemin de fer que le groupe put rejoindre la Suisse en deux jours au lieu de deux semaines. Et c'est grâce à Thomas et aux trains que le monde des voyages se transforma. C'était le début du tourisme de masse et l'une des participantes compila tous les détails.

Un rapide saut dans le temps et 140 ans plus tard, me voici à Newhaven par une chaude journée d'été. Concernant cet endroit, l'auteure du journal n'avait rien de bien positif à en dire : « Il n'est pas port plus triste que celui de Newhaven ». Mais c'était le point de départ du groupe de Thomas Cook. J'aurais pu prendre l'avion pour Genève et arriver pour le repas de midi, ou prendre l'Eurostar pour Paris et être à l'heure pour le repas du soir, mais je voulais marcher dans les traces de ce premier voyage organisé et me devais donc de prendre le train pour la Suisse, lenteur incluse. Certes, cette option n'est pas la plus pratique, mais c'est la version originale.

– *Introduction* –

Je suis donc prêt pour le même voyage de Londres à Lucerne, en suivant le même itinéraire et en faisant les mêmes haltes (et si possible dans les mêmes hôtels). Trois semaines de périple m'attendent, en bateau, en train et en bus, à travers la France et la Suisse, pour tenter de reproduire le voyage de ces premiers touristes.

En outre, je sais aussi quel ouvrage mon amie victorienne a utilisé ; ce guide et son journal prennent aujourd'hui la place de mon téléphone portable et de mon iPad dans mon sac. L'absence de ces derniers pourrait s'avérer frustrante mais je ne veux pas pouvoir accéder instantanément aux cartes, aux horaires et aux taxis. Je n'aurai pour me guider que ces deux livres et j'avoue que même armé ainsi, je n'ai aucune idée de ce qui m'attend au cours de la version moderne de ce voyage historique. Mon aventure sera la sienne, à deux différences près, et cruciales, s'il en est : les tenues et les transports. Même si elle gravissait les montagnes en crinoline, je ne vais pas enfiler des robes dignes d'*Autant en emporte le vent*.

En ce qui concerne les trains, je les utiliserai tant que faire se peut, même si l'auteure n'en avait pas la possibilité. Car passer les cols à dos de mulet n'est plus une nécessité maintenant qu'il existe de très bons trains ; je n'ai pas l'intention de recréer le voyage à l'identique mais de le retracer. D'ailleurs le chemin de fer constitue un élément essentiel du tableau : c'est grâce aux trains que ce premier voyage fut possible et ils font toujours partie intégrante du paysage suisse, aussi emblématiques que les montagnes qu'ils permettent de gravir. Les touristes les utilisent pour profiter de la vue tout en haut et les indigènes pour redescendre après une journée d'escalade. La Suisse sans trains, ce serait comme les États-Unis sans voitures – inimaginable.

. . .

Voici l'opportunité de remonter dans le temps pour faire l'expérience du tourisme avant qu'il ne devienne une industrie et que les touristes soient mal perçus. Les grands touristes d'alors étaient aussi les grands voyageurs, mais aujourd'hui ces termes n'ont plus rien en commun. Comme le dit si bien Evelyn Waugh : « Le touriste, c'est l'autre », pour résumer la manière dont certaines personnes se perçoivent mutuellement à l'étranger. Dans la guerre culturelle de l'arrogance contre l'ignorance, les voyageurs (les gens qui voyagent, pas les gens du voyage) et les touristes se dédaignent tellement qu'ils réduisent le camp adverse à de simples caricatures.

Les voyageurs sont considérés comme des personnes prétentieuses et condescendantes, toisant de haut quiconque préférerait Disneyworld à une traversée de la Mongolie dans un camion rempli de chèvres. Ils s'acharnent à sortir des sentiers battus en quête d'authenticité, mais pestent en voyant d'autres faire de même. Les touristes sont quant à eux des moutons qui ne voyagent qu'en groupe et n'interagissent que rarement avec la population locale. Ils cochent les endroits qu'ils visitent sur leur liste de choses à faire, ne voient pas plus loin que l'œilleton de leur appareil photo et gâchent généralement le paysage par leur simple présence. Et leur conception de l'audace se limite à commander une paëlla avec leurs frites.

Que se passerait-il si l'on pouvait remonter au temps où les touristes étaient des voyageurs, bien avant les *TripAdvisor* et compagnie, lorsque traverser l'Europe en train représentait pour ces olibrius tout excités une aventure palpitante, le voyage qu'on ne fait qu'une seule fois dans sa vie ? Que se passerait-il si l'on pouvait aller là où ils sont allés, voir ce qu'ils ont vu, faire ce qu'ils ont fait et entendre ce qu'ils ont entendu ? Cela modifierait peut-être notre perception de ces gens, de nous-même et des touristes en général – sans oublier de celui qui est à l'origine de tout cela.

– *Introduction* –

Voici l'histoire de Thomas Cook et comment il changea le monde cet été 1863 avec une combinaison gagnante «voyage de qualité à un prix abordable»: «Nous ne prenons pas de commission sur la troisième classe. Notre but étant d'offrir le confort de la deuxième au prix de la troisième». C'est aussi l'histoire d'un rêve, le mien. Grâce à un vieux journal, je peux marcher dans les traces de monsieur Cook et de ses pionniers. Quelque 150 étés plus tard, je vais découvrir ce que les voyageurs d'aujourd'hui – et les Suisses – doivent aux touristes d'autrefois. Et la surprise sera de taille.

Un tour, deux voyages, 150 ans et un nouveau monde.

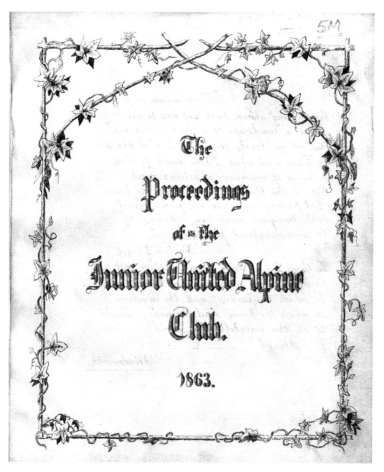

Page de titre du journal original de Mlle Jemima

Le Junior United Alpine Club

« Nous avons l'intention d'accompagner un groupe à Genève, à Lucerne, et vers d'autres lieux dans les cantons des Alpes et des lacs. »

— Thomas Cook, *The Excursionist*, Juin 1863 —

*Photo de groupe du Junior United Alpine Club :
Mlle Jemima est la troisième en partant de la droite*

Elle s'appelait Jemima, ou plutôt Mlle Jemima pour être plus précis. Pendant des décennies, on ne sut rien d'autre d'elle ; pas même son nom de famille. Mais elle existait réellement, en témoigne son journal. Sans être aussi historique que celui d'Anne Franck ou aussi hystérique que celui de Bridget Jones, sans prétendre retracer une année entière de son existence, il marque cependant une période importante de l'histoire des voyages. Car Mlle Jemima compta parmi les participantes du premier tour de Suisse organisé par Thomas Cook en 1863. Elle assista pour ainsi dire à la naissance du tourisme international moderne, qu'elle retraça dans les moindres détails.

Une fois édité, le Journal de *Mlle Jemima en Suisse* fut perdu, réimprimé, puis oublié, tant et si bien que nombreux sont celles et ceux qui n'en ont jamais entendu parler. J'étais d'ailleurs l'un d'entre eux jusqu'en 2009, alors que je commençais mes recherches sur l'histoire de la Suisse et du tourisme. Après un bref détour par l'ouvrage *Rough Guide to Switzerland*, je décidais de m'aventurer sur la toile à la recherche de l'unique témoignage de ce tour qui naquit au 19e siècle. En quelques clics, je devins l'heureux acquéreur d'une copie de l'édition réalisée pour le 100e anniversaire de l'expédition. Une fois ma lecture achevée, je ne savais toujours pas qui était Mlle Jemima (ni que son journal deviendrait d'ailleurs mon fidèle compagnon), mais j'étais fermement décidé à le découvrir.

C'est ainsi que deux ans plus tard, je me retrouvai à Newhaven avec, dans mon sac à dos, le journal de ladite demoiselle et un exemplaire de *Manuel du voyageur en Suisse, dans les Alpes de la Savoie et du Piémont (1861)*, le guide de référence de Jemima. J'étais donc prêt à partir sur les traces de M. Cook et de sa joyeuse équipée de quelque 130 touristes traversant la Manche pour jeter un œil de l'autre côté du *Channel*. La moitié des voyageurs avaient déserté le navire à Paris, d'autres à Genève, et les suivants en voyant le mont Blanc ; si bien qu'à la fin du périple, le tour ne comptait plus qu'une poignée de participants : le *Junior United Alpine Club*, ainsi qu'ils s'autobaptisèrent. Voici comment Mlle Jemima présente les membres du club au début de son journal :

"Mlle Eliza	Guide, philosophe, amie. Honorable médecin de l'expédition (allopathie)
Mlle Mary	Interprète française
Mlle Jemima	Artiste
Mlle Sarah	Voyageuse continentale
M. William	Trésorier
M. Tom	Professeur (28 ans), écrivain épistolaire accompli, interprète dans les cantons germanophones. Honorable médecin de l'expédition (homéopathie)
M. James	Interprète français et lauréat de poésie "

Bien que le journal de Mlle Jemima décrive le voyage de manière détaillée, il ne fournit aucune information sur son auteure, qui demeura un mystère complet pendant de longues années. Son journal, rédigé uniquement comme un « compte-rendu des errances » du club et aucunement destiné à une diffusion pour le grand public, tomba dans l'oubli aussitôt écrit. Personne ne s'en souvenait et les choses auraient pu demeurer ainsi sans l'aide de MM. Hitler et Göring, qui au cours d'un de leurs raids sur Londres, firent sortir de leur cache les deux livres dans un entrepôt détruit. Mais leur auteure persistait à n'être connue que sous le patronyme de Jemima. Lorsqu'en 1963 le journal fut publié pour célébrer le centenaire du tour, le lien put enfin être établi grâce à la publicité

William Morrell et Jemima Morrell

faite autour de l'ouvrage et grâce à l'écrivaine Anne Vernon, alors à la recherche d'un livre sur une famille importante du Yorkshire. Parmi de nombreux documents se trouvaient quelques lettres rédigées durant l'été 1863 lors d'un voyage en Suisse. Une rapide visite aux archives de Thomas Cook permit de déterminer qu'il s'agissait bien du même voyage que celui décrit dans le journal. Voilà, Mlle Jemima avait désormais un nom de famille – et une vie.

Jemima Anne Morrell est née à Selby, dans le Yorkshire, le 7 mars 1832. Elle est la fille de Robert et d'Anna Morrell. Son père était directeur de banque et la famille appartenait à la classe moyenne supérieure, pouvant s'offrir les services d'un cuisinier, d'une gouvernante et d'un précepteur. Le recensement de 1841 attestait l'existence de deux frères et d'une sœur : Robert (11 ans), Anna (6 ans) et William (4 ans). Lors du recensement de 1861, Anna n'était plus de ce monde et seule Jemima vivait encore au domicile familial. Elle avait donc 31 ans, aucune attache conjugale, des projets artistiques et un esprit audacieux, lorsqu'elle décida de partir à l'aventure.

Certes son père aurait pu financer le voyage en Suisse, mais d'après son journal il s'avère que c'est son frère William, également banquier de son état, qui s'en chargea « ayant accumulé à sa grande surprise une petite fortune grâce à une entreprise littéraire sur le charmant sujet des impôts sur le revenu ». Ce même frère, M. William Wilberforce Morrell, qui figure – sous le nom de M. William – dans la liste des membres du Junior United Alpine Club en qualité de trésorier. Et ce sont ses lettres, adressées à « Mon cher père », qui permirent d'élucider le mystère de l'auteur du journal, fournissant également un second témoignage, beaucoup moins étoffé toutefois, du fameux voyage. Certains de ses commentaires sont délicieusement sobres, tel celui sur Genève : « La plus haute montagne que nous ayons gravie est le dernier étage d'un hôtel ». D'autres sont curieusement banals : « Mère va-t-elle demander à Mme Mark-Hutchinson la taille des gants qu'elle souhaite que je lui rapporte ? ». Mais toutes les missives sont signées dans les règles de l'art : « Avec tout notre amour et mon affection, votre fils W. W. M. »

Des autres membres du club, nous n'en savons guère, excepté que « Miss Sarah », Sarah Ayres, était la cousine des Morrell. Soulignons que le club comptait quatre femmes pour trois hommes et que Mlle Jemima tint à préciser qu'elle « consentait à en faire partie, uniquement si la compagnie en était acceptable. » Voici l'un des premiers facteurs de succès des tours organisés par Thomas Cook : les femmes célibataires pouvaient voyager avec un groupe sans craindre pour leur sécurité ou leur réputation. Un contexte pratique et convenable. Les accompagnateurs et les restrictions n'avaient plus lieu d'être.

Jemima Morrell et ses parents dans leur jardin

. . .

Le Junior United Alpine Club et 120 autres participants se levèrent à 4 heures du matin le vendredi 26 juin 1863 pour prendre un train à Londres en direction du sud et entamer leur incroyable aventure. Pour ma part, je me suis mis en route à 7 h 30, tout juste 148 ans et 28 jours plus tard, flanqué de seulement quatre acolytes, dont trois avaient passé l'arme à gauche – Mlle Jemima, M. Cook, M. John Murray, éditeur de guides touristiques – et Jenny, ma mère. Mon périple débuta également sur des rails, mais avec une vitesse et un confort considérablement supérieurs.

En 1863, voyager en train était à la mode, certes, mais ce n'était pas particulièrement agréable. Les wagons en bois se divisaient en petits compartiments sans couloir ni porte de connexion. Chaque compartiment possédait sa propre entrée extérieure, obligeant les contrôleurs à emprunter des marche-pieds en dehors du train pour évoluer de wagon en wagon. Aucun chauffage, et l'éclairage se limitait à la lueur d'une unique lampe à huile par compartiment. On pouvait ouvrir les fenêtres, histoire de faire entrer la vapeur, la poussière et les étincelles qui s'échappaient allègrement de la locomotive. La première classe, assez luxueuse, accueillait seulement six voyageurs par compartiment, qui bénéficiaient de sièges de velours rembourrés et de chauffe-pieds disponibles à la location. La troisième classe, ressemblait plus à une boîte de sardines, où les gens s'entassaient dans de nombreux compartiments sur des bancs en bois ou des plateformes. À ses débuts, la troisième classe ne se composait même que de wagons ouverts et, à son époque, Thomas Cook, s'appliquait encore à préciser que ses voyages se déroulaient dans des « wagons couverts ». Généralement, la seconde classe présentait un peu mieux et avait au moins des sièges tapissés. Bien évidemment les différences de prix reflétaient celles du niveau de confort. En 1863, Cook proposait un voyage aller-retour de Lincoln à Londres pour 18 shillings (environ 70 £ aujourd'hui) en première classe et pour neuf shillings en « wagon couvert ». Mais quelle que soit la catégorie, il fallait six heures pour couvrir les 120 miles de l'aller et six autres pour le retour.

Le rembourrage de la première classe permettait d'absorber les chocs et les secousses du chemin de fer. Car les wagons, équipés de seulement quatre roues, de mauvais amortisseurs, de freins manuels et reliés non pas par des tampons mais par des chaînes, roulaient sur des voies rudimentaires. Rien de tout cela ne pouvait permettre un trajet fluide et tranquille. En fait, les wagons ressemblaient à des diligences, enchaînées les unes aux autres, évoluant ensemble dans un fracas général. Pas étonnant donc que certains voyageurs se conduisent comme sur un attelage, grimpant sur le toit, pointant la tête par les fenêtres, essayant de descendre en marche.

Aujourd'hui, traverser la Manche est devenu un jeu d'enfant : sous l'eau en train, dans les airs en avion, ou à l'ancienne en bateau. En son temps, Thomas Cook ne pouvait proposer que cette dernière option, avec cependant un large choix de ports différents. Pour le voyage qui nous intéresse, il décida d'embarquer dans un port aussi proche que possible de Londres et desservi par des compagnies ferroviaires avec lesquelles il pouvait négocier des conditions intéressantes. Au vu des itinéraires de train directs disponibles sur chacune des côtes, ce fut la traversée Newhaven-Dieppe qui remporta la palme. Mais le voyage n'en fut pas pour autant écourté. En effet, même si le trajet prenait à peine 30 minutes de plus que maintenant, soit une présence en mer de 4 h 30, cet interlude faisait partie d'un dur périple de 18 heures entre Londres et Paris. Une longue et éreintante journée, à n'importe quelle époque. Le port de Newhaven n'avait rien d'agréable à l'œil, mais il était pratique et rentable. Pour l'esthétique, il fallait attendre d'arriver en France. Mlle Jemima n'était pas la seule à critiquer ouvertement ce port puisqu'en 1874 on pouvait lire dans un guide de Thomas Cook à son propos « un endroit où il n'y a rien à voir ni personne pour le voir ». Visiblement, onze années de trafic en constante augmentation n'avaient que peu contribué à améliorer Newhaven ; et cette description correspond fort bien aujourd'hui encore. Alors que je marche dans la rue principale toute en longueur, je commence à me demander si je ne suis pas dans la meilleure partie de la ville. Entre les magasins « Tout à 1 £ » et les bookmakers, les vitrines vides et les « À louer » se font concurrence. C'est un endroit déprimant qui survit grâce au port et aurait bien besoin d'une petite dose de soins affecteux. Difficile d'imaginer un port moins intéressant que celui-ci dans toute la Grande-Bretagne, un endroit encore moins accueillant pour entamer ses vacances. Pas étonnant que l'attrait principal de Newhaven, la seule chose qui puisse le rendre célèbre, c'est que la voiture de Lord Lucan y fut découverte lorsque l'homme disparut sans laisser d'adresse en 1974.

Désormais, la ligne de train directe entre Newhaven et Londres n'existe plus. Pour pouvoir prendre le ferry du matin, nous devons donc passer la nuit sur place. Eh bien figurez-vous que trouver une chambre le samedi en juillet à Newhaven n'est pas aussi aisé qu'on pourrait le supposer. À croire que tout le monde attend le départ du ferry. L'hôtel Premier Inn étant complet depuis plusieurs semaines, nous voici obligés d'aller voir ailleurs. En route vers Seaford, l'alter ego de Newhaven ; la belle dont Newhaven est la bête, dotée de l'once de charme qu'il manque à son affreuse sœurette. Et le plus impressionnant, c'est qu'elle se trouve à côté du plus beau paysage côtier du sud de l'Angleterre, les Sept Sœurs. Oubliez Douvres ! Ces falaises blanches sont dignes d'une chanson ou d'une publicité pour un dentifrice.

Mais nous n'avons pas assez de temps pour la belle promenade sur les récifs, lieu de suicide no1 en Grande-Bretagne. Nous nous contentons d'une marche vivifiante le long du front de mer recouvert de galets, longeons les cabines de plage colorées et passons devant un pêcheur esseulé, puis regagnons notre chambre d'hôte.

. . .

Avant de prendre la route, le moment est venu de vous présenter mes compagnons de voyage, en bonne et due forme, et dans l'ordre chronologique. Tout d'abord, M. Thomas Cook : né le 22 novembre 1808, il emprunta différents chemins avant de devenir un agent de voyages extraordinaire. Il commença apprenti ébéniste, puis fut prédicateur baptiste itinérant, devint ensuite mari et père, et finalement fervent défenseur de la tempérance (c'est-à-dire de l'abstinence à l'alcool). C'est précisément cette opposition à l'alcool qui le mena à organiser des tours de tempérance en train, le premier ayant été organisé en juillet 1841 pour 500 personnes, entre Leicester et Loughborough – 17,7 km –. Après ce voyage, le parcours de Cook ne fut pas un long fleuve tranquille ; et pas seulement parce que Loughborough n'est pas exactement la destination de rêve à proposer lorsqu'on ouvre une agence de voyages. En 1846, il déclara faillite, pour un raison encore inconnue, mais rebondit rapidement et proposa des excursions vers l'Écosse, le parc national du Lake District et le pays de Galles, puis une offre qui remporta un immense succès : la visite de l'exposition universelle de 1851 à Londres. Plus de 150 000 personnes suivirent Thomas Cook pour voir le palais de cristal et ses 300 000 panneaux de verre.

Ce succès coïncida avec le lancement de *The Excursionist*, le journal de l'entreprise vendu pour un penny ; la première campagne pub et marketing de Cook. Aujourd'hui, ce serait un mix entre la brochure (sans les photos sur papier glacé) et le blog de voyage. De la taille d'un journal grand format, ses pages regorgeaient de détails sur les prochaines sorties, de comptes-rendus, de lettres de lecteurs, d'horaires de train, et de publicités sur tout ce dont un voyageur pourrait avoir besoin. Le décor était planté pour découvrir le monde.

En août 1855, Thomas Cook estima que les Britanniques mouraient d'envie d'explorer la Belgique et la vallée du Rhin, et décida d'organiser quatre itinéraires pour une première incursion ambitieuse sur le continent. Dans sa biographie palpitante de Cook, Piers Brendon note que le voyage fut un succès pour les clients, charmés par Bruxelles et conquis par

Un portrait officiel de Thomas Cook datant de 1863

le romantisme du Rhin, mais un peu déçus par les trains allemands et les caniveaux à ciel ouvert de Cologne (un participant déclarait avoir identifié 73 odeurs différentes, dont aucune plaisante sans doute). Puis s'ensuivit un second voyage que Cook décrit en ces termes « Il a fallu beaucoup de travail, de temps et d'argent et les deux se sont soldés par un résultat négatif ». Pourtant, l'année suivante, il proposa encore d'autres destinations, à la condition qu'au moins 50 participants payent des arrhes. Flop total, retour à la case départ, on reste chez les Rosbif. En dépit du fiasco financier, Cook tira des leçons de ses mésaventures européennes : il fallait des guides bilingues, les standards hôteliers étaient imprévisibles, et le transport de voyageurs et de bagages en grand nombre à l'étranger comportait certaines difficultés. Notre agent de voyages avait donc emmagasiné des connaissances et une expérience qui lui serviraient plus tard, entre autres « Il pourrait conseiller aux Anglais de prévoir du savon et du thé », comme le souligne si joliment Brendon. Ce conseil est encore suivi de nos jours par les Britanniques, même si le savon est certainement remplacé le plus souvent par le fameux "marmite".

Nullement découragé, Cook continua les excursions en territoire national, attendant la prochaine occasion d'éblouir les masses avec des rêves de voyage à l'étranger. C'est chose faite en mai 1861 avec son billet aller-retour pour Paris à une livre, en wagon troisième classe. Le plus extraordinaire n'étant pas le montant des pertes, une fois de plus, mais le nombre de participants à ce tour de six jours, qui comptait 1 673 inscrits. Imaginez l'incroyable défi que d'organiser un voyage pour autant de personnes, dont beaucoup n'avaient jamais quitté leur comté ni même leur pays. C'était un autre jalon sur la route cahoteuse de Cook pour se faire un nom, avec un objectif clair de qualité à prix abordable.

Mais le but n'était pas facile à atteindre. Dans son édito, le *Times* critiqua la « manie de l'excursion », tandis que le coup le plus préjudiciable fut porté par les compagnies de chemin de fer écossaises qui décidèrent de ne plus renouveler les tickets à bas prix octroyés à Cook et mirent soudain fin aux tours d'Écosse, les plus prospères de l'agence. En 1863, Cook se devait de trouver l'idée du siècle, s'il voulait survivre. Elle arriva sous la forme d'une petite note dans *The Excursionist* du 6 juin, celle qui figure en tête de ce chapitre. La Suisse allait devenir la nouvelle Écosse, avec des montagnes plus hautes et des fromages plus fins. Cook misait sur les Alpes comme point d'attraction assez imposant pour sortir les Britanniques hors de leur île et il avait raison. Cette première annonce déclencha «un déluge de demandes de renseignements». À peine trois semaines plus tard, le voyage commençait.

...

Le premier guide de Murray vit le jour quatre ans après Mlle Jemima, avec un titre plutôt intriguant : *Handbook for Travellers on the Continent* (Manuel des voyageurs sur le continent), ledit continent se limitant à la Hollande, la Belgique, la Prusse, l'Allemagne du nord et la vallée du Rhin de la Hollande à la Suisse. Les autres pays n'avaient qu'à attendre leur tour, jusqu'à la première édition du guide sur la Suisse (incluant les Alpes du Piémont et la Savoie) en 1838. Cette série de guides était le cru de John Murray, troisième du nom, petit-fils de John Murray, fondateur de la maison d'édition en 1768, qui publia Jane Austen, Charles Darwin et Lord Byron mais qui devint célèbre grâce à ses petits guides rouges, aujourd'hui sa marque de fabrique. Murray était l'équivalent anglais de Baedeker (à moins que Baedeker ait été l'équivalent allemand de Murray – puisque ces deux hommes furent associés plus que concurrents).

Alors que le guide de Baedeker sur la Suisse paraissait pour la première fois dans sa version anglaise en 1863, c'était la neuvième édition du guide de Murray qui partait dans les bagages de Mlle Jemima. Les conseils avisés ne manquaient pas, entre autres les mises en garde contre les dangers d'un soleil implacable – « La plupart des voyageurs qui se rendent en altitude perdent la peau de toutes les parties exposées de leur visage et de leur cou. » – ou les recommandations concernant les transports, les collations, les particularités langagières et les mœurs en matière de bagage : « Le train est désormais le moyen le plus rapide de rallier Berne depuis Lucerne, en 5 heures. » ; « Le vin suisse est généralement proscrit. » ; « Il est préférable pour les messieurs Anglais de faire imprimer leur nom ou de l'écrire très lisiblement car notre prononciation, à nous les Anglais, est souvent inintelligible pour les étrangers. » ; « L'aménagement prévu pour les bagages dans les trains suisses est, si c'est possible, encore moins pratique que dans les trains français ou allemands. Et que les voyageurs prennent garde : il y a comme un plan d'extorsion lors des transferts de et vers les gares. » En résumé, ces guides étaient la version meilleur marché de l'accompagnateur qui jusqu'alors se rendait indispensable durant un voyage à l'étranger en dénichant les hôtels et en s'occupant des bagages, pour un prix exorbitant.

. . .

Mlle Jemima était accompagnée de son frère ; moi je partais avec ma mère. C'est à elle que nous devons la majorité de nos expéditions familiales à travers l'Europe, généralement à la recherche du meilleur endroit pour pique-niquer. Quelle que soit la destination, le but était toujours le même. Rien d'étonnant à cela sachant que sa mère et sa grand-mère étaient italiennes. Mes souvenirs d'enfance tournent donc autour de la dose annuelle de chaos organisé à l'italienne. Quant à mon père, il semblait toujours heureux de s'y rendre, bien que je soupçonne que s'il avait eu le choix il aurait quelquefois préféré se poser deux semaines dans les Cornouailles. C'est en embarquant leurs trois enfants chaque année à Pâques, en voiture pour traverser la Manche, que mes parents ont fait naître mon amour des voyages et mon aversion des voitures.

Après l'université, j'ai été libraire, puis voyageur, de nouveau libraire, puis chroniqueur de voyage, encore une fois libraire, et voyageur. Finalement, j'ai décidé de combiner les deux et d'écrire des livres de voyage que je pourrais vendre, dans d'autres librairies, à défaut de la mienne. Je vis à Berne, la capitale de la Suisse, depuis huit ans et je ne vois pour l'instant aucune raison de déménager : le chocolat est bien trop bon pour quitter ce pays. Le succès de mon premier livre, *Swiss Watching – Le Suissologue*, en français – m'a prouvé que je pouvais abandonner la profession de libraire (certes pas pour toujours, si l'on en croit mon parcours) pour me concentrer sur l'écriture – et sur la pratique de la langue. Rien d'original que d'être un Anglais en Suisse, mais un Anglais qui aime parler des Suisses en connaissance de cause (et qui parvient à les faire rire), c'est tout autre chose. D'autant plus s'il arrive à converser en allemand, ou dans une langue qui s'en rapproche. Je suis ce qu'on pourrait appeler un « expert d'expat' ».

Revenons à notre groupe de voyageurs : Jemima, Jenny, John, Thomas et moi. C'est vrai, nous sommes un groupe plutôt atypique, mais ce voyage est aussi un voyage atypique. À l'heure d'Easyjet et de l'Eurostar, quelle idée de traverser l'Europe de cette manière ! Ni car, ni voiture, ni service de transfert, ni guide, et aucun but à proprement parler, si ce n'est celui de marcher dans les traces d'un géant du voyage. Si cela semble un peu trop imprévisible pour un voyage organisé, c'est parce qu'il en était ainsi lors du premier tour. Il serait bien trop facile, avec tant d'années de recul, d'arriver avec nos exigences modernes et nos préjugés.

Ce premier voyage n'était pas ficelé de A à Z, ne prévoyait pas une liste d'excursions et n'était pas non plus un exercice d'apprentissage de la vie en groupe. Thomas Cook admettait lui-même dans *The Excursionist* :

Nous ne pouvons pas indiquer précisément l'itinéraire du voyage jour pour jour après notre arrivée à Genève. Ceci dépendra des circonstances locales, du nombre de personnes qui auront décidé de voyager ensemble, des moyens de transport et d'autres facteurs que nous ne pouvons pas prévoir à l'avance.

Le même type de remarque s'appliquait également aux dépenses : « Il est impossible de fournir des informations précises ».

Néanmoins, le tour eut lieu ; c'est-à-dire que Thomas Cook accompagna les participants, même s'il faisait plus office d'organisateur que de guide. Le but était « d'explorer et d'examiner, en vue de futurs projets plus ambitieux ». En fait, il s'agissait d'un voyage de reconnaissance, d'une mission d'observation avec des hôtes payant de leur poche comme cobayes. L'affaire aurait pu tourner au désastre, Carry on Heidi without the inuendo, mais, heureusement, le succès fut au rendez-vous et ces « futurs projets plus ambitieux » se transformèrent non pas en d'inquiétantes expériences médicales mais en industrie du voyage, comme celle que nous connaissons aujourd'hui. Sans ce premier tour, nous n'aurions peut-être pas d'hôtels *all-inclusive* en Jamaïque, de tours d'Italie en car, d'enterrements de vie de garçon à Tenerife ou de croisières sur le Nil ; sans oublier les agences de voyage, les wagons-lits, les catalogues de vacances et les traveller's cheques. Tout a commencé avec les Suisses.

. . .

Reprenons le cours de notre voyage… Après toutes ces années passées en Suisse, je me rends compte que je suis habitué à la ponctualité des transports en commun. En Suisse, on respecte le timing et c'est normal. Le retour dans un pays où les trains semblent avoir leurs propres horaires est assez déstabilisant, mais aussi assez réconfortant – comme de manger des petits pois avec le dos de la fourchette ou de regarder Doctor Who. Les grilles d'horaires des chemins de fer britanniques relèvent plus d'indications générales que de l'Évangile, à en croire la durée du trajet entre Seaford et Newhaven. Ceci dit, nous sommes arrivés à l'heure à l'embarquement du ferry et nous avons pu voir disparaître le port dans l'onde du bateau traversant la marina, et admirer les Seven Sisters tandis que notre embarcation prenait le large. Direction la France, arrivée dans quatre heures.

Bien qu'à cet endroit la traversée dure plus longtemps que depuis Douvres, le fait que Newhaven se situe à moins de 100 km de Londres a propulsé le port au rang de ralliement idéal pour la France. La première ligne régulière de paquebots fut inaugurée en 1824 lorsque la General Steam Navigation Company décida de faire l'aller-retour deux fois par semaine. Et avec l'arrivée du train de Londres en 1847, sous les auspices de la compagnie ferroviaire London, Brighton and South Coast Railway, le nombre de passagers monta en flèche. Vers 1860, 50 000 personnes traversaient la Manche chaque année. De plus, Dieppe est bien plus proche de Paris que Boulogne ou Calais (148 km au lieu de 214), un avantage non négligeable quand les moyens de locomotion terrestres sont aussi lents que les bateaux ; et puis mieux vaut traverser les prairies de Normandie que les plaines du Nord. Normal que Cook ait choisi cette route.

D'après le livre de bord du port de Newhaven à la date du 26 juin 1863, le bateau à vapeur en service ce jour-là était le *Dieppe*, la météo clémente et l'air frais. Sensiblement les mêmes conditions que nous retrouvons quinze décennies plus tard. Mais c'est certainement l'unique point commun de ces deux traversées totalement différentes. Sur le bateau de Mlle Jemima : première et deuxième classes, thé et biscuits, sièges en cordage et sieste sous les parasols. Pas très confortable, mais tranquille. Notre bateau : 51 cabines, 5 salons, 1 bar, 1 restaurant, 1 magasin, 1 aire de jeux pour enfants, plus de 650 passagers, et un équipage. Plus de confort certes, mais aussi plus de bruit et rien de particulièrement marquant. Nous pourrions être sur n'importe quel ferry qui traverse la Manche, plein d'accros aux soldes et au soleil. Cependant, il flotte comme un air gaulois : son nom, « Côte d'Albâtre », désigne la côte normande où nous nous rendons aujourd'hui ; le restaurant propose du couscous et de la tajine d'agneau ; le personnel est aussi sympathique que dans n'importe quelle boutique des Champs-Élysées. On a l'impression d'être déjà en France.

La seule chose qui n'a pas changé – et qui ne changera probablement jamais – c'est l'envie d'observer les autres. Et les ferries sont l'endroit idéal pour s'y adonner ; comme dans n'importe quel autre transport en commun d'ailleurs. Pour Joanna Trollope, le meilleur endroit où un écrivain peut étudier les comportements humains, les relations et les conversations, c'est dans un bus londonien. Quant à notre Mlle Jemima, elle n'était pas non plus immunisée contre le jugement :

> "Les membres du Junior United Alpine Club, forts du dicton allemand "'Il n'y a que les Anglais et les fous qui voyagent en première classe'", avaient tous opté pour la seconde. (...) La houle obligeant tous les passagers à se réfugier dans la cabine avant, nous avons été conduits à critiquer ceux de l'arrière, qui sans la présence rédemptrice du Club, auraient tous appartenus à la seconde classe, dans plus d'un sens du terme. Telles ces deux ladies quinquagénaires, assises en face, sous leur chapeau brun... n'incarnent-elles pas l'endurance et la patience ? On peut imaginer leur foyer n'est-ce pas ? Bien tenu mais fané."

Aujourd'hui, aucun chapeau en vue sur les têtes des passagères, probablement à cause des rafales de vent mais aussi des changements de mode, bien que quelques hommes arborent une casquette de baseball. Les codes vestimentaires du 19e siècle nous sont totalement étrangers, comme l'auraient été à cette époque nos mœurs actuelles en matière de communication. Heureusement pour moi, les hommes ont abandonné les vestes en tweed et les cols amidonnés au profit de la tenue jeans-pull et short-baskets. Et les femmes ont troqué leurs robes longues également contre la tenue jeans-pull et short-baskets.

Aussi curieux que nos accoutrements unisexes auraient pu paraître aux yeux de Mlle Jemima, c'est certainement le déploiement de chair, mâle et femelle, qui l'aurait littéralement choquée ; un tel comportement aurait été scandaleux dans la bonne société. Ce n'est peut-être pas si mal d'ailleurs… voir des hectares de peau blafarde s'empourprer tel des homards ébouillantés est déjà assez difficile sur une plage en Espagne, mais sur le pont d'un bateau cela pourrait carrément donner le mal de mer. Il y en a quelques spécimens sur le nôtre, mais les conditions météo ont eu raison de leur motivation, et ils ont tous mis une petite laine, moi y compris, qui profite de chaque bouffée d'air salé. Ayant grandi près de la côte dans le Hampshire, ce qu'il me manque le plus en Suisse, c'est la mer. Aussi belles soient-elles, les montagnes, ce n'est pas la même chose.

Considérations vestimentaires mises à part, l'autre grande différence entre leur voyage et le nôtre, c'est la présence des enfants, dont le nombre aurait certainement fait pâlir une lady comme Mlle Jemima. Notre bateau résonne de leurs bousculades et de leurs cris, même à l'extérieur de leur espace réservé. Une telle progéniture aurait même découragé Thomas Cook :

Les enfants de trois ans et moins, qui voyagent dans les bras, ne paient pas, ni en Angleterre ni en France, et les enfants de trois à sept ans voyagent en demi-tarif. Nous espérons que les petits enfants seront contenus par les nourrices et que les autres tranches d'âge, après sept ans, ne viendront pas en Suisse.

En effet, le continent était un endroit dangereux pour les enfants, où des hommes en noir les attireraient avec des sucettes et des sorcières les engraisseraient pour les faire rôtir. À moins qu'ils ne meurent de froid en vendant des allumettes ou qu'ils soient ensorcelés par des joueurs de flûte. Il valait mieux qu'ils restent en Angleterre, où ils pourraient devenir pickpockets, ramoneurs ou ouvriers. Décidément, il ne faisait pas bon vivre à cette époque-là.

. . .

Quatre heures plus tard, après avoir bu, mangé, discuté, lu, joué, crié et (pour moi) respiré à pleins poumons, la côte française se dessine à l'horizon. Ses falaises ne sont ni aussi hautes ni aussi blanches que ses homologues britanniques, mais elles sont sans aucun doute taillées dans la même pierre. Les deux ports, eux, sont diamétralement différents. Plus nous approchons, plus nous avons hâte de poser le pied à terre : grande plage, promenade en front de mer, châteaux et jolies rangées de maisons.

Le débarquement semble aisé jusqu'au moment où nos bagages brillent par leur absence. Il ne nous reste plus qu'à les attendre, sachant que notre bus pour le centre-ville part dans 25 minutes. Plus nous attendons, plus nos chances de le manquer augmentent et avec lui notre train direct pour Paris. Afin de rendre l'attente encore plus inconfortable, le terminal est délimité par des clôtures métalliques de deux mètres de

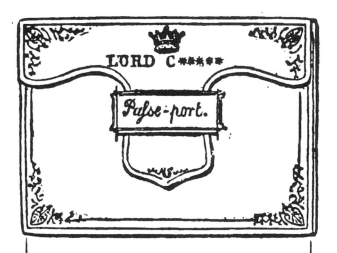

Publicité tirée du Manuel de Murray, mai 1861

haut, surplombées de rouleaux en fil de fer barbelé. Quelques passagers échangent des salutations attristées et tendent d'effleurer au moins la main de leur famille qui attendent de l'autre côté ; on pourrait presque s'attendre à recevoir des colis de nourriture.

L'avantage d'être enfermés ensemble dans le camp de Dieppe, c'est que nous pouvons discuter avec nos codétenus et ma mère ne tarde pas à engager la conversation avec une femme à l'air aussi élégant que redoutable, en charge d'un mari et de deux petits-enfants. En écoutant le récit de ses souvenirs, j'apprends comme il était extraordinaire de débarquer à Dieppe dans les années 1980. Le bateau accostait pour ainsi dire en centre-ville et l'on débarquait en pleine gare maritime ; il suffisait ensuite de monter dans le train. Mais les Français ne sont pas du genre à laisser la perfection entraver le progrès, c'est pourquoi l'ancien terminal de débarquement fut détruit dans les années 1990 et le nouveau – où nous nous trouvons – construit à l'écart de la ville, sans gare ferroviaire. Effectivement, ce n'était pas une bonne idée de choisir ce bateau-là, vu qu'on allait voyager sans moyen de transport, ni service de transfert, ni guide touristique.

Le bus arrive, de l'autre côté de la clôture barbelée, si proche et pourtant si lointain. Les voyageurs pouvaient certainement passer du bateau au train sans trop de difficultés, mais, 150 ans plus tard, ce n'est plus possible, ni pour nous ni pour les huit ou neuf autres personnes qui vont aussi manquer le bus. Après quelques minutes d'incrédulité collective, nous décidons de partir à pied.

Les premiers pas de Mlle Jemima sur le continent furent différents. Pour commencer, elle n'avait pas de passeport, ce document n'étant pas nécessaire pour se déplacer dans la majorité des pays alentour, bien que Thomas Cook ait conseillé de s'en munir. Les demandeurs devaient simplement écrire à Sa Majesté le secrétaire d'État aux Affaires étrangères, s'acquitter de deux schillings et attendre deux jours avant de recevoir leur passeport par courrier. Cependant, un seul passeport suffisait pour tout le monde, sur lequel « les noms de tous les hommes [devaient] figurer avec le nombre de femmes ». Aussi rétrograde que cela puisse paraître, les femmes ont tout de même obtenu le passeport avant le droit de vote : le passeport britannique

que nous connaissons, avec photo et couverture cartonnée, est arrivé en 1915, suivi de la version bleue en 1920 puis bordeaux en 1988.

Rien de tout cela ne concernait Mlle Jemima. Elle s'offusquait plutôt de ce que les tartelettes du Yorkshire de Mlle Sarah soient assujetties à une taxe douanière de 50 centimes, réclamée par les douaniers « plus par déception de ne pas avoir été invités à y goûter que par un droit quelconque de le faire ». Arrivée en ville, elle nota que le commerce de base à Dieppe était « l'ivoire sculpté, à en croire les vitrines des magasins ». Même si les tartelettes du Yorkshire restent suspectes, aujourd'hui l'impôt et l'ivoire ont disparu, tout comme les vêtements exubérants que Mlle Jemima trouvaient si captivants :

> "Rien, sur toute notre route, ne nous a paru plus étrange que les différents groupes de sujets en costumes bariolés attendant notre arrivée sur le quai. Il y avait des artisans en grandes blouses bleues, des soldats en uniformes disparates, dont certains très risibles, avec leur pantalons bouffants jusqu'au milieu du mollet, puis quatre pouces de peau de chamois et enfin un soufflet blanc comme un couvercle de soupière au-dessus des bottes, le tout recouvert d'une immense veste."

Mélanger un gendarme en bicorne, un prêtre en chapeau et des femmes en charlotte blanche et vous aurez une idée de ce qu'a pu ressentir Mlle Jemima devant cette foule. De nos jours, plus de shakos, bien que le képi des policiers français soit très certainement le digne descendant de ce couvre-chef militaire tant apprécié par les armées du 19e, un peu comme un haut-de-forme orné de médailles, de pompons et de pampilles.

À hauteur de la tête, tout aurait pu être merveilleux, mais au niveau de la chaussure, la vision était tout autre. Les rues étroites « avaient l'avantage de procurer de l'ombre, mais pas les conditions de santé publique, en témoignent les égouts à ciel ouverts. » On imagine le nez de Mlle Jemima se retrousser de dégoût. N'oublions pas que c'était exactement la période ou la Grande-Bretagne victorienne investissait sa richesse impériale dans les travaux publics. Après l'épidémie de choléra de 1853-54 et de la Grande Puanteur de 1858, Londres avait décidé de nettoyer la Tamise et acheminait ses déchets dans de nouveaux égouts rutilants pour les traiter.

Certes Dieppe est aujourd'hui débarrassée de ses égouts dégoulinants, mais ses rues restent minées par un problème très inesthétique : les déjections canines. C'est à se demander comment les Français nourrissent leurs animaux de compagnie. Et c'est particulièrement peu avenant. Surtout avec une valise. Les chewing-gums sur les trottoirs suisses me paraissaient déjà fort nuisibles, mais j'aurais préféré en avoir quelques exemplaires collés sur les roues de ma valise, plutôt que des crottes de chien.

L'arrivée à la gare est donc un soulagement ; les valises ont été nettoyées et nous pouvons souffler un peu. Lors de notre parcours du combattant à travers le centre-ville, nous avons entrevu l'ancien quai où accostaient les premiers bateaux ; joliment restauré, l'ensemble prend des airs de carte postale. Mais nous n'avons pas le temps de prendre un thé – la pause obligatoire pour le groupe de Cook – même si le café bar « à l'aspect particulièrement étrange » sert du thé dont le nom est « prononcé d'une manière vraiment singulière ». Finalement, c'est peut-être tout aussi bien de sauter le *tea-time*.

Nous avions pris deux allers simples pour Paris et avions réussi à monter dans le train, épargnés par la procédure en vigueur au 19e siècle :

Personne d'autre ne peut entrer hormis les passagers, enfermés dans la salle d'attente jusqu'à l'arrivée du train, puis libérés selon l'ordre des classes, première, seconde, troisième.

Maintenant, je sais où les compagnies aériennes *low cost* ont puisé leur inspiration pour organiser l'embarquement.

. . .

« Paris ne m'intéresse pas outre mesure, c'est juste un endroit à voir. » écrivait William à son père. Je dois vous faire une confession choquante : je suis d'accord avec lui. Paris n'est pas ma ville favorite, mais elle fait partie de mon top 10. J'y suis allé au printemps, en été et en automne, pourtant je n'en suis pas encore tombé amoureux. Elle ne me donne pas un goût de « reviens-y » mais j'y retourne dans l'espoir de voir un jour la ville dans cette lumière que tout le monde adore (ou prétend adorer). Bien sûr, certains endroits dans Paris sont magnifiques : les vitraux de la Sainte-Chapelle, les tombes au Père-Lachaise, les brunchs dans le Marais, le coucher de soleil sur le Sacré-Cœur. Pourtant, malgré ces ingrédients délicieux, l'ensemble me laisse sur ma faim, comme ces créations servies dans les bistrots où le contenant l'emporte sur le contenu – il s'agit de style et non de substance.

Pour une fois, je suis content d'arriver dans la capitale française. C'est la lumière au bout du tunnel que fut cette longue journée d'un périple de 10 heures – soit huit de moins qu'à l'époque de Mlle Jemima et son groupe, partis à six heures du matin pour arriver à Paris après minuit. Mais leur voyage commençait à Londres, pas à Newhaven, et ils s'arrêtèrent pour prendre une tasse de thé français. Donc, *in fine*, les temps de transport sont peut-être sensiblement les mêmes. Leur séjour à Paris ne dura que cinq heures – non pas qu'ils partageaient ma vision de la ville, au retour ils allaient rester cinq jours – mais un autre marathon de 18 heures les attendait pour rallier Genève. À l'inverse, nous sommes moins pressés et pouvons rester 18 heures de plus sur place.

À l'extérieur de l'immense gare Saint-Lazare, nous devons nous frayer un chemin entre les banlieusards et les mendiants qui jalonnent les escaliers et les trottoirs ; pour l'instant rien de nouveau par rapport à d'autres grandes gares de grandes villes. L'hôtel n'est pas loin et parfaitement situé, avec juste à l'angle, une agence de voyage dont le nom m'est familier, Thomas Cook. Visiblement, nous étions attendus.

Aujourd'hui, le trajet entre Paris et Genève dure un peu plus de trois heures si vous optez pour le TGV qui donne au train à grande vitesse britannique des allures d'escargot. Une telle vitesse aurait certainement déclenché une crise d'apoplexie chez Thomas qui mettait en garde ses clients en ces mots :

Paris-Genève nécessitera quelques efforts… mais il n'est pas nécessaire de voyager aussi vite si cela est trop pénible.

Il parlait de 30 km/h, pas 300 ! Une vitesse de piétons pour nous autres, mais presque un miracle – largement suffisant – à l'ère victorienne. Plus vite et les femmes auraient eu la nausée ou se seraient évanouies. Je n'ai pas peur et nous embarquons dans le 13h09 pour Genève. C'est le seul train pour lequel j'ai fait une réservation, parce qu'il n'a jamais été aussi facile de réserver depuis l'invention des tickets en ligne et parce que les billets n'ont jamais été aussi compliqués. Le prix dépend de la date à laquelle vous réservez, de votre rapidité à effectuer la réservation, de l'endroit où vous serez assis, du jour et de l'heure de votre départ, de votre âge, etc., etc. Les billets électroniques ont révolutionné le monde du voyage mais parfois j'ai la tête comme une cocotte minute. Cependant, je peux comprendre que certaines personnes choisissent désormais d'organiser elles-mêmes leurs vacances, au grand dam des agences comme celles de Thomas Cook.

Contrairement à Mlle Jemima, nous ne repasserons pas par Paris au retour ; je resterai en Suisse et ma mère rentrera directement à Londres. Notre temps d'attente avant de poursuivre notre périple n'est que de quelques heures, et non de quelques jours ; nous décidons d'en profiter pour admirer les constructions haussmanniennes, en plein essor en 1863, faisant disparaître le Paris de Quasimodo et de d'Artagnan pour laisser la place à de grandes avenues et à de vastes parcs. En mai de cette année-là, Thomas Cook écrivait :

> *Des rues entières de maisons encombrées ont disparu sans laisser aucune trace ; et, comme par magie, des rangées d'immeubles sont apparues – des habitations ou des magasins immenses.*

Comme les Galeries Lafayette, par exemple, créées bien après l'intervention du baron Haussmann mais sises sur le boulevard éponyme, qui représentent l'emblème des grands magasins parisiens dont l'architecture intérieure n'a d'égal que la quantité de marchandises proposées. Nous admirons donc les dômes Art nouveau, et faisons l'impasse sur les étiquettes de prix. Il paraît que les Galeries Lafayette attirent chaque année 120 millions de visiteurs et j'ai bien l'impression qu'une grande partie est là aujourd'hui ; nous sommes serrés comme des sardines en boîte.

En 1863, le shopping était déjà à la mode et les ladies succombaient particulièrement au charme de cette activité exigeant même que les restrictions en matière de bagages soient supprimées car «l'attraction des magasins parisiens rendait leur transport impossible ». Si bien qu'au moment de repartir « tout le personnel disponible de l'hôtel » était réquisitionné pour porter les valises. En ce qui nous concerne, l'attirance est bien plus modérée mais je succombe toutefois à un pain au chocolat ; c'est en France qu'ils sont les meilleurs !

En dehors du shopping, la visite express de Paris pour Mlle Jemima incluait la messe dominicale à Notre-Dame, l'ascension du Panthéon, la marche des Champs-Élysées et le marathon du Louvre : en tous points presque identique à celle d'un touriste moderne pour qui figure en plus au programme la tour Eiffel et le Sacré-Cœur (construits en 1889 et 1914). Sans oublier pour Mlle Jemima la tombe de Napoléon 1er à l'hôtel des Invalides. Aujourd'hui, le dôme doré n'attire plus grand monde, mais à cette époque-là l'imposant tombeau en quartzite rouge venait tout juste d'être installé. Le petit caporal mourut en 1821 en exil à Sainte-Hélène, mais il dut attendre 19 ans avant de voir sa dépouille reconduite vers Paris et 21 autres années avant que son tombeau soit terminé. Pour nos touristes Victoriens, la visite de ce monument, en dépit de son « éblouissante magnificence », généra une certaine joie à la vue de la dernière demeure de celui qui réussit à conquérir (presque) toute l'Europe mais échoua face à Nelson et Wellington (aidés certes par quelques amis venus du continent).

Ces évènements historiques ayant eu lieu peu de temps avant le départ de nos voyageurs (la bataille de Waterloo avait tout juste 50 ans), Mlle Jemima avait certainement une bonne compréhension de l'histoire de France. Si vos connaissances de cette époque-là se résument au *Conte de deux cités* et aux *Misérables*, complétées éventuellement par le refrain de *Waterloo*, voici un rapide survol de la France en 1863.

La prise de la Bastille le 14 juillet 1789 a déclenché la Révolution qui s'est terminée par l'exécution de Louis XVI et la création de la Première République. Puis, Napoléon est arrivé. D'abord général de l'armée révolutionnaire, il s'est ensuite autoproclamé empereur : c'était la Première République et le début du Premier Empire. Fidèle à ses aspirations de général, Napoléon n'a pas résisté à l'envie d'envahir l'Europe, jusqu'à ce qu'il perde tout en 1815. Retour à la case départ. La Première République et le Premier Empire ont échoué, la solution est évidente : il faut restaurer la monarchie, installer un énième Louis (XVIII en l'occurrence). Nouvel échec et troisième révolution en 1848 (vous pensiez qu'il n'y en avait eu qu'une seule, n'est-ce pas ?). La Deuxième République est mise en place, pour quatre ans seulement, jusqu'à ce que l'Empire refasse surface.

Louis Napoléon Bonaparte a occupé une place unique en France, réussissant à être à la fois le premier président et le dernier monarque. Après avoir été élu, il s'est autoproclamé empereur en 1852, créant ainsi le Second Empire. Napoléon III est resté plus longtemps en fonction que son oncle (le premier Napoléon), avant d'être renversé en 1870 pour l'instauration de la Troisième République. C'est donc lui qui tenait les rênes lorsque le Junior United Alpine Club arriva à Paris.

Malgré « la fatigue liée à la visite d'une grande ville », Mlle Jemima apprécia la capitale. Elle fut particulièrement impressionnée par l'église de la Madeleine – « un édifice spectaculaire » – et la place de la Concorde – « l'une des plus belles places d'Europe » – mais beaucoup moins par le rythme de travail parisien :

> "Il faisait un temps superbe, et nous avons vu Paris en période de vacances. D'ailleurs, quand est-ce que Paris n'est pas en vacances ? Ce que les Parisiens appellent le travail correspond aux loisirs en Angleterre".

Elle quitta Paris contente et moi je suis content de partir.

. . .

Les trajets en train ne doivent pas nécessairement être ennuyeux et Oscar Wilde s'assurait toujours d'emporter avec lui de quoi se divertir. « Je ne voyage jamais sans mon journal. Il faut toujours avoir quelque chose de sensationnel à lire dans le train ». Quant à Mlle Jemima, elle se contentait de regarder par la fenêtre et de voir « une armée de peupliers entrecoupant les prairies » et d'en conclure que « le peuplier est sans conteste l'arbre national ». Elle observait aussi les gens du coin :

> " La rencontre et la manière de se saluer est quasi théâtrale ; l'homme et la femme s'embrassent les joues mutuellement, à plusieurs reprises, et avec les enfants ils redoublent de cajoleries. "

Elle et ses compagnons de route réussirent même « à rafraîchir [leurs] connaissances de la langue française » avec « deux Français très sensés, et polis, évidement » qui partageaient leur compartiment.

Les peupliers et les gens n'ont peut-être pas beaucoup changé en 150 ans, par contre le confort et la vitesse ont radicalement évolué. La journée en train de Mlle Jemima – « ces compartiments modestes et bondés étaient un véritable cauchemar et, dans cette fournaise, chaque arrêt était une chance de pouvoir descendre et respirer. » – ressemble à un trajet en métro londonien au 21e siècle ; les arrêts dont elle fait mention permettaient certainement de ravitailler la locomotive en eau et les passagers en air. Aujourd'hui, l'électricité et l'air conditionné ont remplacé l'eau et l'air frais, et l'aspect intérieur des wagons n'est pas en reste non plus. En 1860, les trains français ressemblaient à leurs homologues britanniques : divisés en compartiments de différentes classes et niveaux de confort, sans couloirs ni portes de communication. Idem en Suisse romande, où les guides touristiques Baedecker qualifiaient le confort de « bien au-dessous » de celui proposé dans les trains en Suisse alémanique, conçus dès le début dans le style américain : une allée centrale desservant des sièges de chaque côté et une porte à chaque extrémité du wagon. Le résultat était sans appel : beaucoup plus confortable et mieux adapté aux grandes robes ou aux déplacements pour profiter du paysage.

Mlle Jemima était certainement très impressionnée lorsqu'elle monta dans l'un de ces trains :

> "Les Suisses savent sans aucun doute comment voyager confortablement en train. Les wagons sur une large voie ne sont pas compartimentés. Ce sont de grands salons avec une allée centrale. Les gestionnaires ne sont ni avares d'espace ni avides d'acheminer les étrangers au plus vite à travers leur beau pays. Au contraire, ils les transportent d'une gare à une autre avec dignité, nous invitant à descendre deux fois sur trois, mais sans agitation ni bruit, ni vapeur, pour ravitailler les locomotives en charbon. Forcément, les entonnoirs déversent une fumée aussi noire que celle de Leeds ou Lancashire."

Fumée à l'intérieur, fumée à l'extérieur... le guide de Thomas Cook, *Cook's Tourist's Handbook to Switzerland*, stipule clairement que des wagons fumeurs font partie de la composition de chaque train, mais cette répartition ne semblait pas toujours respectée : « Les hommes désireux de fumer devraient systématiquement se rendre dans un compartiment fumeurs, car l'odeur du tabac qui s'accroche pendant des jours est fort désagréable et souvent même préjudiciable pour certains tempéraments. » Lorsque je me suis installé en Suisse, les compartiments fumeurs existaient encore ; c'est-à-dire qu'un petit tiers du wagon était réservé aux fumeurs. Les transports publics et les gares suisses sont devenus non-fumeurs en décembre 2005.

Notre compartiment est une version modernisée : climatisé, confortable, non-fumeur et première classe. Le système des prix étant ce qu'il est, la première était moins chère que la seconde, donc pourquoi ne pas en profiter? Cependant, les autres voyageurs ne sont ni sensés ni polis. Nous sommes entourés d'un homme, trois femmes, deux enfants et un bébé ; une famille? Les plus jeunes semblent mécontents, à moins que ces cris ne soient des exclamations de joie. Entre les femmes, la filiation est évidente, chacune des trois semble être la version plus sage et plus ridée de la précédente. La place de l'homme reste difficile à situer : le père, le grand-père, le frère, l'oncle ou peut-être les quatre à la fois. Je repense aux critères de Thomas Cook et je suis sûre que les enfants seraient classés dans la catégorie non autorisée à faire partie du voyage en Suisse.

Le répit s'annonce sous la forme d'un plateau repas qui apporte un peu de calme dans le wagon. N'ayant jamais voyagé à bord d'un TGV, je ne savais pas qu'on y servait un repas et nous avions mangé avant de partir. Mais quand c'est gratuit, on ne refuse pas, alors nous voici en train de prendre un second repas de midi. Bercés par le train, les enfants entament une sieste postprandiale, entourés de leurs détritus éparpillés partout dans le wagon – désordre mais tranquillité.

Manger assis dans son siège n'a rien à voir avec la lutte qu'ont dû mener Cook et ses acolytes, obligés de se restaurer sur le pouce. Dans son rapport, Cook explique comment les 62 passagers de son groupe ont été nourris en gare de Dijon, dans la buvette « considérée par Bradshaw comme l'un des meilleurs buffets de France », dont le patron avait été informé par télégramme de la venue du groupe quelques heures avant son arrivée et prié de « préparer un repas pour 50 convives s'il pensait qu'ils auraient assez de temps pour se restaurer ». Le menu semble avoir été bien plus copieux qu'un simple sandwich :

> *Un dîner excellent a été préparé et si admirablement servi qu'en dix minutes presque toute la troupe était repue. Soupe, poisson, viande, pommes de terre, petits pois, haricots verts, pâtisseries et fruits furent servi tour à tour en cadence.*

J'espère qu'à cette époque-là les petits sacs en papier existaient déjà…

La campagne française défile à vitesse grand V jusqu'à Mâcon, puis, soudain, le train passe du lièvre à la tortue, et nous le rebaptisons TPV, train à petite vitesse ; bien qu'il progresse assez rapidement pour causer des frissons à Mlle Jemima ! Mais, de toute façon, nul besoin de vitesse quand le paysage est intéressant. Le fleuve se rétrécit et les berges semblent de plus en plus hautes, les montagnes deviennent impressionnantes. Les paysages escarpés indiquent que la Suisse n'est plus très loin. Plus nous approchons, plus je suis impatient, mais évidemment nous avons du retard. Car nous voyageons certes à destination de Genève, le berceau de l'horlogerie suisse, mais à bord d'un train français, la ponctualité helvète n'y est pas de mise. Enfin, nous arrivons…

. . .

Traverser la manche est devenu aussi expéditif que de réchauffer un dîner au micro-ondes, tellement facile et rapide qu'on y fait à peine attention ; et visiter la France est désormais chose commune pour les Britanniques : une journée au supermarché de Calais, un week-end à Disneyland, une semaine en Dordogne ou un an en Provence – toutes ces options sont devenues normales, en voiture, en train ou en avion. Même si bon nombre d'entre nous – les Britanniques – ne comprennent toujours pas la langue ni le code de la route, le Vieux Continent a perdu depuis longtemps ses grands airs mystérieux. Mais 150 ans auparavant, il en était tout autrement. Aller en France représentait une véritable aventure ; pas seulement parce qu'elle fut notre ennemi pendant plus de 800 ans. N'oublions pas que la bataille de Waterloo était pour Mlle Jemima un évènement bien plus actuel que ne l'est aujourd'hui la crise des missiles de Cuba pour nous autres contemporains.

Quant à la traversée des Alpes, elle ressemblait probablement à un périple en Mongolie, terres lointaines et étrangères, pourtant familières et accueillantes de par les poèmes et les peintures d'incurables romantiques tels que Byron, Turner, Wordsworth and Shelley – dont les œuvres ont transformé la chaîne des Alpes en un paysage accueillant pour le grand public, tandis que d'intrépides alpinistes comme Leslie Stephen et Edward Whymper faisaient la une des journaux, conquérant les sommets les uns après les autres. Fini la plage, en avant la montagne. Toutefois, en dépit de leur attrait incontestable, la plupart des gens n'avaient ni le temps ni l'argent pour partir à la découverte des grands massifs. Cette destination demeurait l'apanage des jeunes hommes riches désireux de marquer leur existence par un rite de passage dans les bars et les bordels d'Europe. L'envie de partir était bien là et les vacances devenaient petit à petit une normalité pour les classes moyennes de plus en plus nombreuses, en manque d'exotisme. Mlle Jemima commence son journal ainsi :

"La question des congés annuels est devenue carrément angoissante ! Tout le monde est déjà allé en Écosse, certains jusqu'à Land's End. L'Irlande n'est pas la tasse de thé de tous et l'Exposition universelle a eu raison de notre envie de visiter Londres. Scarborough ne convient qu'aux enfants ou aux invalides, et le Lake District était déjà au programme ; sans oublier Fleetwood, pire que Scarborough. Où allons-nous aller cette année ?"

La logique serait de répondre : à l'étranger – sur le Continent, comme aiment à dire les Britanniques pour désigner tout le reste de l'Europe. Mais un tel voyage implique un investissement en temps et en argent, dont seuls les riches disposaient à cette époque-là. Aujourd'hui, après avoir été le leader de la Révolution industrielle, la Grande-Bretagne compte parmi les pays les plus riches du monde et le seul où la population urbaine est plus importante que la population rurale. Toute une classe émergeait rapidement, entre les ouvriers et les propriétaires fonciers, une classe moyenne de docteurs, avocats, banquiers et vicaires. Un groupe de personnes disposant d'assez d'argent et de temps pour envisager des vacances à l'étranger. Il ne restait plus qu'à trouver de quelle manière. C'est alors que Thomas Cook entra en scène.

On ne sait pas pourquoi il opta pour la Suisse comme destination de son nouveau grand tour. Ce pays était encore mal connu (le premier guide de Murray avait paru 25 ans plus tôt), Cook n'y avait jamais mis les pieds et ses périples outre-manche n'avaient jusqu'alors pas été très fructueux. Lorsqu'il annonça son premier voyage le 6 juin 1863, il l'expliqua en ces termes :

> *Pendant de nombreuses années, nous avons été pressés de tenter un voyage en Suisse, mais cette idée s'est toujours heurtée à deux obstacles majeurs : d'abord nous étions si attachés à l'Écosse qu'il nous semblait impossible de trouver le temps nécessaire à une excursion en Suisse, ensuite nous avons toujours pensé qu'il serait difficile de conduire un groupe dans un endroit sans véritable réseau de chemin de fer ou de bateaux à vapeur.*

Son opinion changea après son voyage à Paris en mai de cette année-là et au cours duquel il put récolter de nouvelles informations sur les itinéraires et la promesse de billets bon marché. Un voyage en Suisse semblait désormais viable et Cook avait dans l'idée que s'il réussissait à conduire facilement un groupe en Suisse, il voudrait marcher dans les traces des peintres et des alpinistes. Cook n'était autre que la bonne personne, avec la bonne idée, au bon moment. En termes de temps, le train rendait le voyage réalisable et le système du groupe le rendait financièrement abordable. Ainsi, Cook pouvait proposer un voyage accessible de deux ou trois semaines. La solution parfaite, dans la mesure où le nombre de participants assurerait la rentabilité de l'équipée. Ce dernier élément étant malgré tout impossible à prévoir, Cook tenta le tout pour le tout.

L'attrait des montagnes traverse le temps : grand air, paysages spectaculaires, fromages hors pair. Mais la manière d'y accéder a évolué. J'aurais pu rejoindre Genève en avion, en train ou en voiture. J'ai choisi la combinaison bateau-train, pour imiter mes compatriotes de l'époque. Ceci m'a permis de faire un premier constat : mise à part la vitesse, peu de choses ont changé en 150 ans.

Mon voyage de Newhaven à Genève s'est déroulé doucement pour nos standards modernes, mais beaucoup plus vite que celui de Mlle Jemima, et ce essentiellement grâce au TGV

– plus qu'au ferry, qui lui n'a pas changé au point que notre demoiselle ne puisse le reconnaître. Disons que les domaines où nous avons fait des pas de géants depuis le 19ᵉ siècle sont surtout la communication et l'armement. C'est grâce au chemin de fer que ce voyage devint possible, rapprochant tellement l'Europe qu'il fut envisageable d'y passer deux semaines par an. Même à l'ère de l'avion, le train reste le moyen de transport le plus intéressant en Europe. Si vous voulez prendre l'avion de Londres à Paris, le temps de rallier l'aéroport, de faire la queue à la douane, d'attendre l'embarquement, de décoller, d'atterrir, d'attendre les bagages et de rallier le centre-ville, vous pouvez tout aussi bien prendre le train à Saint-Pancras et vous reposer pendant tout le trajet.

Depuis 150 ans, le train a su s'imposer er rester populaire malgré l'arrivée de moyens de transport rapides et flexibles. Il a réussi à survivre aux compressions d'effectifs et aux retards, à résister pour ne pas prendre le chemin des cassettes vidéo ou de l'URSS et à être consigné comme un simple épisode de l'histoire. Le train connaît même une nouvelle jeunesse, avec des voyageurs optant pour ce moyen de transport pas uniquement pour se déplacer rapidement ou pour diminuer leur empreinte carbone : voyager tranquillement redevient à la mode, le voyage en lui-même faisant partie des vacances, le trajet autant que la destination. Mlle Jemima et M. Cook doivent en rire dans leurs tombes.

La cité au bord de l'eau

« *C'est une grande erreur de supposer qu'il est si difficile de voyager en Suisse que les dames ne devraient pas s'y hasarder, ni les personnes n'ayant pas un mental et un physique des plus solides... Même les personnes délicates peuvent, avec un niveau d'effort tolérable, atteindre les célèbres endroits de Genève.* »

— Thomas Cook, *The Excursionist*, août 1863 —

Le dimanche à Genève a été le premier point culminant de ce premier tour

Un franc cinquante par jour. C'est ce que gagnait en tout et pour tout un employé dans une usine ou une ferme suisse en 1863. Juste assez pour acheter un pain de savon ou trois kilos de farine. Aujourd'hui, cela équivaut à environ 22 francs, pas loin du salaire horaire de base. La Suisse était un pays relativement pauvre au milieu du 19e siècle, comparé à la Grande-Bretagne, où les ouvriers gagnaient beaucoup plus pour un nombre d'heures inférieur : un ouvrier d'usine anglais touchait trois fois plus pour 10 heures par jour qu'un ouvrier suisse pour 12 ou 13 heures, même si les deux travaillaient six jours par semaine. Il n'était pas rare qu'on employât les enfants : le travail des enfants n'a été aboli en Suisse qu'en 1877.

La nourriture était meilleur marché en Suisse qu'en Grande-Bretagne : le bœuf, par exemple, coûtait 1 franc le kilo, alors qu'il fallait débourser 1,70 francs outre-manche ; mais le budget d'un ménage helvète étant considérablement inférieur à celui d'un ménage britannique, le coût total de l'alimentation était presque deux fois plus important en Suisse. D'autres biens étaient incroyablement chers : une paire de chaussures coûtait 6,5 pence en Grande-Bretagne, mais 5 francs (c'est-à-dire neuf fois plus) en Suisse. Louer un appartement de trois pièces en Suisse coûtait 275 francs par an, alors qu'une maison de quatre pièces ne revenait qu'à 8 livres (soit 200 francs) en Grande-Bretagne. Souvent, la plupart des Suisses ne pouvaient pas s'offrir ce qui semblait bon marché aux visiteurs : un ticket de seconde classe pour aller de Lausanne à Berne coûtait 7,20 francs– soit 100 francs d'aujourd'hui – et représentait plus de deux jours de salaire pour un ouvrier suisse, même qualifié.

Dans les années 1860, de telles dépenses étaient quasi inconcevables pour un ménage suisse moyen, lorsque 60 % de l'argent était consacré à l'alimentation, 20 % au loyer et au chauffage et 14 % à l'habillement. Il ne serait presque rien resté pour payer les honoraires du médecin, alors les voyages en train... De nos jours, un foyer suisse type dépense 10 % de son budget (qui est bien plus conséquent) en voyages et déplacements, et seulement 9 % en nourriture et en boisson. La plus grande partie du budget (36 %) est destinée à payer les impôts et les assurances.

La pauvreté rurale était une réalité dans la Suisse du 19ᵉ siècle, qui n'avait pratiquement pas d'autres ressources naturelles que l'eau, le bois et le lait, un paysage accidenté peu propice aux activités agricoles et un système de transports internes peu développé. La Suisse devait en très grande partie sa survie aux importations, pourtant difficiles en raison de l'absence d'accès à la mer, mais elle contrôlait au moins les cols alpins, dont l'importance était cruciale, et pouvait donc vivre à la fois des importations et des exportations. L'argent circulait dans et autour des villes prospères du nord, comme Bâle et Zurich, où les textiles et les montres, les banquiers et les marchands généraient de la richesse, mais dont les campagnes ne voyaient guère la couleur. La moitié des 2,5 millions de Suisses avait un niveau de vie bien modeste et l'espérance de vie était de 40 ans pour les hommes et de 43 ans pour les femmes, soit la moitié de ce qu'elle est aujourd'hui. Ainsi, Mlle Jemima serait enchantée par les « célèbres endroits de Genève », mais aussi confrontée à la mendicité et à la pauvreté dans les campagnes.

La famine, les inondations et les incendies rendaient impossible une existence déjà difficile, si bien que de nombreux habitants partirent à l'étranger. Ils ne se contentèrent pas d'aller dans les pays voisins, où ils auraient peut-être pu trouver un travail, mais partirent à l'autre bout du monde, pour commencer une nouvelle vie. En 1850, 50 000 Suisses vivaient à l'étranger. En 1880, ils étaient 250 000 ; en 1914, plus de 400 000 Suisses avaient quitté leur pays natal. Pour un pays de la taille de la Suisse, cela représentait un pourcentage significatif de la population, bien que, dans certains cas, on payât parfois les émigrants pour qu'ils partent. La situation était tellement critique à certains endroits que les pauvres étaient expédiés en Amérique afin que la communauté n'ait pas à les prendre en charge.

La Suisse n'avait été un pays au sens moderne du terme que pendant une dizaine d'années. Cinq siècles durant, ce fut une vague confédération d'États (connus sous le nom de cantons), qui n'avait véritablement ni gouvernement central ni identité nationale. Pendant 50 ans, elle essuya des invasions, la famine, des troubles sociaux et une guerre civile, et fut remodelée trois fois avant qu'une nouvelle fédération ne voit le jour en 1848. Cet État fédéral est toujours là aujourd'hui, même si sa pérennité n'était pas courue d'avance. Les trois cantons d'origine s'unirent en 1291 pour opposer une résistance à leurs suzerains autrichiens ; d'autres se joignirent à eux, portant à 13 le nombre de cantons de la Confédération helvétique (auxquels il fallait ajouter un ensemble hétéroclite de territoires, de protectorats et d'alliés) à l'époque de l'invasion napoléonienne, en 1798. Napoléon balaya tout le système et mit en place une nouvelle République helvétique, un État unique avec un gouvernement unique. Cette république cependant sans succès fut abolie avant que son créateur ait seulement perdu la bataille de Trafalgar. Toutefois, le retour à une version plus moderne de la vieille Confédération, comprenant cette fois 22 cantons, s'avéra tout aussi peu viable en raison des divisions entre la ville et la campagne, les protestants et les catholiques, les riches et les pauvres. L'inévitable guerre civile éclata en 1847, après que les cantons catholiques eurent formé une alliance secrète (*Sonderbund* en allemand) et tenté de faire sécession. La guerre ne dura qu'un mois, se solda par la victoire des protestants et causa la mort de 98 personnes. Une guerre très civile.

Ce bref conflit déboucha sur une longue période de paix et une nouvelle constitution, qui donna naissance à un gouvernement fédéral, à une capitale fédérale, que l'on choisit de placer à Berne, à un marché et à une monnaie uniques. La nation et le franc suisses étaient nés. Cinquante ans plus tard, la nouvelle république s'en sortait bien, surtout au vu des cinq décennies précédentes au cours desquelles elle n'avait cessé d'être divisée ou conquise. Mais ses progrès étaient lents, son développement étant ralenti par des facteurs à la fois géographiques et politiques. Le changement n'était pas loin pourtant.

Au cours des décennies qui suivirent, le premier tour de Thomas Cook et les chemins de fer suisses – encore à leurs premiers balbutiements – allaient s'étendre par-dessus et par-dessous les montagnes ; les sociétés pharmaceutiques connaîtraient un essor extraordinaire ; Daniel Peter inventerait son chocolat au lait, et Karl Elsener, son couteau suisse ; et surtout, Johanna Spyri écrirait un livre sur une petite orpheline vivant dans les montagnes avec son grand-père et une quantité assez inquiétante de chèvres. Les Britanniques viendraient par milliers, avec eux leur argent et leurs valeurs morales. La Suisse connaîtrait une invasion économique et sociale qui l'affecterait presque autant que n'importe quel coin perdu de l'Empire britannique. À la base, les Britanniques n'avaient pourtant pas cette intention ; ils étaient simplement venus se changer les idées sur un nouveau terrain de jeux, l'Europe.

Que pensaient-ils de la Suisse à l'époque de Mlle Jemima ? Notre héroïne ne s'étend guère sur le sujet, mais d'autres ne s'en sont pas privés. Thomas Cook estimait que « les Suisses étaient gentils, généreux et reconnaissants », alors que dans le journal de voyage d'un autre, ils « semblent pauvres, mais assez fiers ». Voici ce que confie M. Murray, dans un style luxuriant :

Il existe une grande variété d'opinions quant à la condition morale des Suisses et à leur caractère en tant que nation. Les Suisses avec lesquels le voyageur entre en contact, en particulier la population allemande, sont souvent maussades, obstinés et désagréables. Le voyageur est ennuyé par la mendicité constante des femmes et des enfants, même dans les régions reculées, et par celle de ceux qui ne semblent pas plus pauvres que leurs voisins. Le voyageur est de ce fait enclin à ne pas apprécier les gens qu'il est amené à rencontrer au cours de son voyage, et à leur accorder peu d'intérêt ; il aura également beaucoup entendu parler de leur opportunisme, de leur amour de l'argent et de leur empressement à recourir aux services d'huissiers.

Il fait ensuite l'éloge des guides suisses : « La plupart des guides ont la réputation d'être obligeants, intelligents et travailleurs », tout en mettant en garde le lecteur contre le personnel des voitures. « Les cochers, surtout ceux qui reçoivent un petit pourcentage en plus, sont généralement courtois ; les employés qui travaillent dans les relais de diligence sont à l'occasion insolents et désobligeants. » Enfin, il apprécie la facilité avec laquelle on voyage dans le « pays de la liberté » :

Il n'y a pas de passeports, pas de bureaux de douane, pas de péages, pas de gendarmes ; aucune de ces ridicules restrictions visant à protéger les gens de tous les dangers qu'il peuvent encourir, et qui sont si ennuyeuses en France et en Allemagne ; pas non plus de quelconque interférence avec les libertés individuelles, tandis que l'on trouve presque partout de bons hôtels, de bonnes routes et des moyens de locomotion tout à fait acceptables.

Lesdits moyens de locomotion se sont constamment améliorés depuis. En 1863, Genève était l'un des îlots de richesse de la Suisse, situation qu'elle doit largement aux montres, aux

La gare Cornavin de Genève, qui n'a ouvert qu'en 1858, a été le premier aperçu que Mlle Jemima a eu de la Suisse

banques et à un homme déterminé (Français qui plus est) : Jean Calvin. L'homme en question, originaire de Picardie, a transformé Genève en Rome protestante, en en faisant un lieu de pèlerinage toujours très couru au 19ᵉ siècle, quoique ni des nonnes ni des pieux fidèles. Si vous estimiez que le travail et un comportement décent étaient la voie du salut, ou du moins permettaient de bien vivre puis de bien mourir, Genève était en première position dans la liste des lieux à voir. La Grande-Bretagne, alors fraîchement industrialisée, avait découvert que l'éthique protestante du travail engendrait des bénéfices matériels et spirituels à égale mesure. Les Britanniques vinrent donc voir la cité de Calvin, « cette citadelle éprouvée du protestantisme », comme la décrivait Mlle Jemima ; bien qu'elle fût loin d'aduler Calvin, qu'elle appelait le « dictateur suprême ». Naturellement, la première chose que firent nos voyageurs en arrivant à Genève fut d'aller à l'église. C'était dimanche matin, après tout.

Avec son simple clocher en pierre et sa nef en forme de A, l'église de la Sainte-Trinité serait tout à fait à sa place dans la campagne anglaise ; une vraie église de village anglais, plantée au beau milieu de la deuxième ville de Suisse, à mi-chemin entre le lac et la gare. Bizarre, penseriez-vous, jusqu'à ce que vous appreniez que c'est d'abord à Genève que se sont réfugiés les anglicans en fuite dans les années 1550. Non pas qu'ils avaient envie de vivre au bord du lac, mais parce qu'ils avaient peur de mourir sur le bûcher. Il ne faisait pas bon vivre en Angleterre sous Marie Ire pour ceux qui pensaient que le pape était un charlatan en chaussures rouges. La Sainte-Trinité fut fondée en 1555 par Anthony Gilby et Christopher Goodman, deux exilés marianistes qui ont contribué à la création de la Bible de Genève, une traduction anglaise antérieure à la Bible du roi Jacques, qui devint la Bible de prédilection de nombreux protestants anglophones, notamment les pères pèlerins, qui l'emportèrent avec eux sur le *Mayflower*. L'église actuelle, située rue du Mont-Blanc a été construite en août 1853, là où, trois ans auparavant, se trouvaient encore les murs de la ville. La liste des chapelains en exercice indique que c'est au sermon de Henry Dowton que Mlle Jemima a assisté à l'époque. Depuis, l'église a vu se succéder bien des chapelains, et aujourd'hui tous les services se déroulent encore en anglais.

L'intérieur fait tout aussi anglais que l'extérieur, mais pas aussi épuré que les églises protestantes suisses ni aussi chargé que les églises catholiques : on y trouve de simples bancs en bois, sur lesquels reposent les *New English Hymnals*, lus et relus, des plaques commémoratives en l'honneur de consuls britanniques morts depuis longtemps, le tableau des hymnes sur lequel figurent les cantiques de la semaine (398, «*Lift up your hearts!*» et 436, «*Praise my soul, the King of Heaven*») et une affiche invitant les fidèles à participer aux *coffee-mornings* hebdomadaires. J'ai toujours trouvé que les églises étaient des lieux fascinants, non pour leur rôle religieux, qui ne suscite en moi qu'une froide incrédulité, mais pour leur architecture, leur histoire, et pour la quiétude et le sentiment d'appartenance à une communauté qu'elles font naître. Cette église-là n'est pas différente. Son architecture manque peut-être de splendeur, mais elle n'en est pas moins le cœur de sa communauté. Côté tranquillité, rien à redire : à l'abri dans la nef sombre et paisible, vous en oubliez qu'en sortant de l'église, vous débouchez sur l'une des rues les plus animées de Genève. Pour moi, chaque église a sa particularité, quelque chose dont je me souviens longtemps après être revenu à la réalité. Pour l'église de la Sainte-Trinité, c'est son mémorial mural orné d'une petite pioche : « Un présent de Beatrice et Fanny Suckling, en mémoire de leur ami Howard Neil Riegel, qui périt le 12 juillet 1898 sur le mont Blanc. » Ces deux noms sonnent tellement anglais qu'on les croirait sortis tout droit d'un roman de Dickens.

Après avoir pris soin de leur âme, Mlle Jemima et ses amis ont poursuivi leur dimanche typiquement anglais en s'asseyant quelque part pour déjeuner. Ils n'ont toutefois pas eu droit au traditionnel rôti, mais au même repas que tout le monde, composé de nombreux plats dégustés aux côtés d'Américains, d'Allemands et de Français. Ce repas a tant impressionné Mlle Jemima qu'elle en a fait l'inventaire détaillé :

"Dix plats servis les uns à la suite des autres : on dirait plus un index qu'un livre de recettes de cuisine...

1	Soupe de légumes (légère)
2	Saumon avec sauce à la crème

3		Tranches de rôti de bœuf avec pommes de terre
4		Volaille bouillie, servie avec du riz
5		Ris-de-veau
6		Volaille rôtie avec salade
7		Artichauts
8		Gâteau au pruneau imbibé d'eau-de-vie
9		Gâteaux éponges et compotes de fruits
10		Pudding sucré avec crème glacée
11		Deux sortes de crème
12		Cerises mûres"

Les artichauts et les cerises mis à part, ce repas ne semble ni particulièrement léger ni spécialement sain. Pas étonnant que Mlle Jemima et ses compagnons de voyage aient décidé de passer l'après-midi à explorer la ville, autant pour éliminer que pour voir les principaux sites et monuments à visiter. Mais qu'y avait-il à voir à Genève à l'époque ? Les touristes d'aujourd'hui pourraient venir pour le jet d'eau, l'une des plus hautes fontaines du monde, ou pour aller visiter le bâtiment des Nations unies, mais ces deux-là allaient voir le jour bien après 1863. Il est temps de consulter le manuel de Murray :

Bien que Genève mérite à juste titre l'attention des voyageurs de tous pays, elle présente peu de points d'intérêt pour l'étranger de passage. En tant que ville, elle n'est guère engageante : elle ne possède pas de beaux bâtiments publics ; bref, très peu de sites attrayants.

Cette description n'est pas des plus élogieuses, mais le guide parle ensuite en termes avantageux de la situation de la ville au bord du lac et près des montagnes, et consacre huit pages à la déclinaison des endroits qu'il vient de juger comme étant sans intérêt. Il fournit aussi un condensé de l'histoire de la ville et des astuces de shopping. Ce guide ressemble beaucoup à ceux d'aujourd'hui ; ils peuvent d'ailleurs tous être considérés comme des descendants de ce format, et de son équivalent allemand, le Baedecker. C'est le grand-père de tous les guides, alors il est temps d'en faire les présentations.

. . .

Mon édition du guide *Handbook to Switzerland* est la neuvième, et très probablement celle qu'a utilisée Mlle Jemima, puisqu'il s'agissait de la toute dernière édition disponible en juin 1863. C'est un petit livre relié, à couverture bordeaux, de 590 pages de papier fin, imprimées en petits caractères. Il contient des cartes à déplier, mais pas d'illustrations ; il est organisé autour de divers itinéraires touristiques plutôt que selon un ordre alphabétique ou géographique. La section consacrée à Genève, par exemple, fait partie de l'itinéraire 53, que l'on trouve approximativement au premier tiers du livre. Celui-ci regroupe en tout 170 itinéraires différents, certains assez courts, tous inter-référencés, de sorte que vous devez parfois revenir en arrière ou faire un saut en avant de quelques pages. Pas toujours agréable à utiliser, du moins pour un lecteur du 21e siècle.

Avant les itinéraires, il y a les conseils, c'est-à-dire 66 pages d'informations pratiques sur tout et n'importe quoi, de l'argent aux modes de déplacement, en passant par les guides et les coutumes locales. Nous découvrons ainsi que les attelages tirés par des chevaux, « à des heures commodes et à des prix très avantageux, passent par presque toutes les routes de Suisse, et ce tous les jours ». Nous sommes également avertis que : « En ce qui concerne les achats et le choix des hôtels, les voyageurs doivent considérer avec prudence les conseils du guide, qui se soucie souvent plus du pourcentage ou de la quantité d'alcool offerts que de son employeur. » Nous obtenons également d'excellents conseils de survie, tels que : « Nombreux sont ceux qui soulagent une soif intense en plaçant un galet dans leur bouche. » Miam.

Cerise sur le gâteau, étant donné que nombre de lecteurs du guide n'auront encore jamais mis les pieds en Suisse, le guide propose cinq ébauches de tour pouvant servir de référence pour l'organisation des voyages. Vous pensez que l'idée est tout à fait épatante, mais voyez de quoi il retourne :

A : TOUR POUR LES PERSONNES QUI NE MONTENT PAS À CHEVAL, environ six semaines de voyage facile.

Cet itinéraire couvre presque toute la Suisse et dépasse même les frontières : vous allez de Bâle à Coire, de Lugano à Schaffhouse, de Constance au mont Blanc, et vous faites tout ce qu'il y a à faire entre le point de départ et le point d'arrivée. En gros, vous êtes constamment en déplacement, pendant six semaines… et dans une calèche ! Et si ce n'est pas suffisant, il y a le tour B : le même que le tour A, avec Zurich en plus, pour faire bonne mesure.

C : ITINÉRAIRE POUR LES PIÉTONS DE NIVEAU MOYEN OU POUR LES DAMES QUI MONTENT À CHEVAL, incluant la plupart des paysages remarquables des Alpes du centre. Trois mois.

Une suggestion sérieuse, évidemment destinée aux voyageurs ayant à la fois du temps et de l'argent, et de très bonnes chaussures. La plus grande partie de l'itinéraire, qui couvre chaque coin du pays, se fait à pied (pour les hommes, en tout cas), et inclut plus de 70 étapes et excursions. Au moins, le guide concède que tout le monde n'a pas les mêmes capacités : « Les excursions trop difficiles et trop fatigantes pour les dames à la constitution délicate sont indiquées en italique. » Une excursion est intitulée sobrement « Ascension de l'Aeggischhorn », mais on ne mentionne à aucun moment que l'Aeggischhorn est une montagne culminant à presque 3 000 m.

Si vous souhaitez faire un voyage plus court, jetez un œil à ce qui suit :

D : TOUR DE QUATORZE OU SEIZE JOURS, voyage difficile et beau temps.

Avec notre sensibilité moderne, on pourrait penser que cet itinéraire est plus réaliste, mais l'adjectif « difficile » convient tout à fait. Le jour 1 : visite de Schaffhouse, des chutes du Rhin, et de Zurich, ou de Bâle et Lucerne. Puis on marche et on se déplace à cheval à travers la Suisse centrale, l'Oberland bernois, et la Savoie, avant de retourner à Genève, et, enfin, on part pour Berne et Bâle. Vous êtes chaque jour à un nouvel endroit.

E : TOUR POUR LES PIÉTONS EXPÉRIMENTÉS, ne s'écartant pas des parties les plus hautes de la Suisse et des Alpes savoyardes.

Le mot crucial étant « piétons », parce qu'il n'est pas question de quelqu'un qui marche dans la rue, mais bien d'une personne qui randonne à travers tout un pays, jusqu'à 3 000 m d'altitude. Le guide mentionne 52 jours de marche, mais conseille de prévoir « 10 à 14 jours supplémentaires pour se reposer et s'arrêter en cas de mauvais temps ». Tout va bien, alors, si on peut caser dix jours de repos au milieu de 52 jours d'effort physique! De très bonnes vacances en perspective… pour des chamois.

Les tours suggérés étaient évidemment assez inenvisageables pour la plupart des voyageurs, surtout pour ceux qui ne passaient que quinze jours et quelque en Suisse, mais le livre en lui-même est plus utile en matière d'informations sur les lieux à visiter. Pour Genève, par exemple, il y a des suggestions d'hôtels avec des commentaires («Hôtel d'Angleterre, neuf mais de second ordre, près de la voie ferrée; Hôtel du Rhône, propre et abordable»), une carte, une présentation générale de la ville, une courte biographie de Calvin, un rapide passage en revue des principaux sites et monuments (la cathédrale, le musée de Zoologie, la bibliothèque municipale, le Jardin botanique) et des informations pratiques sur les trains, le consul britannique («très obligeant et désireux d'apporter son aide»), des excursions d'une journée et les magasins. Cette dernière partie s'adresse en particulier aux Anglais (et aux Anglaises) qui vivent en Suisse, et répertorie les boutiques où l'on peut acheter des couteaux anglais, du bon matériel de papeterie, le meilleur tabac à priser, des livres en anglais et, bien sûr, du bon thé.

La partie la plus engageante de l'ouvrage n'est peut-être pas, pour le lecteur moderne, les interminables descriptions de randonnées, mais les réclames que l'on trouve à la fin: 52 pages de publicité pour des hôtels, des *portmanteaus*, des montres, des passeports, des cartes, des télescopes, des assurances et des remèdes contre la toux. Au cas où vous ne seriez pas absolument sûr de ce qu'est un *portmanteau*, Il s'agit d'une minimalle avec des tiroirs, des cloisons et des compartiments. Comme les publicités couvrent bizarrement tous les endroits possibles, de Munich à Florence, en passant par Paris et Londres, peut-être que cette section est la même pour tous les guides de Murray, et pas seulement pour l'édition suisse. On y trouve tout de même des annonces publicitaires suisses, comme celles de J. Grossmann, « fabricant de mannequins et d'objets décoratifs en bois suisse à Interlacken » (sic), de la Société suisse des coursiers et des fonctionnaires du voyage, et d'hôtels de première classe à Villeneuve, Lucerne et Berne. Il y a aussi des publicités pour deux pharmacies, l'une à Interlaken, une pharmacie anglaise, l'autre à Zurich, qui « prépare et dispense des médicaments et des ordonnances selon la pharmacopée anglaise ». Quelle ironie, quand on pense qu'une grande partie des médicaments disponibles aujourd'hui en Grande-Bretagne sont fabriqués en Suisse.

. . .

Retour à Genève. La plus grande ville de Suisse en 1863 : le recensement de 1860 indique 41 415 habitants, beaucoup plus qu'à Bâle, Berne ou Zurich. À cette date, son imposante muraille avait déjà été démolie et la gare principale construite, mais le cœur de la ville demeurait la vieille ville, en haut de la colline, tout comme aujourd'hui. Depuis, Genève a atteint les 192 000 habitants (perdant en chemin son statut de no 1 en faveur de Zurich) et est devenue un centre de la finance et de la diplomatie internationales. Mais lorsque l'on arpente le centre historique, on fait un bond dans le temps. Les rues étroites, les grandes maisons, les places en pente, les escaliers raides, donnent l'illusion que le 19e siècle n'est pas encore arrivé, sans parler du 20e... Du moins, c'est l'impression dominante, jusqu'à ce que les yeux se posent sur les étiquettes de prix dans les élégants magasins d'antiquité de la Grand-Rue ; eux, ils sont modernes, c'est sûr.

L'atmosphère de musée vivant qui règne à Genève permet de suivre très facilement le parcours de Mlle Jemima à travers la ville, sachant que peu de choses ont changé depuis qu'elle l'a

1861. MURRAY'S HANDBOOK ADVERTISER. 39

JOHN SOUTHGATE,
Solid Leather Portmanteau Manufacturer,
76, WATLING STREET, LONDON.

HIS REGISTERED WARDROBE PORTMANTEAU

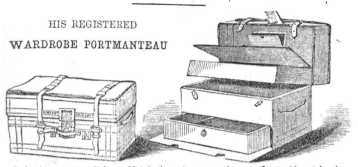

Is found by every one who has used it to be the most PERFECT and USEFUL of any yet invented, and to combine all the advantages so long desired by those who travel.

Its peculiar conveniences consist in its containing SEPARATE COMPARTMENTS or drawers for each description of Clothes, Boots, &c.; each is kept entirely distinct, and is immediately accessible on opening the Portmanteau, without lifting or disturbing anything else.

SOUTHGATE'S FOLDING PORTMANTEAU.

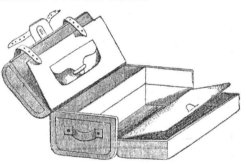

Also with separate divisions for Shirts, Linen, Clothes, and Boots; the whole of which are immediately accessible on opening the Portmanteau.

Both of these Portmanteaus are admirably adapted for Continental travelling on account of the facility they offer for Customhouse examination, without disarranging the wardrobe.

John Southgate's Ladies' Portmanteaus, Ladies' Dress and Bonnet Trunks, Ladies' Imperials, and Ladies' Travelling Trunks.

All with Trays and Moveable Divisions for Bonnets, and containing every convenience for packing separately Dresses, Bonnets, Linen, &c., and made in various styles and sizes.

They may be obtained of any Saddler or Outfitter throughout the kingdom; and of the Manufacturer,

JOHN SOUTHGATE, 76, WATLING STREET, LONDON.

Publicité pour des malles et des sacs de voyage, dont le « portmanteau », tirée du Manuel de Murray

visitée. Elle s'est d'abord rendue à la maison de Calvin, signalée de nos jours par une plaque en pierre gravée, qui nous apprend que la maison dans laquelle il a vécu a été démolie en 1706 et remplacée par celle-ci. Fini le temps où il était vénéré tel le père et le sauveur de Genève. Nous sommes peut-être face à une manifestation extrême de la tendance des Suisses à n'idolâtrer personne (il y a très peu de statues des Grands chez eux) ; ou alors, et c'est plus probable, les Genevois en ont eu par-dessus la tête du rigorisme de Calvin. Celui-ci pensait que la vie devait être faite de travail, de repos et de prière, et Murray prend un malin plaisir à énumérer certaines des plus austères déclarations du « dictateur de la république » :

Un repas du soir pour dix personnes était limité à cinq plats ; les manquements à cette règle étaient sévèrement punis ; toute violation du sabbat était suivie d'une admonestation publique adressée au fautif du haut de la chaire ; l'adultère était puni de mort ; et toute personne surprise à jouer à des jeux d'argent était mise au pilori avec un jeu de cartes attaché autour du cou.

Aucune réjouissance donc. Quand vous voyez la chaise de Calvin à la cathédrale, tout s'éclaire : quiconque obligé de rester cloué à ce siège en bois dur pendant des heures ne serait disposé à laisser autrui prendre du bon temps, ou même avoir une vie. Quant à la cathédrale qui résonnait du son de ses sermons, il ne s'agit pas du spécimen d'architecture religieuse le plus fin de Suisse, du moins extérieurement. Elle ressemble plutôt à une rencontre entre un étrange temple romain et la Banque d'Angleterre. Mlle Jemima, pour sa part, la décrit brièvement comme un « beau vieux bâtiment, dont la façade ouest est malheureusement défigurée de manière barbare par un masque de colonnes corinthiennes ». Un superbe panorama s'offre aux yeux du haut de la tour nord, d'où vous pouvez voir les toits de la ville, le lac et les montagnes, rien que ça ; il vaut assurément la peine d'en gravir les 157 marches. À l'intérieur,

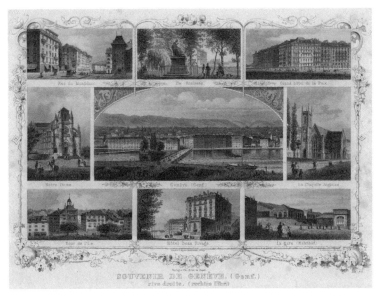

Souvenir de Genève, avec notamment l'église anglaise (centre droite)

la cathédrale est pure et nue, belle dans son genre, une église protestante typiquement puritaine.

Après cette visite, la faim se fait sentir. Notre repas est positivement calviniste dans sa frugalité, et nous nous faisons pardonner de n'avaler que deux plats, pas dix, en les dégustant sur une place en vieille ville où l'ambiance est plus animée. En fait, c'est à peu près la seule où il y ait un tant soit peu de vie, toutes les autres étant étrangement vides et désertes. La place du Bourg-de-Four, plus triangulaire que carrée, serait assurément assaillie par les touristes si elle se trouvait en France ; et probablement utilisée comme décor dans d'innombrables productions d'Hollywood où il est question de croiser le fer ou d'ouvrir une chocolaterie. En ce qui me concerne, les grands parasols au-dessus des tables en terrasse, les cafés abordables et une poignée de jolies maisons tout autour me suffisent largement. Il ne manque plus que quelques joueurs de pétanque à côté de la fontaine.

Une fois le repas terminé, nous passons devant la maison où est né le plus célèbre enfant de Genève, le philosophe Jean-Jacques Rousseau, puis nous arrivons au sombre hôtel de ville, où une plaque en métal mentionne la naissance de quelque chose de complètement différent : la signature d'une convention qui a pris le nom de la ville. Elle est si souvent évoquée dans les films de guerre et les informations que nous pensons sans doute tous savoir de quoi parle la Convention de Genève : d'aider les victimes de guerre et de veiller au bon traitement des prisonniers de guerre. En fait, il existe quatre conventions distinctes, qui concernent les soldats blessés, les marins blessés, les prisonniers de guerre et les civils en temps de guerre. Et elles datent toutes de 1863.

Genève a toujours été la cité internationale de la Suisse, en partie à cause de sa situation géographique, en partie à cause de sa politique. Les étrangers s'y rendaient pour affaires et pour fuir l'oppression ; pendant des siècles, la ville a donc été le lieu de rencontre de la moitié de l'Europe, en particulier des protestants. De nos jours, ce ne sont plus les huguenots français ou les prêcheurs écossais qui viennent en exil, mais les diplomates internationaux et les banquiers anglais. Parce que Genève héberge plus de 250 organes internationaux et organisations non gouvernementales et qu'elle agit en tant que centre diplomatique, la moitié de ses habitants sont aujourd'hui des ressortissants étrangers. Ce statut particulier, Genève le doit à un homme, pour lequel 1863 fut une année charnière : Henri Dunant, un banquier reconverti en héros. Le genre de personnage qu'on ne voit naître qu'une ou deux fois par siècle.

Henri Dunant fait partie de ces figures historiques qui ne seraient pas crédibles dans un roman. Parce que son histoire est vraie et qu'elle a eu un héritage aussi remarquable, et parce qu'à l'époque où Mlle Jemima visitait Genève, les grands changements qui allaient affecter le monde étaient déjà amorcés, il mérite que l'on s'arrête un peu sur sa personne. La belle idée à l'origine de la création de la Croix-Rouge avait germé quatre ans plus tôt, à l'issue d'une bataille opposant les Français et les Autrichiens à Solferino, dans le nord de l'Italie. Dunant, qui suivait Napoléon III dans tous ses déplacements pour obtenir une entrevue avec le chef suprême de la France, arriva à la fin des combats. Les efforts qu'il fournit pour venir en aide aux 40 000 victimes de la bataille changèrent sa vie, et la nôtre. En 1862, il écrivit et publia un livre, *Souvenir de Solferino*, dans lequel il évoquait l'idée de faire soigner les blessés de guerre par des volontaires qualifiés. L'aide humanitaire était née, du moins en théorie.

En pratique, ce fut un peu plus long. Un comité, composé de Dunant, de deux médecins, d'un avocat et d'un général, vit le jour le 9 février 1863 sous les auspices d'une œuvre de charité locale, la Société genevoise de bien-être public. Il ne s'agissait pas d'un petit comité de parade mais bien d'une volonté réelle d'accomplir de bonnes actions sous la forme du Comité international de secours aux blessés, l'ancêtre de ce que nous connaissons aujourd'hui sous le nom de Comité international de la Croix-Rouge, ou CICR, ou tout simplement la Croix-Rouge. Ce premier comité organisa une conférence internationale le 26 octobre 1863. Trois jours plus tard, la conférence adoptait les propositions d'Henri Dunant et déclarait que le personnel médical devait « porter dans chaque pays, comme signe distinctif uniforme, un brassard blanc orné d'une croix rouge » (article 8 de la résolution de la conférence internationale de Genève). L'année suivante, la Conférence devint une Convention, la Convention de Genève pour l'amélioration du sort des blessés et des malades dans les forces armées en campagne, et le 22 août 1864, dans la salle Alabama de l'hôtel de ville de Genève, 12 États signaient leur adhésion à la Croix-Rouge en devenir.

Ce fut le point culminant de la vie de Dunant. La suite fut beaucoup plus sombre. En 1867, sa banque fit faillite à la suite d'une entreprise hasardeuse, menée en Algérie, qui se termina en désastre. Il fut l'un des rares Suisses à devoir quitter Genève et s'exiler, après avoir été exclu de la Croix-Rouge. Il devint officiellement *persona non grata* et ne revint jamais à Genève. Errant à travers l'Europe, sans un sou et affamé, il finit ermite à Heiden, en Suisse orientale. Peu avant sa mort, le monde se souvint de lui et de son acte d'humanité, et il reçut le premier prix Nobel de la paix en 1901. Il donna l'argent du prix à des œuvres de charité. On trouve dans sa ville natale quelques rappels de l'existence du plus grand homme que Genève ait vu naître depuis Rousseau. Il n'y a pas de pierre tombale, puisqu'il y en a déjà une dans le cimetière de Sihlfeld à Zurich, mais une rue porte son nom et un petit buste trône discrètement au bout de la rue de la Croix-Rouge, qui longe les remparts de la vieille ville. Plus haut, une seconde plaque, apposée cette fois sur les murs gris sombre du 4 de la rue du Puits-Saint-Pierre, près de l'hôtel de ville, indique :

Cette maison a vu naître la Croix-Rouge, la rédaction de Un souvenir de Solferino *par Henri Dunant, les premières réunions du Comité international de la Croix-Rouge*

Rien d'ostentatoire, comme il sied à l'homme, à son héritage suisse et à l'organisation qu'il a contribué à fonder. Genève est toujours le quartier général de la Croix-Rouge, ainsi que de nombreux organes internationaux créés par la suite.

. . .

En juin 1863, rien de tout cela ne s'était encore produit. C'est un événement du passé qui mena Mlle Jemima vers une terrasse plantée d'arbres, juchée sur les remparts de la ville, surplombant un parc encore plus dense, hier le Jardin botanique, aujourd'hui parc des Bastions. Car c'est là que s'est déroulé un épisode crucial de l'histoire de Genève. Je ne parle pas de l'installation de ce que l'on proclame le plus long banc du monde, installé en 1767 ; 120 m, c'est long, c'est sûr, mais il ne s'agit toutefois que de nombreux bancs inoffensifs accolés les uns aux autres. Non, ce moment historique, ce fut l'Escalade de 1602.

À deux heures du matin, lors de la nuit la plus longue de l'année (le 12 décembre, selon le calendrier ancien), l'armée du duc de Savoie tenta d'escalader en douce les murs de la ville sur des échelles, pensant les Genevois profondément endormis. C'était compter sans la Mère Royaume, qui s'était levée tôt pour préparer la soupe de légumes. Ni une ni deux, elle déversa sa marmite de soupe bouillante sur les envahisseurs, tuant l'un d'eux (sans doute plus avec la marmite qu'avec les carottes) et sonnant l'alarme. Les soldats et les citoyens coururent jusqu'aux remparts et Genève fut sauvée, bien qu'on déplorât la mort de 18 habitants. L'évènement est toujours célébré chaque mois de décembre avec des chaudrons en chocolat remplis de bonbons et un week-end de défilés costumés.

Si cet épisode vous semble un peu trop belliqueux pour la Suisse, célèbre pour sa neutralité, il faut vous rappeler que Genève ne fait partie de la Suisse que depuis 1815. C'était auparavant une ville-État, douloureusement prise en sandwich entre la Bourgogne, la France et la Savoie, de sorte qu'elle se trouvait souvent en danger. Au départ sous domination de la Savoie, elle devint indépendante en 1536. Devenue République de Genève, elle s'allia à la Confédération helvétique, sans pour autant en devenir membre, une situation que l'invasion de l'Escalade tenta, sans succès, de renverser. Après cette victoire, c'est en 1798, lorsqu'elle disparut en tant qu'entité indépendante après avoir été conquise par Napoléon et réduite à l'état de *département* dans son empire, que Genève fut au plus bas. La défaite de l'empereur en 1815 restaura sa souveraineté et lui conféra un nouveau statut, celui de 22e canton de Suisse, bien que le passé soit toujours inscrit dans son appellation officielle : République et Canton de Genève.

Après les déambulations dans la vieille ville, la visite touristique de Mlle Jemima cet après-midi-là fut rapidement perturbée par les attractions frivoles que constituaient les concerts en plein air et les carrousels. Le dimanche, en plus! C'est sans nul doute la colère divine qui, sous la forme d'un orage, mit un terme à ces amusements :

> "Un roulement de tonnerre, d'une douceur peu britannique, mais dont le volume rappelait ceux que l'on entend en montagne, nous arrêta... Nous nous pressâmes vers notre hôtel, et arrivâmes juste à temps pour échapper à la fureur de l'orage."

Le lac de Genève est célèbre pour son vent froid, la bise, qui vous fouette le sang toute l'année, mais qui se révèle particulièrement âpre en hiver, quand il peut battre l'eau et en faire geler les gouttes lorsqu'elles retombent. Les orages qui se déchaînent sur la vaste étendue d'eau qu'est le plus grand lac d'Europe occidentale peuvent être tout aussi spectaculaires. C'est un orage de cette nature qui fut à l'origine, en 1816, d'un des plus grands romans gothiques de la littérature anglaise, dont le personnage principal était pourtant un garçon du coin. Le poète Lord Byron passait l'été de cette année-là au bord du lac, à Cologny, près de Genève, en compagnie de Percy Bysshe Shelley et de Mary Wollstonecraft Godwin, la future femme de Shelley. Lors d'une nuit sombre et orageuse (et pour une fois, ce cliché éculé est tout à fait approprié), ils se firent peur en se racontant des histoires de fantôme. Shelley s'enfuit en hurlant de la pièce et Mary, âgée de 18 ans, en fit des cauchemars. À moins qu'il ne faille mettre ceux-ci sur le compte du vin ou de l'opium. Quoi qu'il en soit, l'un des mauvais rêves de Mary devint un grand roman, publié en 1818 assorti du sous-titre « Le Prométhée moderne ». Son héros, un certain Victor Frankenstein, se présente ainsi : « Je suis Genevois de naissance, et ma famille est l'une des plus distinguées de cette république. » Il mit à la mode, bien des décennies plus tard, l'acteur Boris Karloff et les costumes d'Halloween.

. . .

Debout à 4 heures du matin sous la pluie : c'est ainsi que Mlle Jemima & cie rattrapèrent le temps perdu et achevé leur visite avant de quitter la ville. Je sens que ma mère aimerait mieux que sa première visite à Genève ne soit pas teintée du souvenir d'expéditions aussi matinales, et, vu le prix de notre chambre d'hôtel, je tiens à y dormir le plus longtemps possible. Ainsi donc, après un petit déjeuner à une heure normale, nous partons en trottant, sous un ciel sans nuages, en direction d'un site très peu visité aujourd'hui, que peu de guides modernes de la Suisse mentionnent.

Depuis le point de rencontre entre le lac et la rivière, nous contournons la vieille ville jusqu'à la base des remparts, puis marchons tranquillement pendant une demi-heure dans un coin de Genève qui n'existait pas vraiment en 1863. Le boulevard de Saint-Georges n'est pas aussi joli que la vieille ville, mais il est plus animé : trafic, trams, restaurants asiatiques et modestes cafés. Au-dessus des bureaux de tabac et des salons de coiffure qui donnent sur la rue, presque tous les bâtiments sont des blocs d'appartements, rarement plus hauts que six étages, la plupart agrémentés de balcons en fer forgé. Plus nous allons à l'ouest, plus le sol devient terreux, et plus il y a de graffitis : nous ne sommes définitivement plus dans la Genève des banques privées et des boutiques de luxe. Aucun signe du lac ou des montagnes, juste les habitants du quartier vaquant à leurs occupations quotidiennes.

Alors que nous passons devant les murs du cimetière de Plainpalais, je ne peux résister à la tentation d'y entrer pour voir l'un de ses plus célèbres résidents. Après avoir été pingre et rabat-joie pendant 23 ans, Calvin mourut en 1564, à l'âge de 55 ans, bien qu'il parvînt encore à tout contrôler après sa mort. Il avait par exemple interdit aux Genevois d'ériger des bâtiments en son honneur, ce qui arrangeait probablement bon nombre d'entre eux, et d'inscrire sur sa tombe autre chose que les initiales « J.-C. » – ce qui, au lieu de faire état de son extrême modestie, laisse entrevoir ses illusions de grandeur. C'est peut-être la raison pour laquelle la tombe n° 707 a maintenant de simples rampes en fer et une petite plaque qui nous apprend que Jean Calvin « voulut faire de cette ville une cité modèle et y instaura une rigoureuse discipline ». Néanmoins, son héritage n'est pas cette pierre tombale sans fioritures ni les églises calvinistes que l'on trouve un peu partout dans le monde, mais quelque chose de bien plus important pour la Suisse d'aujourd'hui. En effet, dans sa quête de perfection puritaine, Jean Calvin bannit la bijouterie, incitant les artisans genevois à se tourner vers un nouveau produit de valeur. Près de 500 ans plus tard, l'industrie horlogère suisse à laquelle il a donné l'élan crée désormais des pièces beaucoup plus chères, audacieuses et ostentatoires que n'importe quel bijou auquel Calvin aurait pu s'opposer.

Nous continuons à marcher, passons devant le dépôt de bus et des entrepôts décrépits à la place desquels se trouvaient jadis des prairies et des maisons de campagne, puis nous descendons vers les « eaux bleues du Rhône en forme de flèche », comme le décrivait Byron. Le club de canoë est à peine visible sous sa couche de graffitis multicolores, mais les embarcadères en bois qui jalonnent la rive sont rutilants, dans l'attente d'une chaude journée d'été et des autochtones en quête d'un bain rafraîchissant. La baignade urbaine est un passe-temps populaire dans toutes les villes suisses, comme Genève ou Zurich, où les gens ont le choix entre le lac et la rivière. Les Bernois, qui n'ont pas la chance d'avoir un lac, n'aiment rien plus que de plonger dans les courants rapides de l'Aar et les Bâlois dans le Rhin, après une longue journée de travail ; c'est sûr qu'une pinte au bar ne fait pas le poids. Certains sont même assez fous pour se baigner en hiver.

Nous atteignons enfin notre destination, le bout d'une langue de terre entre deux rivières. Vous vous demandez peut-être pourquoi diable quelqu'un pourrait vouloir visiter cet endroit, mais tout devient clair une fois arrivé là ; ou plutôt mi-clair, mi-obscur. À droite coule le Rhône, torrent d'eau bleu turquoise et cristalline ; à gauche, l'Arve, une masse tourbillonnante d'un gris trouble qui tente de dévorer son voisin. Alors que le Rhône déverse ses sédiments durant son parcours à travers le lac de Genève, l'Arve en charrie des tonnes en provenance des glaciers alpins. Les deux luttent pour conserver leur suprématie, qu'ils refusent de céder à l'autre. Comme ils ne se fondent l'un dans l'autre que longtemps après leur rencontre, une sinueuse ligne de front s'étire bien au-delà du pont ferroviaire et de ses hautes arches, et s'étend en aval à partir de l'endroit où nous nous trouvons.

C'est une vision étrangement hypnotique, dont on fait rarement l'expérience en ville et dont seuls les locaux (ou les gens qui ont lu un journal vieux de 150 ans) profitent. Si je suis ici, c'est à cause de Mlle Jemima, et je suis plutôt content qu'elle ait fait tout ce chemin à cinq heures du matin, sous la pluie. Peut-être le passé nous montre-t-il ce que nous n'aurions pas vu sinon… bien que Mlle Jemima admette que certains membres de son groupe ont été « plus satisfaits de "l'avoir fait" qu'émerveillés par la vue qui s'offrait à eux ». Aller admirer des paysages pour simplement les rayer de sa liste n'a décidément rien de nouveau.

De nos jours, la rencontre de ces deux voies d'eau échoue à s'imposer face aux musées, aux magasins et au jet d'eau de 140 m de hauteur. Aucun bus touristique ne s'y arrête, aucun son d'appareil photo ; mais… les choses pourraient bien changer prochainement. En effet, le dépôt de bus fermera en 2016 et tout le quartier devrait connaître un second souffle, sous la forme d'un espace urbain branché. C'est ce qui est prévu, en tout cas. Quoi qu'il se passe, les fleuves continueront à lutter, et c'est l'Arve qui finira par gagner en terme de clarté, bien que ce soit le Rhône dont le nom vogue jusqu'à la Méditerranée.

. . .

Voilà, le premier tour de Cook à Genève est terminé. Les voyageurs sont arrivés le samedi à minuit et repartis le lundi à huit heures du matin, soit un total de 32 heures passées dans la plus grande ville de Suisse, de quoi rivaliser avec le type de voyage dans lequel les Japonais excellent de nos jours. Ce premier tour de Cook était remarquable de par les départs prévus avant l'aube, les journées de 18 heures et la logique *un jour un lieu* de l'itinéraire. Il épuiserait la plupart des touristes britanniques modernes, qui ne paieraient pas pour revenir chez eux plus fatigués qu'ils n'en seraient partis, sauf peut-être pour aller en vacances à Ibiza ou faire du camping en Écosse. En clair, le groupe a effectivement vu les principaux sites et monuments de la Genève de l'époque, en particulier

Le Pont du Mont-Blanc, en bordure du lac, n'existait que depuis quelques mois lors de la venue de M{i}^{lle} Jemima à Genève

parce que, la Croix-Rouge n'existant pas encore, il n'y avait pas de Musée international de la Croix-Rouge, un de mes musées préférés en Suisse. Aujourd'hui, difficile d'imaginer l'aspect de la ville à l'époque, sa densité réelle sans le quartier international, les zones de shopping modernes et l'aéroport. Par chance, nous avons les moyens de voyager dans le passé, grâce à un fabricant de maquettes très engagé.

Avant de quitter Genève, nous retournons dans la vieille ville pour visiter la maison Tavel. Cette demeure fortifiée, la plus ancienne habitation privée de Genève, abrite le musée de l'Histoire de la ville. Le premier étage est entièrement occupé par une maquette complexe, fabriquée par Auguste Magnin entre 1880 et 1896. Sur une base ovale de 7,2 m par 5,65 m, à l'échelle 1:250 pour l'horizontale et 1:200 pour la verticale, tout Genève est représenté en miniature. Les mini-bâtiments sont rehaussés de zinc et les toits de cuivre, faisant de la maquette un objet étonnamment réaliste et incroyablement lourd (800 kg). Magnin l'a construite pour représenter la ville au début de 1850, soit 13 ans seulement avant que Cook & cie ne viennent la visiter.

Cependant, ces 13 années ont été cruciales. Sans une énorme différence, une grande partie de Genève aurait été parfaitement identique à ce que représente la maquette, en particulier la vieille ville. Les murs de la ville, avec leur forme impressionnante de flocon de neige et leurs puissants bastions triangulaires, furent détruits en 1850. Leur démolition provoqua une expansion urbaine rapide, qui se caractérisa notamment par l'apparition de nouvelles rues et de nouveaux quartiers résidentiels, et nous l'avons vu, d'une église anglaise à l'emplacement des murs. Et surtout d'un système de transports moderne ; la gare fut inaugurée en fanfare en mars 1858, puis ce fut le tour du pont du Mont-Blanc, l'artère vitale qui passe au-dessus de l'embouchure du Rhône, en décembre 1862. Jusque là, la statue de Rousseau, plantée sur son île au milieu du fleuve, avait pu jouir d'une vue dégagée sur le lac et les montagnes. Aujourd'hui, la vue est gâchée par le pont, lui-même défiguré par la circulation d'innombrables véhicules. Ces quelques années furent les témoins de la naissance de la Genève moderne ; cette maquette qui fige la ville avant sa modernisation en est d'autant plus fascinante.

Madame Hexel, guide du musée, semble incollable sur Genève et nous aide à localiser un bâtiment en particulier : l'hôtel de la Couronne, où a séjourné Mlle Jemima, une bâtisse assez imposante située au bord du lac. Là encore, je ne peux résister à la tentation de faire un nouveau détour pour voir ce qui se trouve aujourd'hui sur ce site judicieusement situé en face du Jardin anglais, qui date lui-même de 1854 (l'horloge fleurie lancera son premier tic-tac 101 ans plus tard). Le bâtiment est toujours là et a toujours fière allure, avec ses balcons en fer forgé et ses frontons trapus, mais ses fenêtres sont désormais envahies d'objets clinquants ; on nous ouvre la porte à notre arrivée. L'hôtel de Mlle Jemima a connu le même sort que de nombreux élégants bâtiments de Genève : il s'est transformé

La cité au bord de l'eau

Hôtel de la Couronne, Genève : le toit de Mlle Jemima pour la nuit et la "maison principale de M. Cook en Suisse"

en magasin de montres très chic, du genre de ceux qui sont pleins de montres suisses avec une étiquette de prix à quatre chiffres soigneusement dissimulée. Pendant que l'hôtel faisait son petit bonhomme de chemin, à l'instar de ses résidents, de nombreux autres hôtels ont été construits. On compte plus de 10 000 lits d'hôtel à Genève, dont plusieurs centaines au Starling, le plus grand hôtel de Suisse, avec 496 chambres.

Étant donné que nous ne pouvons pas dormir dans un magasin de montres, nous avons élu domicile dans un hôtel dont le nom incarne à lui seul l'essence même de la Suisse : *L'Edelweiss*. De l'extérieur, il ressemble à n'importe quel autre bâtiment moderne, mais à l'intérieur, on a l'impression de passer de l'autre côté du miroir. Voici comment se décrit l'hôtel sur son site : « La montagne au cœur de Genève… L'hôtel Edelweiss vous offre le cachet original d'un véritable chalet suisse. » C'est un hôtel pour touristes, décoré avec goût : du bois à profusion dans chaque pièce, des fleurs peintes sur chaque tête de lit, du feu dans chaque cheminée et des carreaux rouges et blancs dans le restaurant à fondue. Il ne manque plus que le yodeleur, mais apparemment, il fait une apparition en chair et en os tous les soirs. On se croirait à Disney Suisse. De nos jours, le tourisme n'est pas toujours synonyme d'authenticité, mais il est toujours question d'argent. Et c'est Thomas Cook le responsable ! C'est de sa faute si j'ai dormi dans un faux chalet, si j'ai évité le restaurant de peur d'être assailli par les yodels et si je me suis demandé combien de temps l'odeur de fromage fondu persiste dans l'air. Il est temps de partir.

. . .

Quitter Genève n'est pas aussi simple qu'il y paraît, en tout cas si vous vous dirigez vers le sud, vers les Alpes. Il s'agit avant tout de trouver la bonne gare. Celle par laquelle il semble le plus évident de commencer est la gare principale de Cornavin (qui n'est malheureusement plus le bâtiment d'origine, disparu sous les cendres en 1909), avec un secteur suisse et un secteur français. Depuis que la Suisse a signé les accords de Schengen en 2004 pour bénéficier de la libre circulation, peu de choses ont changé hormis les destinations. Il n'y a pas de contrôle des passeports, comme nous avons pu le constater lorsque nous sommes arrivés de Paris, et pas de douane. La présence d'un quai français ne veut pas dire que tous les trains français en provenance de Genève en partent : ce serait trop suisse dans la simplicité de sa logique. C'est le quai qu'il vous faut si vous voulez aller à Lyon, à Paris ou même à Barcelone, mais, comme nous le découvrons bientôt, Chamonix ne fait pas partie des destinations. En fait, aucune gare de Savoie ne figure sur le tableau des départs. C'est peut-être un moyen de se venger de l'Escalade, qui sait ? Pour atteindre ces destinations, vous devez prendre le tram jusqu'à la gare des Eaux-Vives, à l'autre bout de la ville, et guetter l'apparition du train du côté opposé où vous penseriez le voir arriver.

Alors que Cornavin est un imposant édifice en pierre perpétuellement en travaux, la gare des Eaux-Vives a l'air d'avoir été utilisée pour la dernière fois en 1947. Sa façade à colombages est couverte de graffitis et d'écailles de peinture, les fenêtres sont obstruées par des planches et la billetterie est fermée. Le nom d'Eaux-Mortes lui conviendrait mieux que celui d'Eaux-Vives, et elle pourrait aisément être utilisée comme décor pour un film noir qui mettrait en scène une gare désaffectée et deux touristes crédules. Pour ajouter à la bizarrerie du tableau, les seules autres personnes présentes sur le quai sont sept officiers de la police des frontières suisse, le regard rivé sur la voie en attendant le train. Celui-ci doit certainement être plein de hooligans ou de vendeurs de drogue auxquels il convient d'assurer un accueil officiel.

Le train à deux rames arrive à l'heure prévue et oblige les policiers à se diriger vers l'avant, mais aucune trace de vandales ou de personnages suspects ; en fait, tout est très calme. Six personnes descendent et aucune d'elles n'est arrêtée ; les policiers s'éloignent, nous laissant perplexes. C'était peut-être la fin de leur service. Ils nous sourient et font un signe de tête en passant devant nous. Courtois mais inutiles, c'est sans doute ainsi que de nombreux touristes qualifieraient la police suisse en général.

Nous avons le train pour nous tout seuls pendant notre périple à travers la banlieue de Genève, qui consiste en une procession ininterrompue de zones résidentielles, de lotissements et d'usines. On dirait un tram géant, avec des rideaux aux fenêtres : il passe assez près des bâtiments pour nous permettre d'avoir un aperçu fugitif des appartements privés, mais roule anormalement haut au-dessus du sol. Sur les parkings, les plaques numéralogiques sont suisses et françaises, de telle sorte qu'on ne sait jamais clairement où et quand on passe la frontière, mais elle ne peut pas être très loin de la gare. Le canton de Genève est l'un des plus petits de Suisse – Voltaire, un habitant du coin, eut un jour cette phrase célèbre : « Quand je secoue ma perruque, je poudre toute la république » –, presque totalement encerclé par la France ; son unique frontière interne, avec le canton de Vaud, ne fait que 4,5 km de long. Nous changeons de train à Annemasse, qui se trouve indubitablement en France, et nous nous mettons en route pour les Alpes, suivant l'Arve en direction de son amont et du mont Blanc.

Plus tard, j'apprendrais que la gare des Eaux-Vives a fermé peu après notre passage, bien qu'il n'y ait eu aucun lien entre les deux évènements. Nous y étions alors qu'elle vivait le crépuscule de sa vie, les cliquetis de notre train se mêlant à son râle d'agonie. Elle est amenée à ressusciter en 2016 dans le cadre d'un projet de redéveloppement qui comprend une nouvelle ligne ferroviaire reliant directement Annemasse à Cornavin. Ce projet n'est pas précisément nouveau, l'idée de cette ligne ayant été lancée en 1881, approuvée en 1884 et ratifiée en 1912. C'est long, même pour la bureaucratie suisse, mais il semblerait que, plus d'un siècle après, elle se concrétise enfin. Dans l'intervalle, le voyage en train vers Chamonix est devenu considérablement plus long et compliqué. La plupart des gens optent pour la route, exactement comme a dû le faire le Junior United Alpine Club.

Cet itinéraire n'a guère changé au cours des siècles. C'est la nature qui a fait tout le travail, avec l'Arve qui découpe une vallée s'étendant du pied du mont Blanc aux rives du lac de Genève. L'autoroute et la voie ferrée actuelles marchent simplement dans les pas et les traces des attelages des voyageurs d'antan. L'équipée de Cook, réduite à 30 personnes réparties en plusieurs groupes, a parcouru presque 84 km en diligence, un véhicule tiré par des chevaux pouvant transporter jusqu'à 18 personnes, l'ancêtre du système de bus public en quelque sorte. Le guide *Cook's Tourist's Handbook* le décrivait comme une «étrange machine. Imaginez une calèche, un omnibus, un fiacre, un wagon et un cocher, mélangez le tout et ajoutez-y six chevaux robustes avec des grelots.» C'était la seule alternative possible à la marche ou au cheval, mais ce n'était pas particulièrement confortable. Oubliez le mal de mer, ici, on parle de mal de calèche, ce qui implique moult heurts et balancements, sans parler des odeurs provenant de vos compagnons de route et de la nourriture qu'ils transportent.

Les calèches ne venaient pas toujours à bout des collines, comme l'écrit Mlle Jemima: «Nous en arrivons bientôt aux pentes raides, où nous nous arrêtons pour marcher et atteler d'autres mules aux calèches.» On n'était néanmoins jamais à court de diligences et de mules sur cet itinéraire: dans *The Excursionist*, Thomas Cook rapporte que «sous réserve d'un petit arrangement préalable, on peut faire voyager de 60 à 100 personnes par jour dans les diligences et les convois postaux, et on peut disposer jusqu'à 200 mules». L'organisation du transport de 100 clients dans une flotte de calèches semble relever de la prouesse logistique. De nos jours, on voyage de manière beaucoup plus isolée: ainsi, on se retrouve dans un train ou dans un avion avec une multitude d'autres personnes sans pour autant vraiment voyager avec eux.

L'itinéraire le long de la rivière n'a peut-être pas changé, mais la durée du trajet a bien diminué. Notre voyage en train, avec une seconde correspondance à Saint-Gervais, nous paraît long, avec ses deux heures et demie, si l'on considère le peu de distance parcourue, mais c'est ultra-rapide comparé aux 11 heures de voyage, avec un changement à Saint-Martin. Murray nous donne une idée claire de la vitesse: «de Saint-Martin à Chamouni [sic], cinq heures. Les piétons vont apprécier de marcher et vont parcourir cette distance aussi rapidement que les voitures, c'est-à-dire en quatre ou cinq heures» – ;

Une diligence : un mode de transport pratique, à défaut d'être confortable (en particulier pour ceux qui étaient assis à l'extérieur)

et du confort : « les routes qui vont à Chamouni ne sont praticables que pour les véhicules légers et étroits ; elles sont en effet très raides, irrégulières et caillouteuses à certains endroits. » Un voyage de 11 heures transformé en séance de torture à force d'être bringuebalé dans tous les sens peut expliquer pourquoi Napoléon III a fait construire une nouvelle route pour aller à Chamonix. Cette route, achevée en 1866, réduisit les temps de trajet d'un tiers et augmenta sans aucun doute bien plus encore le niveau de confort. Les gens qui prenaient le train durent patienter bien plus longtemps : la voie ferrée ne parvint à Chamonix qu'en 1901.

Quel que soit le mode de transport, le voyage est assez agréable ; pas des plus spectaculaires, mais il donne un avant-goût de ce qu'on va voir par la suite. La vallée est d'abord large et peu profonde, les bords de la rivière parsemés de petites maisons industrielles et modernes : une fabrique de fromage par-ci, un grand emplacement de camping par-là, des piscines gonflables dans un grand nombre de jardins et les premiers chalets qui commencent à faire de timides apparitions, puis, tout à coup, tout change à Cluses, avec les versants de la vallée et les toits des maisons qui s'inclinent toujours un peu plus. La route principale, l'autoroute, la rivière et la voie ferrée doivent se faufiler à travers la même bande étroite, passant les unes au-dessus des autres comme une tresse à quatre mèches indisciplinée. L'Autoroute blanche repose en équilibre sur d'énormes piliers de béton pour finalement raser le sol un peu plus loin, alors que le train monte continuellement jusqu'à passer très haut au-dessus de la rivière laiteuse. Il y est bien obligé s'il veut aller jusqu'à Chamonix, situé 660 m plus haut que Genève.

« Chaque tour de roue de la calèche nous fait découvrir un nouveau panorama, ou un que l'on a déjà vu, mais que l'on redécouvre sous un nouvel angle. », remarque Mlle Jemima. On jouit du même privilège dans le train, sauf que la météo n'est pas idéale pour un voyage touristique. Toutes les falaises et tous les sommets sont coiffés de nuages, si bas à certains endroits qu'ils semblent raser le sol et caresser le toit de notre train. Malheureusement, cela signifie que nous manquons « l'un des plus sublimes panoramas des Alpes », celui du mont Blanc vu d'un pont qui enjambe l'Arve. Pas de grande cime blanche surplombant un horizon de montagnes. Tout ce que nous voyons, c'est du gris, du gris et encore du gris, et à la lecture des rapports météo de 1863, notre journée nous semble encore plus morne :

> "Il fait une chaleur incroyable ! Une chaleur figée, d'un blanc brillant, qui vous frappe avec une force redoublée par la blancheur des maisons recouvertes de stuc, une chaleur qui engendre le silence et

doit certainement pousser les habitants à aller dormir, car il n'y a pas âme qui vive."

Au moins, Mlle Jemima et Mlle Sarah n'ont pas flanché. Cook parle d'un « soleil brûlant, sous les rayons duquel une ou deux dames se sont évanouies ». À mon avis, la faute en est plutôt à leurs corsets trop serrés et à leurs lourds jupons, une combinaison loin d'être gagnante en cas de forte chaleur.

Chaleur égale soif, et contrairement à nous qui avons emporté des bouteilles d'eau, Mlle Jemima a dû partir à la recherche du précieux liquide :

"Désireux de voir un intérieur, nous entrons dans un chalet sous prétexte d'étancher notre soif, mais notre désir s'évanouit à la vue d'un petit enfant sale qui nous montre du doigt un vieux tonneau cassé plein de l'eau trouble de l'Arve et dans lequel repose le seul pot à boire du chalet, c'est-à-dire ce qu'il reste d'une vieille casserole boursouflée ; il n'y avait dans ce chalet aucun meuble digne de ce nom, seulement un fût ou deux, un tabouret et une table reposant sur des cales, tous dénotant de l'extrême pauvreté des paysans."

Ne se laissant pas décourager par les conditions locales, elle demande où se trouve le prochain chalet, où « une élégante petite femme nous tend en souriant et d'un air professionnel un plateau rond supportant deux verres d'eau pétillante. »

Quand nous descendons à Chamonix, le ciel est en train de passer du gris au noir. L'orage de Mlle Jemima, nous ayant manqués à Genève, menace d'exercer sa vengeance maintenant. Ce n'est vraiment pas le moment ; Chamonix, comme nombre de stations alpines, n'étant pas l'endroit idéal où

La vue sur les Alpes à Saint-Martin était très réputée parmi les touristes anglais

passer de lugubres journées. Son existence est ancrée dans les activités de plein air plus ou moins dingues, de sorte que lorsque vous ne pouvez pas voir les sommets, et encore moins y monter, vous en êtes réduit à vous asseoir dans un café ou à marcher sous la pluie. Cela explique pourquoi, cet après-midi, le centre piétonnier de la ville est littéralement envahi de gens qui mangent sur les trottoirs ou font du lèche-vitrine, du moins jusqu'à ce que la pluie commence sérieusement à tomber.

L'orage arrivant, plutôt que se laisser tremper jusqu'aux os, nous battons en retraite et rentrons à l'hôtel. C'est un joli bâtiment en vieilles pierres, datant de 1903, et le réceptionniste nous informe avec bonne humeur que depuis le balcon nous aurons une vue imprenable sur le mont Blanc – peu importe que le temps soit trop gris et trop triste pour distinguer quelque chose au delà de la route. Pourtant, il s'avère plaisant, après avoir passé trois jours à bouger, d'être en quelque sorte contraint de se reposer. Arriver à suivre le Junior United Alpine Club n'est pas aisé, et je commence à croire que les Anglais de l'époque victorienne avaient des capacités surhumaines.

Comme les prévisions annoncent pour demain un temps tout aussi désastreux qu'aujourd'hui, nous risquons fort de ne voir que pluie et nuages à l'horizon. Je crains que la mer de Glace, le célèbre Glacier que tous les Anglais avaient envie de voir, ne soit plus vraiment une mer de glace, mais une mer de brouillard. Mlle Jemima ne nous aide pas vraiment dans cette affaire, la météo de l'époque ayant été assez bonne pour lui permettre d'escalader la montagne, même si j'ai l'impression qu'elle y serait allée dans le blizzard. Murray est d'un plus grand secours :

Lorsque les nuages vous empêchent d'envisager des excursions dont l'objet principal est un panorama, il est possible d'aller visiter la cascade du Dard. Cela sauvera certainement une journée, qui sans cela aurait été ratée.

Selon notre plan de la ville, ladite cascade ne semble pas trop éloignée du centre. Le plan A du lendemain se résume donc à des éclaboussures de culture, quelques gouttes de lèche-vitrines, une chute d'eau, soit se faire mouiller d'une façon ou d'une autre. Quant au plan B, il consiste à espérer une intervention divine.

. . .

Dans mon lit cette nuit-là, écoutant la pluie tomber, je me surprends à penser au problème des toilettes. C'est un sujet qui me tracasse depuis que nous avons quitté l'Angleterre. Que faisaient donc Mlle Jemima et sa troupe quand ils avaient besoin d'aller au petit coin ? De nos jours, nous jouissons du privilège de pouvoir y aller quand nous voulons, que ce soit lors d'un voyage en train ou de la visite d'une ville, alors que pour les voyageurs de l'époque victorienne, cet avantage était encore relativement nouveau, même en Angleterre. George Jennings construisit les premières toilettes à chasse d'eau en 1851, pour la toute première Exposition universelle, dans le Crystal Palace de Londres, et les visiteurs devaient payer un penny pour y accéder. Les premières toilettes municipales, qui contribuèrent, avec les toilettes des maisons privées et le nouveau système d'égouts, à réduire le niveau d'insalubrité dans les villes en expansion constante, ouvrirent à leur tour en 1855 à Londres. Étant donné ce que pensait Mlle Jemima des rues de Dieppe, j'ai peur que le continent n'ait pas été aussi avancé en matière de toilettes publiques.

Idem pour les toilettes des hôtels, rarement dotés de salles de bain privées, mais bien plus souvent d'installations communes à chaque étage. Les clients, s'ils avaient beaucoup de chance, pouvaient avoir l'occasion d'utiliser une toute nouvelle invention américaine, le papier toilette, qui fit sa première apparition en 1857. Voici ce que dit Murray des hôtels suisses :

Dans nombre de cas, et même dans les hôtels de première classe, les bâtiments ne disposent pas de systèmes de drainage et de ventilation adéquats, et par conséquent, il règne souvent dans les couloirs et les cages d'escalier des odeurs malsaines et agressives pour les sens. Il faudrait veiller à faire comprendre aux propriétaires à quel point cette nuisance est dégoûtante et intolérable aux yeux des Anglais.

Il va même jusqu'à évaluer les différents hôtels rencontrés sur les routes touristiques. À Arth, près du lac de Zoug, par exemple : « Le Schwarzer Adler (« Aigle Noir »), bien, mais mauvaises odeurs ». Ce n'est pas exactement ce qu'on pourrait appeler une recommandation enthousiaste.

L'ouvrage *The Smell of the Continent* (« L'Odeur du continent »), au titre tout à fait pertinent, évoque de manière distrayante les voyages et déplacements des Anglais en Europe après la chute de Napoléon, et consacre toute une partie au thème des toilettes. Il révèle par exemple que de nombreux hôtels avaient une chambre portant le numéro 00 ou 000 : des toilettes communes et, par conséquent, assez dégoûtantes. Certains gérants d'hôtel commencèrent à installer des *water closets* (ou WC, un terme toujours utilisé dans toute l'Europe et particulièrement en Suisse, où il dépasse la barrière des langues), après y avoir été « poussés par les plaintes constantes de la clientèle anglaise », bien que ces toilettes n'aient pas l'air engageantes, en témoigne une critique cinglante datant de 1863 : « Dans un hôtel de, disons, 60 chambres, il n'était pas inhabituel de ne trouver que quatre WC qui, dans certains cas, était dégoûtants ou ne fonctionnaient pas, tout simplement. » Il y avait aussi cette astuce pour les couples voyageant ensemble :

> *Les hommes doivent toujours inspecter les toilettes avant de permettre aux dames d'y entrer, afin de s'assurer qu'il n'y a pas de graffitis et que des étrangers « à moustache » ne sont pas en train d'utiliser les toilettes voisines en laissant la porte grande ouverte.*

Les pots de chambre étaient très usités, mais difficilement transportables en voyage. Je n'ai donc pas la moindre idée de la méthode choisie par Mlle Jemima au cours de ses déplacements. À cette époque, les wagons de train n'étaient que de simples sièges mis en boîte et montés sur des roues, sans espace pour les toilettes ; même s'il y en avait, vous ne pouviez pas vous faufiler à travers les wagons pour les atteindre. Il ne vous restait certainement plus qu'à serrer les fesses jusqu'au prochain arrêt, ceux-ci étant heureusement longs et fréquents, pour permettre de rapporter de l'eau et du charbon à bord... et aux passagers de se délester de leur propre chargement. S'il n'y avait pas d'installation prévue à cet effet, je suppose que vous n'aviez qu'à vous diriger vers le buisson le plus proche (la seule option envisageable lorsqu'on marche en montagne toute la journée). C'est une réalité plutôt bizarre pour une société aussi soucieuse de respectabilité et de décorum, sans parler de l'aspect pratique de la chose quand vous êtes engoncé dans une armée de jupons. Mlle Jemima ne fait évidemment nulle mention de telles choses dans son journal ; cela aurait été des plus inconvenant.

Les toilettes firent finalement leur apparition dans les trains dans les années 1880, avec l'agrandissement des wagons et l'allongement des rames, bien qu'elles fussent toujours séparées par classe. Inconcevable que la troisième classe puisse souiller les toilettes de la première.

Ne voulant pas m'attarder sur un sujet non propice à une nuit paisible, je préfère réfléchir aux nombreux changements qui ont affecté Genève depuis l'époque de Mlle Jemima. D'abord, le temps lui-même a changé. Au cœur de la ville, sur une petite île au milieu du Rhône, se trouve une tour d'horloge en grosses pierres, la tour de l'Île, sur la façade de laquelle il y eut jadis trois horloges les unes à côté des autres. La plus grande indiquait l'heure de Genève, les autres les heures de Paris et de Berne, et aucune heure n'était la même : Genève avait cinq minutes d'avance par rapport à Berne, mais était en retard de 15 minutes par rapport à Paris, qui avançait à son tour de neuf minutes et demie par rapport à l'heure moyenne de Greenwich. En 1894, la Suisse avait déjà adopté un seul fuseau horaire, l'heure normale d'Europe centrale. Aujourd'hui, la tour n'a plus qu'une seule horloge, intégrée à la banque privée sise juste à côté. « Le temps c'est de l'argent », surtout à Genève.

Quant à la ville, elle était relativement petite à l'époque, même en tant que plus grande ville de Suisse, mais sa réputation était bien plus importante que celle de n'importe quelle ville britannique de taille similaire. Récemment sortie de ses murs, elle prenait à la fois du volume et de la stature. Aujourd'hui, Genève reste une petite ville, avec une population à peu près égale à celle de Portsmouth. Ayant grandi aux environs de cette dernière, je peux sans hésiter dire quelle est celle que je préfère. Portsmouth a peut-être la mer et le HMS Victory, mais elle est aussi passée par la Seconde Guerre mondiale et les années 1950, qui n'ont pas vraiment contribué à l'embellir. Par contre, je n'ai pas encore trouvé de bons *fish and chips* à Genève, mais les macarons divins qu'on y mange compensent assez bien cette frustration.

Aujourd'hui, Genève est peut-être moitié moins grande que Zurich, mais la cité au bord du lac s'est illustrée au niveau mondial au cours du dernier siècle et demi, à la fois par accident et du fait de sa configuration. On ne la célèbre plus comme la Rome protestante, mais comme la capitale de la Paix, ce qui, pour une fois, va au-delà du matraquage touristique. La Croix-Rouge, les Nations unies, l'Organisation mondiale de la santé, etc., etc.. La liste des organisations méritantes est presque sans fin et se clôt avec le quartier général de l'Organisation mondiale du mouvement scout.

Genève serait-elle si différente aujourd'hui sans les événements de 1863 ? Assurément, bien que le tourisme ou Thomas Cook n'aient pas forcément grand-chose à voir là-dedans. La venue d'étrangers à Genève ne date pas d'hier (ce sont juste les chiffres qui ont changé), mais c'est en devenant le centre de la diplomatie internationale que la ville s'est fait une place sur la scène mondiale, une place qu'elle occupe toujours aujourd'hui.

À la découverte des Alpes

« *Chamouny a bien changé depuis quelques années. Avant, c'était un endroit retiré ; aujourd'hui, pendant la haute saison, il grouille d'activité.* »

— *Cook's Tourist's Handbook to Switzerland*, 1874 —

Le "Mauvais Pas", un chemin traître qui porte bien son nom, permettait d'atteindre Chamonix; une aventure à faire dresser les cheveux sur la tête

Le mont Blanc est le plus haut sommet de France et d'Europe de l'Ouest, mais aussi un point insaisissable, perché dans les nuages, culminant à 4 810 m. Le mont Invisible. Sur le balcon, face à l'endroit où cette fameuse montagne est censée se trouver, je me demande si les cartes postales ne sont pas toutes le fruit de Photoshop et si en fait elle existe ou pas. Comme souvent, les nuages enveloppent la cime laissant tout juste entrevoir des arêtes rocheuses, où la brume, évoquant la danse des sept voiles, ne révèle jamais ses secrets. Difficile de dire quel endroit précis je viens de voir, mais je suis sûr qu'il n'y avait pas de neige. Bonne nouvelle tout de même : la pluie s'est arrêtée. Le temps est gris, froid, humide et décourageant, mais au moins l'eau ne tombera pas du ciel ; nous décidons de nous aventurer à l'extérieur, plutôt de bonne humeur. Il n'y a que les Britanniques pour se réjouir d'une telle météo.

Premier point au programme : prendre un bon petit déjeuner. Notre hôtel semble faire partie de ceux qui considèrent ce repas comme une option à facturer au prix fort ; c'est déjà le troisième sur ma liste, après Paris et Genève. Mais la facturation séparée des petits déjeuners semblait déjà de mise à l'époque de Thomas qui expliquait dans *The Excursionist* que les hôtels sans viande ou sans œufs étaient moins chers que les autres et que les hôtels prévus pour l'excursion étaient « avec viande au petit déjeuner » afin que les participants sachent clairement pour quoi ils dépensaient leur argent. Ladite viande ne se résumait d'ailleurs pas à deux tranches de bacon grillé mais c'était bel et bien des steaks, des côtelettes, de la charcuterie, etc. à en croire l'avertissement à ce sujet dans le guide de Cook :

Nous conseillons à nos amis d'être sur leur garde quant aux excès de nouveauté sur les tables du Continent. Le miel, toujours servi au petit déjeuner en Suisse et pour le thé, devra être consom-

mé avec parcimonie par celles et ceux ayant un système sensible. Nous avons vu de nombreux cas de complications suite à une libre consommation.

Pourtant, les abeilles suisses collectent le miel essentiellement sur les pissenlits et les primevères et je n'ai jamais observé d'effets indésirables liés au miel suisse. Dans son journal, Mlle Jemima ne s'attarde jamais sur la question du petit déjeuner, certainement parce que le groupe se mettait en marche avant l'aube la plupart du temps. À Paris, toutefois, elle remarque :

> " Pour notre petit déjeuner à cinq heures du matin, un serveur répétait sans cesse "le café arrive", "le café arrive". Et quand, enfin, cette boisson est apparue, elle était servie dans des tasses si petites qu'elles ne pouvaient convenir qu'à des lilliputiens. "

L'office de tourisme est notre première escale du jour. Nous y trouvons les prévisions météorologiques qui annoncent l'absence de toute amélioration, et une webcam confirme que les nuages sont assez bas pour masquer les montagnes. Je me dis qu'il s'agit peut-être d'un cas de *unten grau, oben blau*, « gris en bas, bleu en haut », comme disent les Suisses Allemands. En d'autres termes, lorsqu'il fait gris dans la vallée, le soleil brille sur les sommets. Dans les Alpes, vous pouvez prendre le téléphérique dans la soupe de pois et découvrir en haut un soleil radieux. À l'inverse, vu d'en haut, vous pouvez admirer la mer de brouillard et vous sentir « au-dessus de tout ». L'intérêt des pronostics météo, c'est qu'ils indiquent les limites de brouillard, ainsi vous savez à quelle altitude il faut monter pour voir le soleil. Sauf aujourd'hui.

Au lieu de gravir les glaciers, nous étudions les panneaux d'information et les photos d'avant et d'après la fonte des glaces qui ressemblent à l'un de ces concours d'amaigrissement extrême. Sur le cliché de 1865, la mer de Glace est véritablement extraordinaire, un torrent gelé remplissant son lit jusqu'à Chamonix. Aujourd'hui, il a perdu sa splendeur, 1,2 km de longueur et la moitié de sa largeur. Le glacier d'Argentière, juste à côté, et celui des Bossons, ont subi le même sort, ayant perdu plus d'un kilomètre depuis la fin du 19e siècle. D'après les simulations, ils auront perdu encore 800 m d'ici à 2030. Et certains disent que le changement climatique est un mythe.

Deux facteurs influencent notre prochaine étape, sachant que nous ne pouvons pas suivre le Junior United Alpine Club : le musée alpin est fermé le matin, et nous risquons de voir un bout de ciel bleu. Nous prenons donc le chemin de la cascade du Dard, sans parapluie. À nos risques et périls.

Les paris sont ouverts ! Plus nous marchons, plus la cascade semble être bien plus loin qu'à « ¾ d'heure du village » comme indiqué. Et, bien sûr, la bruine arrive avant même que nous ayons quitté le « village », c'est-à-dire Chamonix, qui ne ressemble plus à un village depuis belle lurette. C'est donc sous nos capuches que nous entrons dans le bois où se trouve le chemin, de plus en plus raide et de plus en plus glissant, vers la cascade. Il est temps de fabriquer un bâton de marche pour ma mère, qui vue de derrière, ressemble à Gandalf avec son imperméable ; quant à moi je me sens comme un hobbit en pleine quête.

L'endroit n'est pas aussi bucolique que prévu puisque l'Autoroute blanche emprunte le même chemin et que le bruit du trafic est omniprésent. Nous voici presque arrivés, encore un dernier crochet et la voilà. Quelle déception ! Jolie certes, mais plus filet d'eau que cascade.

« C'était peut-être plus impressionnant quand le glacier était plus grand », commente ma mère, en regardant vers les hauteurs. « Tu imagines toute l'eau à la fonte des neiges ? » Je suis son regard jusqu'aux sommets gelés, au-dessus des pins sombres.

Dans les années 1860, la glace descendait jusque dans la vallée, non loin de là où nous nous trouvons. Mlle Jemima écrivait : « des acres, des kilomètres de glace se répandent dans la vallée ». Nous prenons congé de ce spectacle décevant et rentrons à l'hôtel pour enfiler des vêtements secs et boire une boisson chaude.

. . .

L'excursion de Mlle Jemima à la mer de Glace s'est elle aussi soldée par des participants trempés, à la recherche d'un refuge pour la nuit. La toilette du soir ce jour-là représenta un véritable défi :

> " Ce fut un divertissement que d'essayer d'avoir l'air présentable avec ce qui nous restait de vêtements épargnés par l'averse. Mlle Mary a pris des allures monacales, vêtue d'une cape et d'une ceinture. Mlle Eliza a personnalisé la robe de soirée en vêtements informes. Une autre, notre artiste, a ignoré la crinoline pour les plis gracieux des draps, tandis que Mlle Sarah, qui s'était attachée à son imperméable, a adopté une tenue très moderne. "

Les codes de bienséance pouvaient être mis de côté le temps d'un voyage à l'étranger ; il en est encore ainsi aujourd'hui. Le manque de vêtements secs soulève cependant une question importante : les bagages. Qu'est-ce que Mlle Jemima avait mis dans ses valises ? D'ailleurs, combien de valises avait-elle emporté ? La réponse n'est pas très explicite.

Dans *The Excursionist*, Thomas Cook expose clairement la question : « Les bagages comptent parmi les plus grandes nuisances d'un voyage sur le Continent [parce qu'il faut les] peser, enregistrer, étiqueter, et les payer dans chaque gare où le groupe arrive ». La limite est fixée à 60 livres par personne, soit environ 27 kilos, toutes classes confondues. Donc un peu plus que lors d'un enregistrement classique de nos jours. Mlle Jemima a-t-elle pris autant d'affaires ? Il ne s'agissait pas d'un tour en bus avec des compartiments à bagages, mais elle ne mentionne pas non plus avoir été obligée de porter ses valises. Avant son départ de Londres, elle note : « Les bagages des participants ont été considérablement réduits au prix de grands efforts. » Ce qui confirme que faire ses valises pour partir en vacances a toujours été un dilemme. Mlle Jemima nous fait part de ses prouesses en la matière :

> " Mlles Jemima, Sarah, Eliza et Mary ont réglé la question universelle des bagages et prétendent avoir traversé les Alpes avec moins de bagages que n'importe quel autre touriste auparavant. Sans le savoir, les portiers des hôtels les flattaient chaque fois qu'ils leur demandaient " Où sont vos valises ? " "

Contrairement aux allusions plutôt évasives de Mlle Jemima sur ce sujet, le guide de Cook y consacre deux pages entières. Imaginez tel chapitre dans un guide moderne. Pourtant, son principal conseil est toujours d'actualité :

> *Chaque participant doit prendre en compte la moindre économie possible sur le nombre de valises et étudier les possibilités pour*

y parvenir. Il serait absurde de prendre de lourdes charges sur les cols et autres routes de montagne.

Les détails sont tout aussi éloquents : « Les bagages dépassant la limite de poids sont facturés un penny par livre. L'enregistrement des bagages de Londres à Paris coûte un shilling et nécessite une demi-heure supplémentaire minimum. » Il suggérait donc simplement : « Pour ceux qui ont l'intention de marcher, un sac à dos léger ou un imperméable est recommandé pour les autres un sac de bonne taille ou une petite valise sera le plus approprié. »

Murray était du même avis :

C'est un grand soulagement de n'avoir comme simple bagage qu'un sac à dos contenant trois ou quatre chemises, des chaussettes, des sous-vêtements, un manteau en alpaga, un gilet et des pantalons. Nul besoin de prendre plus de 12 ou 14 livres (5 ou 6 kg).

L'avantage de voyager léger est clair : « Une valise nécessite une mule ou un porteur tandis qu'un sac à dos se fixe sur la selle. »

On comprend, en fait, que Mlle Jemima et son groupe appliquaient ces préceptes à la lettre en n'emportant que très peu de choses dans leurs déplacements journaliers et en envoyant à l'avance le reste des bagages. À mi-chemin du tour, les voyageurs arrivèrent à Interlaken, où « ces dames ayant repris possession de leurs valises si longtemps absentes, ont régalé nos yeux d'une splendeur presque oubliée ». Le lendemain, avant de se remettre en route, les valises furent à nouveau dispatchées : « Une fois de plus, nous avons confié nos bagages au service des postes pour qu'ils soient acheminés jusqu'à

Neuchâtel. » Mais Mlle Jemima allait mettre cinq jours pour arriver à Neuchâtel. Comment allait-elle donc faire ?

En réalité, c'étaient les effets du dimanche qui partaient à l'avance et, le reste du temps, le groupe se contentait des rudiments qu'ils pouvaient transporter dans leurs sacs, à savoir pas grand-chose. Dans une annexe au fameux journal de voyage, on trouve une liste de suggestions pour les hommes et les femmes :

> "Tenue homme pour un tour de Suisse de 14 jours avec valises, dont il faut extraire :
> Un petit sac contenant :
> une chemise propre,
> deux cols propres,
> une paire de chaussettes,
> une brosse à dent,
> du matériel pour écrire,
> un peigne de poche
> avec parapluie et pardessus.
> La tenue ci-dessus a obtenu le premier prix du Junior United Alpine Club.
> Tenue femme pour sept jours
> Imperméable en cas de besoin
> Parapluie
> Petite boîte de 25 cm de long par 20 cm de haut (celles que l'on trouve dans les épiceries et qui contiennent la poudre à lever Borwick conviennent parfaitement). On pourra enlever ou non l'étiquette du produit. Ce récipient contiendra le strict nécessaire de toilette d'une dame.
> N.B. : le linge sale pourra être lavé à l'hôtel."

Je sais ce que vous pensez ! Oui, ils portaient tous les jours les mêmes vêtements, marchant des heures entières en pleine chaleur, sans bain du soir. Au troisième jour, l'odeur devait être pénétrante. Mais n'oublions pas que notre odorat moderne est marqué par les douches quotidiennes, les déodorants et les vêtements propres. Si tout le monde sent mauvais, on s'y habitue probablement. Ceci dit, l'hygiène corporelle faisait tout de même partie du voyage. Murray fournit d'ailleurs des conseils très précis en la matière :

Dès votre arrivée, après une journée de marche, lavez-vous abondamment à l'eau froide et changez de vêtements avant de descendre pour manger ou vous reposer. Si vous n'avez qu'un sac à dos, gardez un change exclusivement pour le soir.

À partir d'aujourd'hui, j'aurais toujours sur moi un boxer pour le soir. C'est ce qui fait toute la différence pour un dîner.

Mais que portait-on au juste à cette époque ? En bref, beaucoup de vêtements, surtout les femmes. Si l'on se rappelle les toilettes d'*Autant en emporte le vent*, on imagine facilement le volume des robes, même si les versions de voyage étaient un peu moins encombrantes que les robes de bal. C'était l'époque des crinolines, une sorte de cage en cerceaux légers fixés par des rubans sous les jupes des dames pour donner cet effet de cloche ou de ruche. Vers le milieu des années 1860, pour être à la page il fallait présenter un buste plat et un fessier à 45°. Au bout de 20 ans d'utilisation, le dispositif ressemblait à une jupe droite avec un renflement sur l'arrière. Puis les superpositions de jupons sont apparues, associées à plusieurs kilomètres de tissus composant la robe, le tout porté sur l'incontournable culotte longue pour se protéger des regards indiscrets lorsque le vent parvenait à soulever l'ensemble. Le haut du corps était quant à lui fermement maintenu sous un maillot de corps, un corset, un chemisier et une veste, auxquels on ajoutait un châle ou un pardessus ; sans oublier les accessoires tels que chapeau, manchons, gants, bottes et ombrelle. Traverser la rue ainsi équipée ne devait pas être une mince affaire, sans parler de randonner sur un glacier. On comprend pourquoi les ladies attachaient le bas de leur robe pour pouvoir les soulever en marchant. Notons également qu'à cette époque-là les femmes utilisaient des patrons en papier et confectionnaient elles-mêmes leurs robes – ou les faisaient faire. Il faudra attendre deux décennies jusqu'à l'avènement du prêt-à-porter.

Les vêtements pour hommes étaient moins encombrants mais tout aussi formels : veston à un seul bouton et pantalon, taillés dans des coloris et des tissus divers et variés, avec le « costume pour touriste » pour les voyages à l'étranger. Dans *The Smell of the Continent* (L'Odeur du continent), le costume est décrit comme une veste de chasse avec culottes assorties ; une description peu flatteuse. Autant dire qu'un gentleman aurait préféré mourir que d'être vu habillé de la sorte en Grande-Bretagne, mais il enfilait sans complexe ce costume de loisirs lors de ses vacances à l'étranger ; l'équivalent victorien du pantalon bouffant et du foulard noué.

Hormis les questions vestimentaires, *The Excursionist* prodigue également d'autres conseils : « Ne voyagez jamais sans un pain de savon. » ; et Murray de rajouter : « Les marcheurs ne doivent jamais voyager sans boussole de poche et sans gobelet. », insistant sur le fait qu'« un télescope n'est pas nécessaire, la vue étant tellement grandiose ». Le *Guide to Cook's Tours* (Guide des tours de Cook) fournissait également une liste intéressante pour ces dames : aiguilles, fils, boutons, ombrelle légère mais résistante, matériel d'écriture, lorgnettes, alpenstock, pansements, onguent et « petite pharmacie pour désordres intérieurs » – ; je ne pense pas qu'il faisait allusion aux chambres d'hôtel mal rangées.

Sans compter un petit recueil de phrases quotidiennes toutes plus utiles les unes que les autres. L'ouvrage *A Handbook of Tavel-Talk* (Manuel des conversations de voyage), paru en 1858 à l'intention des Britanniques à l'étranger, remplissait cet objectif avec des phrases permettant de faire face à n'importe quelle situation : « Puis-je poser moi même mon bagage à terre ? » ; « Restez assis ! » ; « Le train est en marche » ; « Je n'aime ni l'ail, ni l'huile » ; « Quel est le vin le plus fort ? » ; « Combien coûte la location d'un piano à queue ? » ; « Je dois vous appliquer des sangsues, il faut vous saigner. » ; en français, en allemand et en italien.

...

Après avoir changé de vêtements, nous revoilà au chaud et au sec, mais la météo n'est toujours pas au beau fixe. Notre aventure matinale nous a servi de leçon et l'après-midi sera consacré à une visite culturelle à l'intérieur. Nous choisissons le musée alpin de Chamonix, non pas pour y admirer les vieux skis en bois, mais pour voir une reproduction du Chamonix d'antan.

Nous nous arrêtons d'abord devant le bâtiment, certainement l'un des plus imposants de la ville. Une façade de sept étages, dont les deux derniers sont intégrés dans un toit gris. Somme toute très français. Des balcons en ferronnerie noire et des fenêtres à volets ponctuent les murs blancs à intervalles réguliers. On dirait vraiment un de ces grands hôtels construits pour les touristes nantis d'une époque révolue et c'était exactement la première utilisation de ce bâtiment : il s'agissait du Chamonix Palace, qui ouvrit ses portes 50 ans après le passage de Mlle Jemima, en 1914 précisément, et s'inscrivait dans la lignée de nombreux grands hôtels de Chamonix. En effet, dès 1770, le petit village de montagne retiré et tranquille devint au fil des décennies la capitale touristique des Alpes.

Aujourd'hui, Chamonix est une grande commune importante, aussi animée qu'une station balnéaire anglaise pourtant, avant, la vallée comptait parmi les plus reculées des Alpes. Exception faite des énormes hôtels qui semblent avoir été posés là, le village, tout comme la plupart des villages suisses ou savoyards, a gardé son authenticité.

L'appréciation n'est peut-être qu'une question d'époque. Ce qui apparaissait alors comme trop neuf et trop grand, spoliant le village de son caractère, est aujourd'hui considéré comme un trésor de l'histoire locale. Possible que dans 150 ans, nos constructions de verre et de béton seront considérées avec affection. Quoi qu'il en soit, à l'intérieur du bâtiment, les peintures et les gravures de 1860 révèlent à quel point ces «nouveaux» hôtels étaient mal intégrés dans l'architecture locale. Immenses, ils se démarquaient du reste du village, arborant des noms grandioses censés refléter importance et supériorité.

Le palace n'est pas le seul «monument» à avoir été dévié de son but originel (converti en immeuble de logements au-dessus du musée). L'Hôtel royal accueillait, comme son nom l'indique, les princes et les empereurs, ainsi que Thomas Cook lors de son premier séjour. Aujourd'hui, c'est un casino. Et l'imposant hôtel de ville – la mairie – était effectivement un hôtel. Les autres ont simplement disparu, remplacés par d'innombrables buildings modernes, bien que Chamonix semble avoir évité les pires excès de développement architectural, en conservant plusieurs bâtiments anciens. Ces derniers pourraient presque être défigurés par les pièges à touristes qui dominent dans le centre-ville – la zone piétonne ressemble à

L'Hôtel Royal où est descendu Thomas Cook est maintenant un casino, mais le Mont-Blanc et les arêtes sombres de l'Aiguille du Midi sont toujours là, pareils à eux-mêmes

un unique et immense bar restaurant café, sans aucun signe de vie réel ou d'activité commerciale. Mais ça pourrait être pire. On n'est pas à Benidorm! Même si – ou peut-être justement parce que – Chamonix bénéficie, elle, d'une longue histoire du tourisme.

Chamonix fut découverte en 1741 par deux jeunes Anglais en route pour une traversée des Alpes. Évidemment, le village existait depuis longtemps, grâce à un couvent de bénédictines; sa « découverte » ressemble un peu à celle de l'Amérique par Christophe Colomb. Les deux hommes en question s'appelaient William Wyndham et Richard Pocock et leur rapport à la Royal Society, faisant état de montagnes et glaciers puissants, déclencha l'intérêt pour cet endroit qui devint la vallée à ne pas manquer.

Le poète Percy Shelley, qui semblait se déplacer énormément, chanta les louanges de cet endroit et, en 1865, le village comptabilisait déjà 12 000 visiteurs par an, un record à l'époque compte tenu des difficultés d'accès. Le tournant de siècle vit le développement des sports d'hiver et la construction d'autres hôtels, jusqu'à l'apogée, en 1924 : les Jeux olympiques. Durant toutes ces années, une chose est restée quasi intacte : le casse-tête pour trouver un hébergement en haute saison.

En août et en septembre, les hôtels sont si pleins que les voyageurs qui arrivent tard le soir ont tout le mal du monde à trouver une chambre.

Le plus grand défi à Chamonix est de trouver un lit, en particulier si vous êtes un marcheur ou un grimpeur et qu'il vous faut attendre par mauvais temps qu'une chambre se libère. Tous les hôtels doivent être réservés à l'avance et sont relativement chers. »

Le premier commentaire émane du manuel de Murray et ne diffère pas radicalement du second, publié dans *The Rough Guide to France* (l'équivalent du *Guide du Routard*), 150 ans plus tard. La différence, c'est qu'aujourd'hui il y a deux saisons hautes comme dans tous les lieux de villégiature des Alpes : l'été pour les marcheurs, l'hiver pour les skieurs.

. . .

Au travers de la visite du Musée alpin, je constate deux choses que j'apprécie. Premièrement, à quel point le tourisme est devenu confortable. En voyant ce que les voyageurs d'hier devaient supporter entre leurs vêtements lourds et encombrants, les wagons bringuebalants, les chaussures incommodes et les skis en bois, je suis reconnaissant d'être un touriste au 21e siècle. Traverser les Alpes en train n'a certes plus rien d'exotique, mais on ne risque plus ni les insolations ni les cloques. Il suffit de voir des clichés en noir et blanc des femmes gravissant les glaciers en robe longue et lourd manteau pour réaliser combien nous prenons les choses pour acquises. C'est peut-être ce qui fait le succès de ces photos cartes postales dans toutes les boutiques de souvenirs de Chamonix.

Deuxièmement, je prends conscience de mon ignorance choquante sur la Savoie, là où se situent Chamonix et le mont Blanc. Jusqu'à présent, j'associais cette région de France aux choux verts et aux hôtels chic, même si aucun des deux n'évoque des monts enneigés. Mais sur ces jolies cartes anciennes, l'endroit semble intriguant, et je trouve intéressant quelque part d'explorer le passé, sinon géographiquement.

La Savoie fut l'une de ces royautés figurant sur la carte de l'Europe des siècles durant et qui, simplement, disparut, avalée par des voisins plus grands et plus forts. Ce ne fut pas le seul duché ou royaume à disparaître mais sa sortie fut une véritable ignominie : troquée lors d'un échange secret. À son apogée, la Savoie s'étendait du lac Léman à la Méditerranée et ses dirigeants frayaient leur chemin vers d'autres royautés au fil des épousailles. C'est ainsi qu'on trouve un *Savoy Hotel* à Londres ; parce qu'Eléonore de Provence épousa Henry III, embarquant avec elle sa horde de Savoyards – y compris son oncle Pierre. En 1923, ce dernier construisit le Savoy Palace (brulé pendant la Révolte des paysans) avant de regagner la Savoie dont il devint le comte. Cependant, prise en sandwich entre la France et l'Autriche, la place s'avéra peu confortable et les invasions françaises à répétition mirent en péril son indépendance. Ce fut l'une de ces défaites, en 1536, qui conduisit les Bernois à annexer le canton de Vaud et à celui de Genève à devenir indépendant. Réalisant que leur capitale, Chambéry, se situait bien trop près de l'ennemi, ils la déplacèrent à Turin. À partir de là, tout changea.

En déménageant le QG derrière la barrière de montagnes, la Savoie se donnait des chances de survivre aux inlassables attaques de la France ; mais, en plaçant le centre névralgique dans le Piémont, la partie francophone du royaume perdit de son importance. La vie devint plus italienne ; en termes de régime alimentaire, certes, mais aussi de perspectives. En 1720, le duché de Savoie se vit attribuer le royaume de Sardaigne ; le duc de Savoie devenait aussi roi de Sardaigne. Napoléon tenta de gâcher le tableau en conquérant tout ce qu'il put – sauf l'île elle-même – et après sa défaite la maison de Savoie sortit plus forte que jamais avec des vues sur un territoire encore plus grand.

En 1850, l'Italie était bien plus chaotique qu'elle ne l'est aujourd'hui, d'ailleurs elle n'existait pas à proprement parler. Le roi de Sardaigne, Victor Emmanuel II, prit conscience que pour faire marcher l'Italie sous le drapeau de Piémont-Sardaigne, il aurait besoin des Autrichiens. Sans demander l'avis de personne, la guerre fut déclarée, mais se termina rapidement. Le traité de paix – signé à Zurich en 1859 – prévoyait que l'Autriche cédait la Lombardie à la France, qui la donnait à la Sardaigne en échange de Nice et de la Savoie. Afin que les choses paraissent un tant soit peu légales, le traité de Turin (du 24 mars 1860) formalisa l'annexion et, un mois plus tard, un référendum assura l'accord de la population. Étonnamment, 99,8 % des Savoyards souhaitaient rallier la France ; probablement parce que le vote était truqué ou qu'il n'y avait aucune autre alternative. Demeurer Sardes, devenir indépendants ou rejoindre la Suisse (comme l'auraient souhaité certains Savoyards du nord), aucune de ces possibilités n'étaient envisagée.

Ainsi disparut la Savoie. Son destin était d'initier l'unification de l'Italie (le héros de cette campagne, Garibaldi, avait vu le jour à Nice) pour finir avalée par la France. Elle a survécu tout de même sous la forme de deux départements ; on ne peut pas en dire autant de la maison royale. L'ancien duc, Victor

Emmanuel II, devint le premier roi d'Italie en mars 1861, avec une capitale sise à Turin et ce fut à peu près tout. Après avoir dirigé la Savoie pendant des siècles, la famille royale assura son poste en Italie pendant 85 ans seulement, jusqu'à ce que le quatrième roi, Umberto II, abdique en 1946. Ils auraient peut-être dû rester où ils étaient au départ, qui sait. La Savoie aurait peut-être survécu en tant que petit État indépendant, une sorte de Luxembourg des montagnes.

Heureusement, une bonne chose est née de cette histoire de choux et de rois. Au cours de la courte guerre austro-sarde, les ennemis s'opposèrent le 24 juin 1859 à Solferino, en Lombardie, et Henri Dunant était présent pour témoigner de l'horreur de la bataille. Quand il rentra à Genève, il n'était plus le même. De façon indirecte, on peut peut-être supposer que la Croix-Rouge est un héritage de la Savoie. Sur l'échiquier géant de la politique au 19e siècle, la Savoie était un pion sacrifié. Sans cet échange, il n'y aurait peut-être jamais eu ni bataille de Solferino, ni transformation radicale pour Monsieur Dunant.

Au vu de cette page d'histoire, le titre à rallonge du guide touristique de Murray – *Manuel du voyageur en Suisse, dans les Alpes de la Savoie et du Piémont* – prend tout son sens puisqu'il fut écrit à l'époque où la Savoie et le Piémont ne faisaient partie ni de la France ni de l'Italie. Ils constituaient – avec la Sardaigne – un pays indépendant, une étape logique dans un tour de Suisse. Au moment de la parution du manuel, les frontières avaient changé, si bien que les touristes de Cook visitèrent en définitive deux pays : la France (y compris Chamonix) et la Suisse.

. . .

S'il avait continué de pleuvoir, nous aurions quitté la France plus tôt, en direction des montagnes suisses, dans l'espoir d'y trouver un temps plus clément. Nous en avions assez de contempler Chamonix sous la pluie. Mais, au réveil, un soleil radieux nous attend. Que faire de cette journée ? Nous avions prévu de passer la frontière le soir-même, il faut donc sélectionner ce qu'il reste à voir. Notre choix se porte sur les deux sites principaux, les deux raisons pour lesquelles Thomas Cook entraîna son groupe jusqu'ici : le mont Blanc et la mer de Glace. Attention, nous voilà !

La rumeur est donc vraie… on peut voir le mont Blanc depuis le centre de Chamonix. Il était là depuis le début, caché derrière un banc de nuages et un rideau de pluie. Il est blanc, il brille dans le ciel bleu. Mais je dois dire qu'il est plus arrondi que pointu ; on ne dirait pas que c'est la plus haute montagne d'Europe de l'Ouest. Il est juste plus haut que ses congénères et personne ne l'aurait remarqué outre mesure sans cette comparaison possible. Cet accident de la nature le rangea tout en haut de la liste des sommets à conquérir, ce qui fut chose faite le 8 août 1786 par deux Français, Jacques Balmat et Michel Gabriel Paccard. Aujourd'hui, nous irons jusqu'à l'aiguille du Midi, une espèce de nid d'aigle au bout d'un câble de téléphérique – un très long câble.

Bien entendu, nous ne sommes pas les seuls désespérés en quête de soleil. Après avoir passé plusieurs jours cloîtré, tout le monde a la même idée. Nous arrivons en avance au départ du téléphérique mais la file d'attente est déjà d'une longueur certaine. C'est probablement toujours le cas par beau temps, avec un flot constant de touristes avides de découvrir ce trajet vers les hauteurs. Et ça frise l'aventure que d'être enfermé avec 72 autres personnes dans un grande boîte en verre pendant 20 minutes.

On dirait que la moitié du Japon a embarqué dans notre cabine, y compris un groupe de femmes très enjouées, emmaillotées dans des vestes polaires et des bonnets. Chaque fois que la cabine tangue sur un pylône, elles lèvent les bras et poussent des cris de joie comme si nous étions sur un manège d'un parc d'attractions. Tout le monde ne partage pas leur enthousiasme. À mi-chemin, nous devons changer de télécabine pour monter jusqu'à 3 842 m au-dessus du niveau de la mer – et plus de 2 700 m au-dessus de Chamonix. Aucun pylône sur la seconde partie du trajet, la troupe reste silencieuse. Tout le monde observe avec attention la vue de plus en plus spectaculaire sur Chamonix, qui apparaît déjà tel un village modèle niché au fond de la vallée.

Le téléphérique arrive enfin à bon port et nous sortons, étourdis par l'excitation et l'altitude, pour découvrir qu'en fait nous ne sommes pas encore arrivés à destination. Ladite aiguille se compose de deux pics rocheux reliés par un pont métallique. Le terminus du téléphérique, le café et la boutique de souvenirs sont perchés sur le pic nord, le plus « bas » des deux, avec vue plongeante sur Chamonix, mais la terrasse panoramique se trouve de l'autre coté du pont, sur l'autre pic, où un ascenseur nous fera gagner encore 65 m de hauteur, jusqu'au sommet. Personne ne se précipite pour traverser le pont glacé. L'ascension a été si rapide que le changement d'air est brutal – non que nous manquions d'oxygène mais l'on ressent une sorte de picotement à chaque inspiration, comme si l'air froid atteignait les recoins les plus profonds des poumons et gelait les alvéoles. C'est la première fois que mes bronches subissent un tel traitement.

Ma mère n'apprécie pas vraiment l'altitude et profite de la vue depuis le café en savourant un chocolat chaud. Quant à moi, je m'aventure sur le pont, heureux de porter un bon manteau et de gros gants, sans lesquels la peau de mes mains resterait certainement collée sur les barrières métalliques. De longs glaçons pointus sont accrochés aux rambardes et forment une sorte de paravent effrayant. Dans l'ascenseur, il fait tout aussi froid mais nous sommes enfin abrités du vent. Je me fraie un passage pour la toute dernière ligne droite avec l'impression d'être un géant, seul humain de plus de 1,60 m. Dommage que mes connaissances du japonais se limitent à *konichiwa et arigato*.

Tout en haut, la vue à 360° est réellement à couper le souffle ; une merveille de l'hiver en plein été. Des pics, puis des pics, et encore des pics, dans chaque direction, tous enneigés et scintillants (même avec des lunettes de soleil). Vu sous cet angle et cette (courte) distance, le mont Blanc paraît plus imposant, toutefois moins majestueux que le Cervin, visible au sud-est. Mais les deux semblent happés par l'immensité du paysage. Assis sur un coussin de granite – aussi insignifiant qu'un grain de sable dans le désert – je me sens vraiment minuscule.

Juste au-dessous de nous, les pentes enneigées sont parsemées de petites figurines noires en groupe de trois ou quatre, suivant de fines lignes grises dans l'étendue blanche immaculée. Ces quelques intrépides profitent d'une météo clémente pour réaliser leur rêve d'ascension du mont Blanc. À l'instar de Mark Twain qui gravit la montagne de Chamonix derrière son télescope, je suis content de l'admirer de loin, bien plus proche que Mlle Jemima ne l'a jamais été. La technologie moderne (le téléphérique fut inauguré en 1955) permet désormais aux visiteurs de voir et de faire des choses dont nos célèbres voyageurs n'auraient pu que rêver : monter dans le ciel pour admirer le monde vu d'en haut, sans une seule bouffée de chaleur. La splendeur de l'aiguille Verte restera gravée en moi pour longtemps, mais cette découverte était un peu trop facile, comme si nous n'avions pas vraiment respecté les montagnes. Sans les gravir ni les franchir. Ni même en les scrutant, car fidèle aux conseils de Murray, je n'avais pas pris mon télescope.

. . .

Après Balmat et Paccard, nombreux sont les braves hommes, ou les fous, qui partirent à la conquête du mont Blanc. La première femme à poser un pied sur le sommet était une servante de la région, Marie Paradis, en 1808, même si d'aucuns racontent qu'elle fut portée à bras d'hommes – dont ceux de Balmat – une partie du chemin. Trente ans plus tard, une vague de contestation quant à l'exclusivité féminine de la première ascension du sommet se manifesta en la personne d'Henriette d'Angeville, une aristocrate française de 44 ans, établie à Genève, dont le grand-père avait été guillotiné durant la Révolution française. Il est certain qu'Henriette marcha sur ses deux jambes jusqu'en haut, car ses guides n'auraient jamais pu la porter. Sa cordée, en effet, est devenue célèbre par ses excès : six guides et six porteurs, deux gigots de mouton, deux longes de veau, 24 poulets rôtis, 18 bouteilles de grand vin (et un tonneau de piquette pour les porteurs), une bouteille de cognac et trois kilos de chocolat. Henriette avait troqué les lourdes robes longues contre une tenue spécialement conçue, composée de pantalons et de jupons ; l'ensemble pesait toutefois plus de sept kilos (boa noir en plumes compris). Elle fut surnommée « la fiancée du mont Blanc », dont elle arpentait encore les cimes à 69 ans.

Dix-sept autres années plus tard, le sommet fut atteint pour la première fois non pas avec six guides mais sans un seul. C'est en août 1855 que Charles Hudson, prêtre anglais dans un petit village du Yorkshire, réalisa cet exploit. Et ce, deux semaines à peine après avoir participé à la première ascension du sommet le plus haut de Suisse, la pointe Dufour – ou Monte Rosa en italien –, culminant à 4 634 m ; un échauffement avant le grand événement. Charles Hudson compte parmi les stars de l'âge d'or de l'alpinisme, lorsque les Anglais escaladaient les sommets presque aussi vite que leurs concurrents. Dix ans plus tard, l'épopée se terminait de façon tragique sur le Cervin.

Le Cervin fut l'un des derniers à figurer au palmarès des grands alpinistes. Le 14 juillet 1865, le révérend Hudson et six autres hommes gagnaient la pointe du Cervin pour la première fois. Quatre d'entre eux périrent dans la descente lorsque la corde qui les assurait se rompit, projetant les hommes contre une falaise. La nouvelle fit la une de tous les journaux en Angleterre où l'on célébrait toujours les exploits des vaillants alpinistes nationaux. Charles Hudson trouva la mort avec Michel Croz, un guide de Chamonix, Douglas Hadow, un autre alpiniste, et Lord Frederick Douglas, frère de la marquise de Queensberry et oncle de Lord Alfred (l'amant d'Oscar Wild). L'un des survivants, l'alpiniste renommé Edward Whymper, dut supporter les enquêtes et les rumeurs et décida d'en faire un bestseller, *Scrambles among the Alps*. Dans les Rocheuses canadiennes, l'un des sommets qu'il gravit porte son nom, tout comme une rue de Chamonix, la ville où il mourut et fut enterré. La dépouille de Hudson repose sous l'autel de l'église anglicane de Zermatt, inaugurée cinq ans après la tragédie ; l'endroit n'aurait pas pu être mieux choisi pour un prêtre anglais.

L'ascension la plus rapide du mont Blanc revient à Pierre-André Gobet, alpiniste suisse, qui afficha en juillet 1990 l'incroyable record de 5 h 10 min 14 s, au départ de Chamonix. Il arriva au sommet en 3 h 38 min et redescendit en 1 h 32 min. Les 14 s restantes correspondent probablement à la durée de son séjour sur la pointe.

Aujourd'hui, environ 20 000 personnes marchent chaque année dans les traces de ces grimpeurs ; mais pas aussi vite que M. Gobet ! Vous pouvez réserver des tours guidés de cinq ou six jours, dont trois sont dédiés à l'acclimatation et à la mise en condition sur des sommets environnants. Il paraît que l'ascension en elle-même n'est pas la plus difficile, techniquement parlant. Sur le site internet Mountain Spirit Guide, on peut lire : « Pour les grimpeurs, l'ascension est une marche, mais si vous demandez aux marcheurs, l'ascension est une escalade. » Et si vous demandez au commun des mortels, c'est un peu trop loin.

N'oublions pas que la hauteur du mont Blanc change en fonction de l'épaisseur de la couche de neige et de glace qui recouvre les sommets. Officiellement, la montagne culmine à 4 810 m, mais le sommet du mont Blanc affiche en fait 4 792 m. La différence est certainement primordiale quand on grimpe.

Finalement, nous redescendons dans la vallée et le retour semble plus rapide que l'aller, même si les deux trajets sont absolument identiques. Les télécabines fonctionnent en binômes, l'une monte tandis que l'autre descend. Quand je vois l'autre passer, comme suspendue à un fil – même en métal de gros diamètre –, je suis sûr de ne pas être le seul à nous imaginer dans une boîte en situation précaire. Et je doute fort que Mlle Jemima aurait posé ne serait-ce qu'un orteil dans un engin aussi effrayant. D'habitude, j'adore les téléphériques, et la Suisse en regorge. Mais là, j'ai la bouche sèche et les mains moites. J'essaie de faire abstraction des centaines de mètres de vide sous nos pieds et je me concentre sur les bavardages en anglais, dans le fond : un groupe de grimpeurs mâles comparent leurs exploits en ramenant la montagne à un terrain de *à qui pissera la plus loin*. L'arrivée sur la terre ferme est une pure délivrance.

Après quelques heures passées si haut, l'air de la vallée paraît étrangement lourd et le soleil beaucoup plus chaud. Nous ne sommes pas les seuls à nous défaire de quelques vêtements tout en longeant l'Arve boueuse. Ces couches, indispensables au sommet, nous donnent maintenant l'impression d'être des cocottes minutes sur deux jambes. Quand nous arrivons à la gare, j'en suis au t-shirt. Quelle différence avec hier !

Pas de marche trempée dans la forêt ; aujourd'hui nous allons voir un glacier. Comme nous devons comprimer la visite complète de Chamonix en une journée, nous n'avons plus le temps d'y aller à pied, sur les pas de Mlle Jemima. Par chance, un train à crémaillère va nous conduire au Montenvers (ou Montanvert, comme l'orthographiaient les touristes anglais au 19e siècle), à 1 913 m, sur le plus grand glacier de France. Prochain arrêt la mer de Glace.

Pour le Junior United Alpine Club, monter sur le glacier fut non seulement la première ascension alpine mais aussi le premier événement grandiose depuis leur départ. Enhardis par l'excitation, ils arrivèrent très tôt, équipés d'alpenstock payés au prix fort et accompagnés d'un guide.

> "Dans les groupes, chacun doit attendre son tour ; une règle rigoureusement appliquée par les autorités. Notre guide répondait au nom célèbre de Balmat et devait certainement sa position à ce patronyme plus qu'à ses propres mérites."

La Compagnie des guides de Chamonix fut fondée en 1821, c'est la plus ancienne organisation de guides de montagne du monde. Elle compte aujourd'hui 240 membres, dont deux s'appellent Balmat.

Les manuels de l'époque donnaient des conseils précis concernant les chaussures de randonnée : « Les chaussures ou les bottillons auront deux épaisseurs de semelle et seront pourvus de clous (…) sans talons métalliques, qui sont dangereux et susceptibles de glisser sur les rochers ; trois rangées de clous sont recommandées, des clous suisses de préférence, plutôt que des clous anglais souvent trop durs et glissants. » Un équipement bien inconfortable, mais grâce auquel nos marcheurs ont pu progresser sur les sentiers en zigzag, malgré le manque de

À la découverte des Alpes

La randonnée sur la Mer de Glace était une excursion incontournable pour tout visiteur de l'époque victorienne

concentration de Mlle Jemima, quelque peu absorbée par la vue et la profusion inattendue de fleurs alpines :

> "Si, comme nous, vous pensez que ces Alpes étaient arides et dénudées, vous verriez que c'est faux. Là, à plus de 1800 m d'altitude, au milieu des sapins, pousse une végétation foisonnante où abondent les rhododendrons alpins. Nous en profitons pour en décorer nos chapeaux et cueillir des bouquets le long du chemin littéralement bordé d'une grande variété de fleurs."

La faune était aussi divertissante que la flore pour les visiteurs, dont l'un d'eux s'empressa de courir après une chèvre pour l'attraper et la traire afin que tout le groupe puisse profiter du bon lait frais. Quoi que ce ne fut pas tout à fait une habitude classique pour des touristes, aussi bien d'hier que d'aujourd'hui. Le groupe rencontra d'autres voyageurs : « Un monsieur Allemand, de bonne proportion, avec sa femme, de même gabarit, nous ont doublés à dos de mules. » La randonnée semble avoir été bien intéressante.

Grâce aux ingénieurs suisses, la nôtre est bien plus rapide. En 1907, un train à crémaillère a été installé, dont une des locomotives à vapeur, construite à Winterthour, est toujours là. En 1953, la ligne fut électrifiée. La version moderne est un joli petit train rouge vif, avec des sièges en bois qui pourraient remporter le prix de l'inconfort. Mais les vitres s'ouvrent, contrairement à la plupart des trains d'aujourd'hui où les voyageurs sont confinés dans les wagons. Le train progresse vers le haut en contournant des forêts de sapins odorantes ; on aperçoit la vallée en contrebas, qui disparaît un peu plus après chaque virage. Vu d'ici, Chamonix est un large ruban semi-urbain le long des berges de l'Arve avec des chalets partout.

La montée ne dure que 25 min (soit moitié moins qu'à l'inauguration du rail en 1908) et l'endroit est moins fréquenté que l'aiguille du Midi, mais beaucoup, beaucoup plus bruyant. Une troupe d'Italiens envahit le train, tout le monde parle en même temps, personne n'écoute ; comme dans les restaurants italiens de mon enfance. Deux voix résonnent plus fort que les autres, celles de deux hommes d'un certain âge, qui font ce que les Italiens âgés aiment faire : palabrer haut et fort en donnant leur avis sur tout et n'importe quoi, excepté le paysage, qu'ils ignorent complètement. Ils n'imaginent pas que ma mère comprend !

Arrivés à Montenvers, il est évident que le temps de trajet n'est pas la seule chose qui ait complètement changé en 150 ans. Nous surgissons du train, tout désireux de découvrir enfin cet incroyable spectacle de la nature, que Murray décrit ainsi :

La vue de cette énorme mer de glace est l'une des merveilles les plus extraordinaires; mais son étendue, en raison de la taille des autres éléments qui l'entourent, n'est pas appréciée à sa juste valeur.

Et aujourd'hui? Le cadre immense est toujours là, avec en arrière-plan ses cimes pointues, mais la glace a fondu. La mer de Glace est devenue une rivière de cailloux. Une large bande en forme de S se fraie un chemin entre les pentes abruptes formées par le glacier et sur lesquelles on distingue une ligne de marée, le niveau de la glace autrefois. Vers le fond de la profonde gorge, le gris cède la place au blanc, les rochers à la glace, qui compose la surface du glacier. Tout cela confère un arrière-goût de lointain passé. Mais l'ensemble demeure impressionnant, surtout lorsque vous apercevez les petites tâches noires qui se déplacent sur la glace, de crête en crête : des humains, plus petits que des lilliputiens.

C'était autrefois un glacier gigantesque qui couvrait tout l'espace, en forme de U, avec une langue de glace descendant si bas dans la vallée qu'on voyait le tout facilement depuis Chamonix. La surface était au même niveau que la gare; la glace touchait les rochers, juste là où nous nous tenons aujourd'hui. Normal que l'on soit venu de Grande-Bretagne et d'ailleurs simplement pour admirer les formations de glace, une sorte de forêt gelée, aujourd'hui complètement diminuée.

Heureusement, le récit de Mlle Jemima évoque la beauté unique de ce site, dans une formulation un peu glaciale toutefois, où elle semble voir des êtres dans les nuages vaporeux et les flammes vacillantes :

> "Il est un écrivain qui les compare à une vague de sorcières de glace, de lutins flanqués de leurs enfants, sacs et bagages, en route vers les basses

pentes, à des moines sans têtes, à des géants. Nous avons longé la crête dentelée d'une sorte de monstre antédiluvien, exhortant un highlander en kilt à se ruer sur quelques ennemis en contrebas. On pouvait reconnaître le juge Cresswell Cresswell avec ses conseillers en perruque dans un tribunal bondé de plaignants et d'accusés, mais aussi des moines en capuche, une vierge à l'enfant, des formes fantomatiques telles qu'a pu en voir Bunyan quand il peupla la Vallée de l'ombre de la mort. Spires, pyramides, sphinx, obélisques et autres monuments de marbre pouvaient être matérialisés dans cette mer de glace."

J'inspecte les photos dans l'hôtel en vieilles pierres et je saute dans un petit téléphérique qui démarre aussitôt.

La télécabine rouge fut construite en 1960 pour conduire les gens directement à la mer de Glace. Aujourd'hui, c'est juste un moyen de locomotion plus rapide pour aller plus loin, puisque le glacier a largement rétréci depuis 1960 et encore bien plus comparé à 1860. La dernière partie du trajet s'effectue à pied et j'avoue que zigzaguer sur des escaliers contre un mur de glace est une expérience assez troublante. Des petites plaques en bois, clouées dans la roche à divers intervalles, marquent les limites du glacier : on dirait un chemin de croix cartographiant l'agonie d'une bête puissante. La première marque, juste au-dessous de la cabine, porte l'année 1980 ; difficile de croire qu'en si peu de temps le glacier ait fondu autant.

Plus je descends, plus la distance entre les plaques s'allonge : l'année 1990 se situe 53 marches plus bas, puis 103 de plus pour 2003 et 155 jusqu'à aujourd'hui. Combien de marches encore jusqu'à la fin ? L'escalier peut à peine suivre le rythme du rétrécissement : ce qui a commencé par de larges marches en

À la découverte des Alpes

Dans les années 1860, la Mer de Glace était encore coiffée de sa célèbre forêt de cimes

béton cimentées contre la roche, s'est transformé en d'étroites plaques de métal, plus faciles à déplacer avec le rythme de la disparition de la glace.

Sur la dernière plateforme se trouve une cabane avec un portillon qui permet d'accéder au glacier. Un écriteau indique que l'endroit est réservé aux marcheurs expérimentés et correctement équipés; je ne suis ni l'un ni l'autre. Marcher dans les pas de Mlle Jemima est certes terriblement tentant, mais je sais que, si je m'aventure davantage, très vite quelqu'un viendra me rattraper pour me stopper ou me secourir.

Au lieu de ça, je traverse une longue passerelle reliant la dernière marche à un trou dans la glace d'une pureté douteuse, sorte de porte vers la dernière grotte dans la paroi du glacier (taillée en 1946 pour la première fois). Quelques mètres plus à gauche se trouve l'ancienne grotte, maintenant abandonnée et inaccessible. Même si le glacier rétrécit dans son ensemble, il continue tranquillement d'avancer comme il l'a toujours fait. Aujourd'hui, il progresse d'un centimètre par heure, soit la moitié moins qu'en 1890, car la fonte des glaces a diminué la pression depuis le haut et le bas, et ainsi la vitesse de progression ; c'est en partie à cette vitesse qu'étaient dus les agglomérats étranges, formés par le soulèvement de la glace au contact des obstacles rocheux. J'essaie d'oublier que le glacier bouge… Quant aux trois aventuriers écrasés au fond d'une crevasse en 1797, je n'y pense même pas.

À l'extérieur, la glace est grise, couverte de poussière et de moraines charriées et sculptées par le glacier. À l'intérieur, c'est un autre monde qui attend le visiteur. Les murs blanc bleuté scintillent, polis par des centaines de mains qui les frôlent chaque jour, succession de creux et de bosses formant d'intrigantes ondulations. Juste sous la surface, des milliers de bulles d'air minuscules sont prises au piège dans la glace. On a l'impression de se trouver dans le lit d'une rivière gelée instantanément, au mouvement puissant à jamais figé. Le plus incroyable en est son âge : la glace que je caresse s'est formée plus ou moins à l'époque des conquêtes napoléoniennes. Elle a plus de 200 ans et semble toujours aussi pure. Cet instant est magique, ou plutôt pourrait l'être s'il avait lieu ailleurs. En fait, je me retrouve coincé dans un cauchemar fait de musique New Age et d'ours polaires sculptés, avec séance photos à l'appui et éclairages multicolores, sans oublier la cacophonie générale : c'est le tunnel de Babel. Et, comme par hasard, les gouttes qui suintent du plafond sont parfaitement synchronisées avec mon passage, si bien qu'à intervalles réguliers ma marche est ponctuée par une goutte glaciale qui descend le long de mon cou. Celles qui, par chance, ne m'atteignent pas, s'écrasent sur le tapis détrempé ; nous pataugeons littéralement et je n'ai qu'une hâte, sortir d'ici.

Au milieu du 19e siècle, tout était fort différent. La plupart des touristes venaient non pas pour admirer le glacier d'en haut ou d'en bas, mais pour le traverser. Sans équipement ni entraînement, et pourtant sans problème. Peu importaient les innombrables crevasses prêtes à engloutir quiconque poserait le pied au mauvais endroit, ou les conventions vestimentaires (pour les femmes en particulier) totalement inadaptées aux échelles et aux rochers gelés. Ils mettaient leurs chapeaux, s'armaient de bâtons et en avant pour une joyeuse randonnée. Y compris pour Mlle Jemima :

> "Nous étions constamment surpris de constater que les célèbres dangers d'un voyage dans les Alpes consistaient en de simples créatures fantaisistes sur les sentiers battus, même si la descente vers le lit du glacier de Montanvert mit les nerfs de certaines dames à l'épreuve peu habituées à des hauteurs vertigineuses, si bien que les bras forts de notre nouveau membre en devenaient plus qu'acceptables! Comme c'est étrange et incroyablement incongru d'entendre en plein été la glace craquée sous nos pieds et de regarder jusqu'à 80 ou 100 pieds de profondeur à l'intérieur des immenses mâchoires bleues-crystal des crevasses. Nous marchons avec précaution dans les traces du guide lorsque nous franchissons les nombreux pièges, pendant au mois une demi-heure, sur la surface glissante."

Glissant, en effet. Même chaussé de semelles cloutées, la traversée des crêtes gelées, entre les ravins, sachant qu'à la moindre glissade vous pourriez disparaître dans le vide, a dû être particulièrement éprouvante. La crinoline pouvait retenir votre chute, mais le poids de vos vêtements pouvait tout aussi bien l'accélérer. Le groupe de Thomas Cook décida donc d'engager un guide, dont les bras musclés pourraient être de bon aloi – pour aider ces dames. Dans le manuel de Murray, on peut lire sur cette excursion qui « normalement ne présente aucun danger » : « Désormais, les femmes traversent très fréquemment et l'expédition en vaut la peine, mais celles qui sont timides et nerveuses ne devraient pas être encouragées. Chaque dame aura besoin d'un guide et ceux-ci demandent généralement un supplément pour ce faire. »

Comme si traverser le glacier n'était pas assez compliqué, le groupe doit encore affronter le passage du Mauvais Pas.

> "Nous avons marché sur les rebords glissants, avec une rampe de fortune, fabriquée avec des cordes et fixée par des crampons, comme seul guide pour nous empêcher de glisser et de finir 100 m plus bas sur les rochers."

L'itinéraire accidenté n'avait rien d'une promenade tranquille mais c'était le trajet le plus direct pour rallier Chamonix, sans quoi il aurait fallu progresser de nouveau sur la glace, bien que longer des crevasses profondes puisse sembler préférable à descendre le long d'une falaise humide. J'étais heureux de redescendre du glacier sans souffrir de l'altitude. Mlle Jemima était certainement une dame bien courageuse.

. . .

Quelques heures plus tard, nous voici de nouveau à bord d'un train, légèrement plus grand et plus blanc que celui du Montenvers. Tandis que nous longeons la vallée de l'Arve qui se rétrécit en direction de la Suisse, nous profitons de la vue sur d'autres rivières glacées qui émergent de gorges escarpées, d'où l'eau s'écoule comme si le glacier pleurait sa déchéance. Revenez dans quelques dizaines d'années et même les pics de glace ne seront que de lointains souvenirs.

C'est peut-être pour cette raison que Chamonix a été rebaptisée Chamonix-Mont-Blanc. Comme si la ville avait pris conscience de la nécessité de rappeler officiellement ce qui la rend attrayante. Les touristes de l'époque victorienne affluaient par milliers pour voir la mer de Glace, qui aujourd'hui fond aussi vite qu'un sorbet au soleil, et Chamonix a dû se réinventer une identité pour rester un site d'aventures, été comme hiver, avec les montagnes comme principal atout.

Lorsque Thomas Cook arriva cet été-là avec ses premiers clients, Chamonix figurait déjà parmi les destinations de prédilection. Pour eux, c'était même un site incontournable ; pour les habitants, à l'inverse, c'était juste un énième groupe d'Anglais qui voulaient s'amuser en traversant le glacier, rien de nouveau. Toutefois, il flottait comme un air de changement. Alors que les visiteurs arrivaient d'ordinaire seuls ou à deux, ceux-là débarquaient en groupe ; une nouvelle façon de voyager. Qui dit groupes, dit plus d'hôtels, plus de restaurants et de meilleures infrastructures – même pour un lieu déjà bien avancé en matière de développement touristique. Chamonix allait continuer à se déployer.

Aujourd'hui, la ville propose 82 000 lits (pour une population de 10 000 habitants à l'année), dont 5 000 seulement en chambres d'hôtels. Les 77 000 restants sont dans des chalets, des appartements de vacances et des résidences secondaires. Contrairement à 1860, la ville est désormais plus fréquentée en hiver qu'en été ; sur 4,5 millions de nuitées annuelles, plus de la moitié sont en hiver. Et c'est le ski qui l'emporte sur la randonnée. Les étrangers se taillent la part du lion avec le Royaume-Uni en tête ; en été les touristes Britanniques représentent 35 % de la fréquentation alors que les Japonais n'affichent que 9 %.

Les excursions dans les montagnes sont devenues à la fois plus et moins impressionnantes, c'est-à-dire que nous pouvons vivre des expériences encore plus palpitantes en déployant beaucoup moins d'efforts. Nous pouvons aller plus haut, plus vite et plus loin qu'il n'a jamais été possible de le faire et, pourtant, nous ne prenons pas le temps d'apprécier les choses simples. Et oui, pourquoi rester là à contempler la beauté d'un sommet quand vous pouvez l'atteindre en héliski ? C'est peut-être cela que nous enseignent ces voyageurs d'hier, cette Mlle Jemima émerveillée par l'abondance des fleurs autant que par la profusion de stalagmites de glace.

Dans notre course collective vers les plus beaux points de vue, nous passons à côté de l'essentiel, ou bien en essayant sans cesse d'éviter les foules, nous manquons ce qui valait vraiment la peine d'être vu. Et, bien entendu, je suis concerné.

Ma mère et moi voulions en faire le plus possible en une seule journée, avec cette peur inconsciente de rater quelque chose. Nous aurions pu marcher tranquillement jusqu'au Montenvers, admirant les fleurs – sans les cueillir (la flore alpine est protégée aujourd'hui) – et surtout sans aller à l'aiguille du Midi, mais il y a toujours cette crainte qui hante tous les voyageurs : le commentaire sarcastique au retour, appuyé par des sourcils levés et des lèvres pincées. Sans oublier celles et ceux qui évitent les « choses à voir » pour se donner des airs de « vrais » voyageurs. La pression sociale et le snobisme sont tout aussi présents en voyage que dans n'importe quel autre domaine de la vie.

Le plus drôle, c'est que Mlle Jemima faisait exactement pareil, simplement plus lentement. Le programme de ce premier tour était ficelé tellement serré, avec des départs aux aurores et des journées interminables, que tous les participants ont pu rentrer chez eux la tête bien haute. Pour Mlle Jemima et ses compagnons de route, tout était tellement nouveau et terriblement excitant, il fallait tout voir et en particulier ce qu'ils appelaient les « lions », soit les « À ne pas manquer » dans nos guides d'aujourd'hui. En quittant la vallée de l'Arve, Mlle Jemima parle exactement de ce phénomène, observant les voyageurs qui regardent constamment derrière eux, comme au regret d'avoir eu si peu de temps pour profiter de Chamonix :

> "Quand enfin l'épreuve de l'accès à cette vallée célèbre est surmontée, il serait bienvenu de consacrer plus de temps à l'admirer. En effet, pour profiter pleinement et durablement de la magnificence de ce spectacle local, le temps est un élément essentiel afin que toutes les impressions deviennent des expériences gravées profondément et pour toujours."

C'est l'un des rares moments où Mlle Jemima reconnaît le rythme effréné de leur voyage, certes incroyablement lent pour nos standards d'aujourd'hui, mais carrément périlleux à l'époque. Ce sont ces pionniers qui ont scellé le style de programme de tous les tours qui suivirent, même lorsque le rythme s'accéléra, un peu comme la chaîne de montage dans *Les temps modernes*. Les avancées dans le secteur des transports n'ont pas forcément permis de s'arrêter plus longtemps, mais au contraire de voir encore plus de choses dans le même temps. Très vite, les clients de Cook ont été décriés par les autres voyageurs, arguant qu'ils ruinaient dans leur précipitation tout ce qu'ils venaient voir. La même critique s'applique aujourd'hui aux férus de *TripAdvisor* et *Lonely Planet*.

Qu'il soit entrevu d'une fenêtre d'autobus ou admiré pendant des jours, le mont Blanc reste toujours le même – grand et blanc, c'est notre relation avec lui qui a changé. Nous l'avons gravi (je ne fais par partie du « nous »), exploré à skis, survolé et même perforé. Nous avons même redessiné nos frontières autour de lui, puisque le sommet appartenait intégralement au royaume de Savoie-Piémont-Sardaigne jusqu'en 1860, date à laquelle il fut partagé entre la France et l'Italie, qui le nome – sans surprise – monte Bianco.

Thomas Cook est parti à la découverte des Alpes avec son tour organisé, les rendant accessibles à celles et ceux disposant de ressources limitées en temps et en argent. Ce faisant, il changea la manière dont nous interagissons avec les montagnes. Pour beaucoup d'entre nous, elles sont simplement une destination de vacances parmi d'autres, une photo de plus dans notre album numérique, une croix sur la liste des choses à voir. Même si leur attrait romantique s'est terni, leur splendeur naturelle demeure. Les Alpes sont toujours aussi palpitantes et éblouissantes, peu importe pourquoi et comment on les admire.

— 4 —

Un bain bien chaud

« La Suisse possède de nombreuses sources d'eau minérale, très appréciées des étrangers et des Suisses eux-mêmes, mais totalement négligées par les Anglais, qui sont rares à daigner se plonger dedans. »

—Murray's Handbook—

Les patients de Loèche-les-Bains restaient assis jusqu'à dix heures par jour dans les bains chauds des thermes

Un bain bien chaud

Presque tous les itinéraires qui mènent en Suisse passent par des routes panoramiques. Hormis peut-être la portion allemande de l'autoroute de Bâle, bien que quelques progrès aient été accomplis ces dernières années, mais, à quelques exceptions près, quel que soit votre point d'entrée dans le pays, vous avez de tout côté une vue sans pareille sur les lacs et/ou les montagnes qui donne envie d'en voir encore plus. Certains itinéraires sont devenus célèbres en tant que tels, comme le col du Grand-Saint-Bernard, avec ses chiens porteurs de tonneaux et ses moines accueillants. D'autres, comme celui qui relie Martigny à Chamonix, ont lentement perdu de leur importance, car on leur a préféré des chemins plus courts et plus rapides passant autour (ou en dessous) des montagnes. Ici, il n'y a pas d'autoroute ni de grand tunnel, juste une route ordinaire et un train à crémaillère. C'est un voyage qui prend du temps, vous encourage à profiter au ralenti des divers panoramas, ce pour quoi le Mont-Blanc Express est parfait. Bien qu'il aille effectivement jusqu'au pied de la montagne, il n'a d'express que le nom ; et lors de notre voyage dans la direction opposée, nous avons vraiment le sentiment d'être à bord d'un omnibus pour la Suisse.

L'après-midi est déjà bien avancé quand nous prenons la route, et nous avons douze heures de retard sur Mlle Jemima. Celle-ci avait été « réveillée à 4 heures du matin par le tintement des cloches d'un troupeau de bétail qui passait dans le village », alors qu'elle avait une longue journée devant elle. Elle n'a pris ni le train ni la calèche, aucune route ni voie ferrée n'ayant encore été construite : à la place, on leur a fourni, à elle et à ses compagnons, quatre mules (alors qu'ils étaient neuf), sur le dos desquelles ils ont voyagé à tour de rôle, et le même guide que la veille. Ils ont débuté à 5 heures du matin un parcours d'une quarantaine de kilomètres par-delà le col de la Forclaz, accomplissant ainsi un exploit impressionnant. La montée jusqu'à Montenvers n'avait été qu'une mise en bouche avant la randonnée qui devait les mener au-delà de la frontière, jusqu'en Suisse, une randonnée qui a plu à Mlle Jemima :

> "Nous vîmes plusieurs scieries (qui, soit dit en passant, s'avérèrent les seuls signes d'activité mécanique visibles dans les environs), activées par un flot impétueux provenant de la cascade et qui, au fur et à mesure de notre progression, se jetait dans des précipices et sur de gigantesques rochers tombés des hauteurs. Le bord du chemin longe un ravin et passe sous un tunnel creusé dans la roche qui surplombe une sombre gorge, dont le fond doit être à des centaines et des centaines de mètres."

Dans cette partie sauvage des Alpes, on s'attend presque à tomber sur la maison d'une sorcière nichée dans les « sombres forêts de montagne », ou à sentir le regard d'un loup dans son dos. Même lors des journées les plus ensoleillées, les denses rangées de pins qui se pressent au bord du chemin font naître un sentiment d'appréhension. Malgré la présence d'ombres intermittentes, la montée a été difficile en ce jour de chaleur. Après la pénible ascension de la menaçante Tête Noire, les marcheurs ont pu se reposer à l'ombre en haut du col. Et devinez quel a été le premier commentaire de Mlle Jemima sur la Suisse ? « Ces rafraîchissements, présentés sur des plateaux devant chaque petit chalet que nous croisons, de manière à tenter les passants, prennent une place assez considérable dans les dépenses des Suisses. » Il semblerait donc que rien n'ait changé.

Le chemin n'était ensuite que descente, mais les pieds des voyageurs ont souffert tout autant, sinon plus, qu'à la montée ;

Pour traverser les Alpes à l'époque de Mlle Jemima, on n'avait pas d'autre choix que de marcher ou d'aller à cheval

" Chaque petit tournant révèle non pas une pente s'étirant en ligne droite, mais un sentier d'une longueur démultipliée, dont la surface est constellée de pierres branlantes qui menacent de réduire nos semelles en lambeaux. On évite même de remonter sur les mules, car la fatigue engendrée par la descente à dos de mule excède celle occasionnée par le même trajet effectué à pied. En fait, c'est plutôt l'une des mules qui s'est débarrassée de son cavalier, mais il faut bien dire que la façon dont l'animal s'est agenouillé avant de rouler lentement en travers du chemin, avait une certaine grâce orientale rappelant celle du chameau. "

Pas étonnant qu'une fois arrivée à Martigny ce soir-là, Mlle Jemima ait remarqué que «la faim qui nous tenaillait nous faisait davantage ressentir la fatigue». Thomas Cook a écrit que «seuls les plus solides et les plus agiles devraient tenter l'ascension des cols célèbres», et le Junior United Alpine Club avait su relever le défi. Les dames avaient parcouru en moyenne 27 km à pied et le reste à dos de mule, tandis que M. James avait marché pendant les 40 km du parcours. Je comprends maintenant pourquoi ils n'avaient emporté qu'un sac à dos pour tout bagage.

Aujourd'hui, l'itinéraire du col de la Forclaz emprunte une route moderne dans la portion où il passe en zigzags à travers les collines jusqu'à Martigny. Nombreux sont les marcheurs qui préfèrent le sentier qui descend dans la vallée voisine, une profonde gorge sculptée par le Trient. C'est également par là que passe le train, qui s'écarte de la route peu après la frontière suisse, au Châtelard. La voie ferrée s'étire le long du sommet du ravin, passe de nombreux hectares de forêt intacte et traverse des villages perchés en équilibre précaire au bord de la falaise. Ce paysage indompté de cascades et de précipices forme un étonnant contraste avec les lumières et la foule de Chamonix. Il s'agit certainement de l'une des routes ferroviaires les plus extraordinaires de Suisse. Pourquoi n'est-elle pas plus connue?

Serait-ce parce que d'autres voies ferrées plus anciennes, plus hautes ou plus raides, lui volent la vedette? Ce chemin de fer, qui relie Martigny et Chamonix, fut inauguré le 20 août 1906, ce qui en fait l'un des plus récents de Suisse. À cette époque, les Suisses avaient depuis longtemps conquis des hauteurs telles que le Pilate, en y construisant la voie de chemin de fer la plus raide du monde, et les travaux du tunnel de l'Eiger avaient avancé de moitié, devant déboucher sur le Jungfraujoch, la plus haute gare d'Europe. Le Mont-Blanc Express ne va pas plus haut que 1 224 m, une altitude à laquelle il est regardé de haut par de nombreux autres trains. À moins que ce soit à cause de son nom? Cette ligne a répondu jusqu'en 1990 au sobre patronyme de Martigny-Châtelard, un nom digne d'une

Le voyage de la France à la Suisse par le col de la Tête Noire faisait environ 40 km

ligne de train de banlieue. Je sais que les Suisses n'aiment pas en faire trop, mais Dieu merci, quelqu'un quelque part a tout de même eu la bonne idée de donner à cette ligne un nom un peu plus plaisant.

Même si je suis déjà passé ici en train, je ne peux résister à la tentation de franchir le col de la Forclaz une nouvelle fois en voiture. Naturellement, mon impression n'est pas si différente de celle que j'ai eue à bord du train. Certes, la vallée est un peu plus large, les pentes un peu moins prononcées que celles de la gorge du Trient, mais il y a partout cette même abondance de verdure, et, comme la première fois, j'ai l'impression de quitter la réalité. Jusqu'au sommet du moins, là où l'on boit un café au milieu des motards, à l'endroit même où Mlle Jemima s'est assise à l'ombre pour manger des fraises sauvages. Sans parler de la boutique de souvenirs, qui ne figure peut-être pas sur la route touristique, mais où vous pouvez acheter des tasses en forme de vache ou des couvre-théières à l'effigie du drapeau suisse ; du *made in China* vendu dans toute la Suisse.

On trouve aussi des couteaux suisses roses (oui, roses), mais autre chose de plus intéressant encore : les panneaux d'information sur les fortifications édifiées dans les environs au cours de la Seconde Guerre mondiale dans le but de protéger la forteresse suisse. On avait construit là, entre La Forclaz et Le Châtelard, un réseau de 15 bunkers avec des canons antitanks et des quartiers souterrains. La route et la voie ferrée étaient toutes deux minées, il y avait des canons antiaériens sur les sommets et des barrières antitanks – au cas où les nazis décideraient d'envahir le pays par l'ouest en passant par la France. Les panneaux mentionnent également, ce qui est assez surprenant, que les fortifications sont restées en place jusqu'en 1989, « en cas de conflit entre l'OTAN et l'Union soviétique ».

Les deux itinéraires, celui qui passe par La Forclaz et celui qui descend vers le Trient, mènent au même endroit : la vallée du Rhône. Après un voyage pénible à travers des collines accidentées et des vallées escarpées, l'apparition d'immenses étendues de champs cultivés et de routes horizontales est surprenante et rappelle que la civilisation n'est pas si loin. Mlle Jemima décrit ainsi ses toutes premières impressions de la vallée du Rhône :

> "Sans aucun doute l'un des plus beaux panoramas des Alpes... semblable à un mirage, déroulé devant nous. Les crêtes des montagnes, sillonnées de rides, sont drapées de pins et recouvertes d'un manteau de rochers escarpés, avec en arrière-plan, couronnés de neige et se découpant sur un ciel azur,

les massifs des Diablerets, du Wildstrubel et des Gémeaux. Un paysage d'une grandeur vaste et solitaire."

La vue depuis la route de La Forclaz n'est peut-être pas aussi grandiose que par le passé, à cause de Martigny étalée le long de la vallée et de la cicatrice formée par l'autoroute aussi loin que porte le regard, mais la succession de collines habillées de sapins et de sommets déchiquetés encadre toujours aussi parfaitement le paysage, et la route toute droite a le charme d'une voie romaine.

. . .

Martigny constitue une étape cruciale dans le tour de nos premiers voyageurs, et pas seulement parce que le Rhône bifurque ici à presque 90 degrés vers le nord pour aller se jeter dans le lac de Genève. Jusqu'à maintenant, le tour s'était déroulé sous la supervision de Thomas Cook lui-même. Après avoir passé presque une semaine à guider un groupe dont l'effectif ne cessait de décroître, il a laissé les derniers participants se débrouiller tout seuls et il est rentré à Londres, en passant par Lausanne et Neuchâtel. Lors de son retour par les abords du lac de Genève, il a dû considérer ce qu'il avait accompli. Le tour avait été un saut dans l'inconnu, presque une procession de foi étant donné l'importance de sa réussite s'il voulait survivre financièrement. Après les pertes subies à Paris, en Allemagne et en Écosse, le tour en Suisse se devait d'être un succès.

Je pense qu'il pouvait être satisfait, vu qu'il « n'avait pas l'intention de prendre plus de 25 à 50 personnes dans le premier détachement suisse ». Or, il avait réussi, sans beaucoup de préparation ni d'organisation, à emmener 130 et quelques touristes jusqu'à Paris en train et en bateau, dont une soixantaine ont continué avec lui en train jusqu'à Genève. Parmi ces 60 personnes, la moitié a voyagé en calèche jusqu'à Chamonix, les huit voyageurs restants se sont montrés assez résistants pour marcher jusqu'à Martigny, prêts à continuer l'aventure sans lui. Cook avait assurément fait du chemin, dans tous les sens du terme, depuis l'époque où, vingt-deux ans plus tôt, il emmenait des personnes désireuses d'en finir avec l'alcool à Loughborough, surtout si l'on considère le nombre de contretemps qu'il avait surmontés au cours du processus.

Il n'était pourtant pas le seul à proposer des tours en Suisse. Henry Gaze, son rival de toujours, offrait en effet des services similaires : en 1863, celui-ci vendait des tours baptisés « La Suisse pour 10 guinées ». Mais Cook les décriait et comparait les siens à ceux de Gaze en ces termes : « Les services que je fournis sont vraiment luxueux par rapport à ses voyages en troisième classe, ses marches difficiles et ses hôtels de bas standing. » Dans son livre *Comment découvrir la Suisse pour 10 guinées*, Gaze indique différents moyens d'économiser de l'argent (voyages en train de nuit, chambres au dernier étage des hôtels), et, comme il le dit, « si vous souhaitez en profiter le plus possible, et que vous voulez rester en bonne santé, préserver vos forces, faire des économies et être le plus libre possible, VIVEZ À LA DURE ! J'insiste : VIVEZ À LA DURE ! ». (Les majuscules sont de lui, pas de moi.) Gaze fut un concurrent sérieux pendant des années, mais son entreprise fit rapidement faillite après qu'il eût pris sa retraite, permettant à Cook de s'imposer définitivement dans le monde du tourisme.

Pourtant, lorsqu'il quitta le premier tour de Suisse, Cook n'avait probablement aucune idée de ce qui allait se passer. Il l'avait sûrement pressenti, étant donné la réponse immédiate et enthousiaste des voyageurs à la première annonce de son départ, mais, après les calamités qui s'étaient abattues sur lui, il se peut qu'il ait été, au mieux, prudemment pessimiste. Son projet était clair : mettre l'Europe à la portée des masses. « Mon but a toujours été de faire en sorte que les excursions et les voyages touristiques soient aussi économiques, simples, sûrs et agréables que possible selon les circonstances. » Certes, cet objectif était noble, mais porterait-il ses fruits ? La réponse ne dépendait pas uniquement de lui, mais aussi des sept personnes qui l'accompagnaient. Cook parti, le Junior United Alpine Club constituait tout ce qu'il restait de l'équipe de départ.

Les membres du groupe avaient décidé de poursuivre ensemble à travers la Suisse, mais ils se sont d'abord arrêtés deux heures à Martigny pour se reposer et se requinquer. Ma mère et moi décidons quant à nous de continuer vers notre destination finale du jour : Sion. Le soleil, que nous espérions tant voir ce matin, semble vouloir nous laisser tomber encore une fois. Après une journée de conduite rapide à travers les montagnes, je ne peux penser à rien de mieux que trouver un lit pour la nuit et de quoi manger, de préférence dans cet ordre.

Le voyage en train de Martigny à Sion, le long du Rhône, ne dure que quatorze minutes, mais il a son importance, puisqu'il s'agit de la première ligne ne quittant pas les frontières suisses et de celle que nos touristes ont empruntée – et aussi la dernière pendant un petit moment encore. En 1863, alors que la ligne menant à Sion n'existait que depuis trois ans, le réseau ferroviaire suisse ne s'étendait pas encore jusqu'aux montagnes, si bien que pendant les dix jours suivants le groupe a dû marcher, aller à dos de mule, en calèche et en bateau à travers le pays. Leur expérience est très différente de celle des touristes qui visitent la Suisse aujourd'hui, car la plupart voyagent en train, contribuant ainsi à faire du réseau suisse l'un des plus utilisés au monde. Un remarquable tournant pour un pays où l'idée d'un système ferroviaire national s'est si tardivement imposée.

En 1850, la Suisse se remettait de la guerre du Sonderbund, et, malgré la nouvelle constitution fédérale, les cantons étaient souvent en désaccord sur de nombreuses questions. Construire des voies de chemin de fer en se coordonnant au niveau national était particulièrement problématique, presque toutes les lignes devant croiser une ou plusieurs frontières cantonales, et mettre toute le monde d'accord sur l'itinéraire et les coûts n'était pas une mince affaire. Le manuel de Murray expliquait :

> *La vraie difficulté était de surmonter les incroyables jalousies qui existaient non seulement entre les cantons, mais aussi entre les différentes communautés et paroisses, et de venir à bout des difficultés légales que l'on rencontrait à obtenir le terrain.*

Il n'y avait pas non plus de société de chemin de fer nationale – les Chemins de fer fédéraux, les CFF, ne furent créés qu'en 1902 – et le gouvernement fédéral n'existait que depuis deux ans, de sorte qu'il n'était pas encore bien solide.

Le gouvernement prit tout de même une décision capitale : il commissionna un rapport indépendant sur l'avenir du système de transports suisse, non seulement dans le but d'apporter une solution pratique à un problème politique, mais aussi pour trouver le moyen de faire évoluer l'économie par le biais de l'unification nationale. Il fit appel à des experts, autrement dit à des ingénieurs anglais. Difficile à croire de nos jours, mais, en 1850, le monde entier enviait à la Grande-Bretagne son réseau ferroviaire, efficace depuis vingt-cinq ans déjà sur 10 000 km de voies ferrées. La Grande-Bretagne avait inventé le chemin de fer, ou, plus précisément, George Stephenson (et son fils Robert), qui mit en service la première ligne de train de voyageurs entre Stockton et Darlington, dans le nord-est de l'Angleterre, en septembre 1825. Stephenson contribua ainsi à standardiser l'écartement des rails, le fixant à 1 435 mm, une valeur devenue norme pour de nombreuses voies ferrées dans le monde entier.

En 1850, la Suisse comptait 25 km de voies ferrées, c'est-à-dire, en tout et pour tout, une seule voie reliant Zurich à Baden. Elle fonctionnait depuis 1847 et était connue sous le nom de Spanisch-Brötli-Bahn (« voie de la pâtisserie espagnole »), non pas parce que des Espagnols ou des pâtisseries (Brötli signifie « petit pain » en suisse allemand) étaient impliqués dans la construction, mais à cause d'une viennoiserie fabriquée exclusivement à Baden. Comme elle était très appréciée à Zurich, les ouvriers étaient envoyés en train à Baden pour en acheter et les rapporter à leurs employeurs ; ce voyage de quatre-vingt-dix minutes aller-retour était beaucoup plus apprécié que son équivalent à pied, auquel devaient se plier les employés avant la mise en service du train. La Brötli-Bahn était certes la première ligne de chemin de fer suisse, mais il existait une autre gare en Suisse, à Bâle précisément, où se trouvait le terminus de la ligne en provenance de l'Alsace. De nombreux projets d'agrandissement du réseau furent ébauchés, mais aucun concrétisé. Alors que la Grande-Bretagne avait de solides raisons économiques de construire des lignes de train, pour relier les usines aux ports ou les mines de charbon aux grandes villes par exemple, la Suisse n'avait pas ni mines ni grandes villes, et peu de grandes usines. De plus, ses cantons se cherchaient querelle. C'était la politique, non la géographie, qui posait problème en Suisse. Le pays avait besoin qu'on lui montre la voie – Robert Stephenson s'y essaya.

À l'instar d'Henry Swinburne, Stephenson proposait de construire un réseau cruciforme au nord des Alpes, avec une ligne nord-sud entre Bâle et Lucerne, et une ligne est-ouest qui suivrait l'axe Thoune-Berne-Zurich-lac de Constance. Cette dernière devait longer la rive sud de l'Aar, première ligne de défense contre tout envahisseur potentiel venant du nord, de sorte que la voie ferrée serait défendable et utilisable en cas de guerre. Les bateaux à vapeur naviguant sur les principaux lacs et les petites lignes ferroviaires relieraient Genève et Coire au réseau de manière indirecte. Les régions au sud des Alpes, comme le Tessin, étaient considérées comme hors d'atteinte. La petite ville d'Olten, près de Bâle, qui se trouve au cœur de ce X géant, était au centre du projet.

Finalement, le gouvernement suisse préféra opter pour une solution cantonale plutôt que nationale, en utilisant des fonds privés pour financer la construction des voies. Le résultat final s'avérerait très similaire au programme britannique, mais présenterait des améliorations essentielles, comme une ligne directe entre Genève et Coire, grâce à laquelle on pourrait éviter de faire du saute-mouton au-dessus des lacs. Une nouvelle loi sur les voies ferrées fut adoptée en 1852, et les sociétés ferroviaires existantes foncèrent à toute vapeur, « faisant construire de nombreuses lignes par des ingénieurs anglais, en utilisant des capitaux anglais, » ainsi que le mentionne Murray dans son manuel.

Le premier projet consistait à relier Bâle (et par conséquent le réseau français) au reste de la Suisse ; il fallait donc construire le premier tunnel ferroviaire suisse. On eut à nouveau besoin des compétences des Anglais, apportées cette fois par Thomas Brassey, le génie à l'origine du tunnel du Hauenstein, long de 2,5 km. La mission ne fut pas facile. Un incendie se déclara dans le tunnel, causant la mort de 63 hommes, et retarda le projet de deux ans. Mais quand le tunnel ouvrit enfin, en 1858, il déclencha une ruée sur la voie ferrée dans toute la Suisse. À la fin des années 1860, 650 km de voies avaient déjà été construites, bien plus que ce qu'avait prévu Stephenson, du lac de Genève au lac de Constance, de Bâle à Coire, et de Neuchâtel au royaume de l'horlogerie qu'est La Chaux-de-Fonds.

Et il ne faudrait pas longtemps avant que le plus grand projet ferroviaire suisse du siècle, la ligne du Gothard, soit mis en chantier, avec cette fois un ingénieur suisse à sa tête. Malheureusement, Louis Favre ne vécut pas assez longtemps pour assister à l'inauguration de son chef-d'œuvre, le tunnel du Gothard, le 22 mai 1882 ; il succomba à une crise cardiaque dans le tunnel trois ans plus tôt. En trente ans, la Suisse avait développé son réseau de façon spectaculaire, réussissant à faire évoluer une courte portion de voie ferrée en un chef-d'œuvre d'ingénierie ferroviaire qui stupéfia le monde entier.

C'est le savoir-faire britannique qui contribua au développement du réseau ferroviaire suisse, qu'il s'agisse du choix de l'emplacement des lignes, de la construction des tunnels, ou même de la fabrication des locomotives ; Charles Brown cofonda la société de construction de trains de Winthertour, qui produisit de nombreux trains suisses. Il est délicieusement paradoxal de constater que, lorsqu'on annonça en 1894 la construction d'une ligne au sommet du mont Snowdon, le sommet le plus haut du pays de Galles, ce fut de Suisse que vinrent la technologie et le savoir-faire (tout comme à Montenvers). Il y a quelques années, j'ai pris un train à vapeur pour monter jusqu'au sommet du mont Snowdon, et la locomotive était l'une de celles d'origine, qui avaient été achetées en Suisse. Après des débuts poussifs, la Suisse a rapidement appris à faire circuler des trains au-dessus, en dessous ou autour des montagnes, et elle le fait toujours très bien aujourd'hui.

L'ouverture du nouveau tunnel de base du Gothard, plus plat et plus profond que le précédent, est prévue pour décembre 2016. Ce tunnel de 57,1 km sera le plus long tunnel ferroviaire au monde. La Suisse n'a plus besoin de la Grande-Bretagne pour ses chemins de fer, même si elle compte toujours

Au milieu des années 1860, il n'y avait que 650 km de voies ferrées en Suisse, contre 5 000 km aujourd'hui

sur elle pour lui fournir des clients. Cependant, un élément la relie encore durablement au passé : les trains suisses roulent à gauche, comme les trains britanniques, alors qu'on roule à droite sur les routes suisses. J'ose espérer que les conducteurs de train ne se trompent pas quand ils prennent leur voiture.

Rien de tout cela n'avait d'importance pour le groupe que Cook avait désormais quitté. Ils étaient plus que contents de faire un bout de chemin en train après toute cette marche, même si la ligne ne couvrait que 29 km et s'arrêtait à Sion, bien qu'il eût été prévu qu'elle aille plus loin. Comme le disait Mlle Jemima, c'était une ligne « qui devait devenir, une fois terminée, la merveille de l'Italie du Nord et marquer le triomphe de l'ingénierie moderne », ce qui s'avéra assez vrai après l'ouverture du tunnel du col du Simplon en 1906 : celui-ci, d'une longueur de presque 20 km, fut pendant des années le plus long tunnel ferroviaire au monde, un record que battraient bientôt les Suisses sous le Gothard.

. . .

À ce point de son long voyage vers la Méditerranée, le Rhône serpente à travers une large vallée encadrée des deux côtés par des montagnes nues et escarpées, s'étendant d'est en ouest. La partie suisse du Rhône mesure 264 km, ce qui en fait le troisième fleuve le plus long de Suisse après le Rhin et l'Aar. En amont, vers l'est, le fleuve a cessé depuis peu d'être un torrent rapide ; à quelques kilomètres en aval, ses eaux boueuses se dispersent dans la grande étendue bleue du lac de Genève, pour n'émerger à nouveau que dans Genève même. Au nord se profilent les sommets de l'Oberland bernois, au sud les pics à 4 000 m qui délimitent la frontière avec l'Italie. En effet, le Rhône est une longue crevasse qui se fraie un chemin à travers un chapelet de montagnes et un entonnoir géant dans lequel vient se déverser toute l'eau provenant des hauteurs.

Cet entonnoir se remplit parfois à ras bords. La vallée du Rhône a jadis été dévastée par des inondations catastrophiques qui ont failli emporter Martigny en 1595 et en 1818, ne laissant pas d'autres choix à la Suisse que d'essayer de maîtriser le fleuve. On avait déjà tenté de corriger son cours et de réguler son flux par deux fois, mais cela n'avait pas suffi. De nouvelles inondations en octobre 2000 menèrent à l'approbation d'un troisième programme, étalé sur trente ans et coûtant 1,6 milliard de francs. Une belle somme, nécessaire pour protéger la population, mais aussi pour augmenter la surface de terrain utilisable et productif.

Voici comment la vallée entourant Martigny était décrite avant le début de cette première intervention, en 1863 :

Un marécage plat, rendu désolé et malsain par les crues du Rhône et de ses affluents, qui, l'eau n'étant pas emportée en raison de lits trop peu pentus, stagnent et exhalent des miasmes nocifs sous les rayons d'un soleil brûlant, et engendrent des moucherons qui n'ont rien à envier aux moustiques.

Les choses se sont améliorées depuis et il n'y a plus signe de tels marécages dans les champs et les fermes. Le Valais, troisième plus grand canton de Suisse, est le panier à fruits du pays, avec ses vergers pleins de pommes et de poires, mais aussi de cerises, de prunes, de coings et surtout d'abricots. En pleine saison, les supermarchés de tout le pays croulent sous les petits fruits dodus et duveteux du Valais, toujours plus chers que ceux qui sont importés, et toujours plus populaires. Ils atteignent même l'immortalité sous la forme de l'abricotine, une eau-de-vie d'abricots (titrant au moins à 40 %) protégée par le label AOC, fabriquée uniquement dans cette région. Le Valais produit aussi un tiers du vin suisse, plus que n'importe quel autre canton. Tout bien considéré, c'est un endroit où il fait plutôt bon vivre, qui permet de faire un voyage en train assez agréable le long des vignobles, défiant la gravité sur les pentes orientées au sud, et des arbres fruitiers plantés en rang sur le plancher de la vallée.

Au centre de ce paradis du fruit trônent les sommets jumeaux de Sion, capitale du canton et ville la plus ensoleillée de Suisse (bien qu'il y ait quelques autres prétendants au titre). Sion fait partie de ces villes qui ne devraient exister que dans les contes de fée ou les films fantastiques. Au beau milieu d'une vallée qui, sans elles, serait plate comme une galette, se dressent, juste à côté du fleuve, deux minimontagnes : visibles à des kilomètres, car plus petites que les sommets environnants, ces deux collines pointues sont presque échouées dans une étendue d'eau, entourées par la plaine inondable du Rhône. L'une est légèrement plus haute que l'autre, mais les deux sont couronnées de fortifications et ombragent la ville disposée autour de leur base. Dans le jour déclinant, elles paraissent même légèrement menaçantes et carrément un peu effrayantes à mesure que nous en approchons. Je m'attends presque à entendre le rugissement d'un dragon vivant sous la montagne ou à ce que les châteaux soient habités par des frères en guerre, lançant régulièrement des flèches et des boules de feu par-dessus le fossé.

Espérons que les hôtels soient plus accueillants. Mlle Jemima qualifie le sien (le Lion d'or) de « bâtiment lugubre, en granit, à l'allure de prison », et Murray fait remarquer à propos de l'hôtel de la Poste que « le propriétaire est très courtois et attentionné ; [et que] le maître d'hôtel est tout le contraire ».

Il s'avère que les deux hôtels n'existent plus ; nous atterrissons donc à l'hôtel Élite, un hôtel moderne. Loin d'être le plus beau bâtiment de la ville, ce n'est pas une prison non plus, et les membres du personnel sont bien plus aimables que la plupart des employés (ou des prisonniers) des hôtels suisses. Cela semble être également le cas de Sion. En ce chaud vendredi soir, le centre est en pleine effervescence et les terrasses des cafés sont bondées, tout le monde savoure le début du week-end tant attendu. Voilà qui marque merveilleusement notre retour en Suisse. Nous nous joignons à la foule pendant un moment, mais, n'ayant pas l'endurance de nos prédécesseurs qui avaient encore de l'énergie pour une « petite marche » à 10 heures du soir pour aller voir les châteaux après une randonnée de 40 km, nous décidons que notre balade à travers la vieille ville peut attendre le lendemain matin.

Les sommets jumeaux de Sion, coiffés de châteaux, dominent la plate Vallée du Rhône

Celui-ci nous réserve un moment de joie : le petit-déjeuner est finalement inclus dans le prix de la chambre, et en plus il n'est pas mal du tout. Dans les hôtels suisses, le petit-déjeuner est en général un buffet composé de pain, de croissants, de céréales, de yaourt, de viande froide, de fromage et d'œufs durs. La nourriture cuisinée (les saucisses, les œufs brouillés et ce que les Suisses pensent être du bacon) fait rarement partie du menu, sauf dans les hôtels plus huppés. Ce n'est pas le cas du *Birchermüesli* – composé essentiellement de porridge froid auquel on ajoute du yaourt, des fruits et des noisettes (un mélange bien meilleur que ne le suggère cette description) – qui est généralement proposé.

Bien que le reste du monde considère qu'il s'agit là de nourriture pour les oiseaux et les hippies, le muesli est en Suisse un plat apprécié de tous à n'importe quelle heure de la journée (en partie parce que les Suisses savent bien comment l'agrémenter). Malheureusement, celui ou celle qui a préparé le nôtre aujourd'hui devrait aller faire un tour à l'école du muesli ; j'ai comme l'impression que notre mixture se rapproche davantage de la recette originale argovienne du docteur Bircher-Benner. Celui-ci créa en 1900 un plat sain composé d'avoine, d'eau, de lait condensé, de jus de citron et de pomme râpée, donc quelque chose d'à la fois sucré et très liquide, destiné à ses patients. Le terme « muesli » est l'un des rares à s'être introduit dans la langue anglaise, même si Mlle Jemima n'aurait pas eu la moindre idée de ce qu'il voulait dire : le plat a été inventé trente-sept ans après son passage en Suisse.

Un petit-déjeuner valaisan ne serait pas complet sans le pain de seigle au levain local. Astucieusement déguisée en pierre, cette miche ronde et dure, brun foncé, pourrait, adroitement lancée, tuer quelqu'un se trouvant à 10 m. Elle est certifiée AOC, mais Mlle Jemima ne lui a apparemment pas attribué le label d'excellence :

> "Le pain de cette région a été créé dans le but manifeste de contrarier les dyspepsiques et les anxieux... Un touriste désireux de suivre à la lettre le dicton "Qui ne tente rien n'a rien" dans ses tentatives d'excavation de trois millimètres cubes de pain d'un mur de croûte imprenable se retrouverait bientôt réduit à la famine. Question : les dentistes et les boulangers ont-ils conclu une alliance secrète ?"

Sion, avec ses 30 000 habitants, n'est pas une grande ville, mais elle existe depuis longtemps. Elle se dit plus vieille ville de Suisse (sept mille ans et quelques), et son cœur est un dédale de rues pavées et de beaux bâtiments en pierre, disposés en rayons autour de la cathédrale, au centre. Le beffroi, carré et trapu, dominerait n'importe quelle autre ville, mais, à Sion, il n'a aucune chance face aux deux châteaux culminant

Le journal suisse de M^(lle) Jemima est rempli de ses illustrations à la plume

au sommet des collines, dont on semble toujours voir la pointe où que l'on se trouve.

Le plus proche de la ville, le château de Valère, est en fait une église du 11e siècle, un peu costaude et fortifiée, entourée par des murs de défense. Son intérieur est, comme il se doit, médiéval – c'est-à-dire minimaliste et décoré de délicates peintures murales aux couleurs ternies –, et abrite le plus ancien orgue du monde (datant de 1431) encore en service. Sur la colline d'en face, un peu plus haute, se trouve le château de Tourbillon, qui, lui, en est bien un, bien qu'il ait été partiellement détruit en 1788 par un incendie désastreux, en même temps que la plus grande partie de Sion. Les visiteurs qui s'attaquent aux pentes raides menant aux châteaux sont récompensés par de vastes panoramas sur toute la vallée.

À l'exception de la vallée du Rhône, longue et large, la plus grande partie du Valais est montagneuse, avec de nombreux sommets dépassant la barre des 4 000 m, notamment le Cervin et la pointe Dufour, le plus haut pic de Suisse. Son paysage accidenté accueille aussi le glacier d'Aletsch, le plus long d'Europe. Avec une telle topographie, le canton est resté isolé du reste de la Suisse pendant des siècles, longtemps accessible uniquement par le Rhône ou l'un des hauts cols environnants. Ainsi, en hiver, de nombreux endroits étaient coupés du reste du monde, et certains des villages et vallées les plus reculés ne pouvaient être atteints qu'à dos de mule, même en été. C'est sa situation isolée et ses paysages préservés qui ont rendu le Valais si attrayant. Jadis, les montagnards venaient en conquérir les sommets; aujourd'hui, ce sont les skieurs, les marcheurs, les baigneurs, et les amateurs d'oiseaux et de trains qui s'y rendent, sans oublier les millionnaires.

Il n'en a pas toujours été ainsi. Murray ne fait pas tant d'éloges sur le canton du Valais, le jugeant « l'une des régions les plus misérables et les plus tristes du nord de l'Europe », une description difficile à comprendre quand on regarde par la fenêtre du train les vignes qui prennent le soleil. Mais le guide continue dans la même veine :

> *Actuellement, à l'exception des hôtels, il n'y a rien de visiblement prospère dans le Valais lui-même ou dans les nombreuses vallées latérales, où la race de l'homme semble avoir décliné.*

Le Valais était en effet un coin rural pauvre du pays, où les gens devaient racler la terre pour vivre. Dans les années 1880, la population était encore composée à 76 % de fermiers, presque deux fois plus que la moyenne nationale, et le Valais était en queue de liste dans le classement des écoles cantonales. En raison des déplorables liaisons de transport public (le train n'a atteint Zermatt qu'en 1891), les paysans cultivaient la terre non pour vendre ce qu'ils produisaient, mais pour survivre. Ajoutez à cela de mauvaises récoltes, des inondations et des incendies occasionnels, vous ne serez pas surpris d'apprendre que le reste du pays lui-même prenait de haut le Valais, ou le « Cachemire de l'Europe », comme l'a baptisé un magazine suisse en 1800. Ce n'est pourtant pas la pauvreté que nos touristes victoriens ont trouvée alarmante, mais la prévalence de goitres et de crétinisme, deux maladies autrefois très répandues dans cette partie de la Suisse.

Le goitre est un gonflement de la glande thyroïde prenant dans certains cas la forme d'une énorme masse de tissu qui dissimule le cou de la personne. Le crétinisme résulte d'une sévère déficience des hormones thyroïdiennes au cours de la grossesse et se manifeste dès la naissance par un retard de la croissance physique et mentale. La personne atteinte peut être lourdement handicapée. Comme le dit Murray, « le crétin est un idiot – triste spectacle –, une créature que l'on peut toujours considérer comme étant un niveau en dessous de l'être humain ».

Le guide consacre deux pages à ces maladies, détaillant les dernières connaissances scientifiques en la matière. Au milieu du 19e siècle, on pensait que ces deux afflictions pouvaient être causées par un élément nocif présent dans l'eau, des anomalies génétiques dues à la consanguinité, le brouillard à ras de terre, le fait de porter des charges lourdes sur la tête, ou par un mélange de tous les péchés connus chez les hommes. « Les superstitions, l'ignorance, la pauvreté et la saleté des gens, combinées aux conditions d'insalubrité régnant dans une vallée fermée et située à basse altitude, sont considérées comme la cause de cette déchéance visible », nous dit Mlle Jemima.

Aujourd'hui, on sait toutefois que c'est l'absence d'iode dans le sol, et par conséquent dans la nourriture, qui est à l'origine de ces maladies, et que le Valais a été durement touché, en particulier parce que la population n'avait pas les moyens d'importer de la nourriture. Un recensement effectué en 1800, sous Napoléon, a permis de déceler 4 000 cas de crétinisme dans le canton (sur 7 000 habitants), et que « quasiment toutes les femmes avaient un goitre, et il paraît qu'on se moque de celles qui n'en ont pas en disant qu'elles ont un cou d'oie ». Mlle Jemima établit un contraste saisissant entre la végétation « luxuriante », les panoramas « somptueux » et la « proportion importante de pauvres gens atteints de crétinisme ou de goitres ».

Une fois connue la cause du problème – l'iode ou plutôt le manque d'iode –, il fallut trouver le moyen le plus efficace de l'administrer. Finalement, ce furent les Suisses eux-mêmes qui mirent en application la plus simple des idées : l'adjonction d'iode au sel. Le village de Grächen, près de Zermatt, fut ainsi le théâtre du premier essai de masse, mené en 1918, en partie en raison de sa situation, mais aussi parce que la plupart des enfants avaient des goitres. L'idée a fonctionné et, en 1922, le gouvernement fédéral préconisa l'iodation du sel. La Suisse étant ce qu'elle était, c'est-à-dire une multitude de cantons tous responsables de leurs propres affaires, les débuts furent quelque peu laborieux. Le canton d'Appenzell Rhodes-Extérieures fut le premier à introduire le sel iodé, puis tout le pays s'y résolut. De nos jours, plus de 90 % du sel de table suisse, et environ les trois quarts du sel de cuisine industriel, sont iodés, même s'il doit bien encore y avoir du sel légalement non iodé quelque part. Paradoxalement, le Valais possède l'une des plus grandes mines de sel de Suisse, à Bex (prononcer comme dans Chamonix, avec un x muet). La solution avait toujours été à portée de main.

Le Valais d'aujourd'hui est très différent : il abrite certaines des stations de ski les plus chics de la Suisse, comme Verbier et Saas-Fee, et surtout il n'est plus le parent pauvre de la Suisse. Il doit sa transformation aux trains et aux touristes, qui ont voyagé main dans la main. Les visiteurs, pour la plupart des Anglais un peu fous qui aimaient escalader les montagnes, avaient toujours su trouver leur chemin à travers les vallées du Valais, et voir le Cervin devint une entreprise moins périlleuse grâce à l'avènement du chemin de fer. Les lignes ferroviaires ouvrirent l'accès à la campagne et l'esprit des autochtones, connus pour se méfier des étrangers. Un livre sur l'histoire du Valais raconte la petite aventure d'un homme originaire de Soleure (dans le nord de la Suisse) qui visitait la région en 1830, et à la simple vue duquel une vieille femme s'est signée et s'est enfuie en courant !

Le tourisme fit rentrer de l'argent et monter le niveau des hôtels. Zermatt avait autrefois un seul hôtel avec trois lits ; en 1881, on en comptait 490 (pas tous dans un seul hôtel), et en 1914, 2 235. À la veille de la Première Guerre mondiale, les 321 hôtels du Valais employaient plus de 5 000 personnes. Vivre de ce qu'offraient la terre et le paysage avait pris une tout autre signification. Cependant, les voies ferrées entraînèrent également l'industrie dans leur sillage : on put enfin construire des cimenteries, des papeteries et des chapelleries dans la vallée du Rhône, alors qu'auparavant de tels projets n'étaient pas économiquement viables en raison de l'éloignement du canton. Le Valais connut la révolution industrielle avec un siècle et demi de retard, mais il sut rattraper le temps perdu : le Valais comptait neuf usines (et 374 employés) en 1884 et 80 en 1900 (avec 2 700 employés). Tous les abricots et toutes les bouteilles de vin du canton purent enfin être vendus au niveau national.

...

Pour aller de Sion à Loèche, vers l'est, il n'y a que quelques kilomètres à parcourir, ce qui représente à peine quelques minutes en train, mais on passe au-dessus d'une frontière importante : la limite entre la zone francophone et la zone germanophone. Si vous regardez sur une carte, il pourrait vous sembler logique que l'on parle français sur la rive sud du Rhône et allemand sur la rive nord, mais cette ligne imaginaire s'étend en réalité du nord au sud, divisant le canton en deux : le Bas-Valais francophone à l'ouest et le Haut-Valais germanophone à l'est. Les changements sont immédiats, dès la frontière : Miège et Venthône ne pourraient pas sonner plus français, et pourtant ils sont presque à côté de Salgesch et de Pfyn.

Cette division est la dernière section de ce que l'on appelle la *Röstigraben*, la barrière linguistique invisible qui traverse la Suisse. Son nom (littéralement la « barrière des röstis ») fait référence au fait que les Suisses germanophones mangent des röstis à toute heure du jour et de la nuit, les francophones préférant la fondue. C'est évidemment ultra-simplifié (les deux parties du pays mangeant bien sûr des deux plats), mais le terme sert de raccourci pour parler de la séparation entre la partie francophone (20,4 % de la population) et la partie germanophone (63,7 %). En réalité, la Suisse est quadrilingue, si on ajoute l'italien (6,5 %) et le romanche (0,5 %), les deux autres langues nationales, mais c'est le clivage franco-allemand qui l'emporte dans l'esprit national. Ce dernier n'est pas seulement linguistique, mais aussi politique et culturel ; chaque côté voit en l'autre une entité différente, comme si les deux ne faisaient pas vraiment partie du même clan, alors qu'en substance les deux sont suisses.

Dans le canton bilingue du Valais, l'utilisation des deux langues est immédiatement visible dans les noms de lieux. Comme c'est souvent le cas en Suisse, de nombreux endroits portent deux noms : le Valais devient Wallis en allemand, alors que les noms français de Sion, Loèche et Cervin se disent respectivement Sitten, Leuk et Matterhorn en allemand. Peu importe que Sion soit francophone à 82 % et Loèche germanophone à 92 %, puisqu'elles ont deux noms. Cette réalité aurait pu semer le trouble dans l'esprit des visiteurs, mais les touristes anglais, pragmatiques, utilisaient le nom qu'ils entendaient sur place. Ainsi, Mlle Jemima ne fait référence qu'à Sion et à Leuk, bien que l'orthographe de ces noms étrangers fût problématique, comme dans les cas de Montenvers/Montanvert et Chamonix/Chamouni. Évidemment, ce n'est pas toujours aussi simple : par exemple, Valais est le nom couramment utilisé par les Anglais pour désigner le canton, de préférence à Wallis, alors qu'en anglais comme en français, on fait référence à Lucerne, pas à Luzern. Mais les choses changent : le fait d'appeler des lieux germanophones par leur nom français est un tantinet démodé, presque autant que de parler de Ceylan ou de Bombay en français. Ainsi, Bâle, Argovie et Grisons ont depuis longtemps cédé la place à Bâle, Aargau et Graubünden en anglais.

Dans le train, il est généralement facile de savoir quand vous avez passé la frontière, et pas seulement parce que le nom des gares change. L'ordre des langues dans les annonces bilingues est inversé : dans la zone francophone, « Prochain arrêt » arrive avant « *Nächster Halt* », mais c'est l'inverse de l'autre côté de la *Röstigraben*. L'anglais est souvent ajouté dans les trains longue distance, alors que dans ceux à destination de l'Italie, l'annonce inclut évidemment l'italien. Les voyageurs peuvent piocher ce qu'ils veulent dans ce buffet multilingue. Au moins, les parties en allemand sont dites en haut-allemand, la langue formelle officielle, plutôt que dans l'un des nombreux dialectes suisses-allemands. Celui du Valais laisserait bouche bée même des visiteurs suisses, le canton étant connu pour son fort accent et son dialecte, le Walliserdeutsch, dans lequel par exemple le Rhône devient le Rotten.

Une fois descendu du train – il faut prendre le bus pour monter jusqu'aux centres thermaux de Loèche-les-Bains –, on laisse le bilinguisme derrière soi. Il ne fait aucun doute que le chauffeur parle français, mais il salue les passagers de l'expression suisse-allemande « *Grüzie miteinand* » quand ils montent dans le bus, et nous lui répondons la même chose (ou du moins les Suisses qui nous accompagnent). Tout le monde est très poli.

Bien qu'ils passent pour être un peu froids et distants, les Suisses peuvent vraiment être très amicaux parfois. Bien sûr, en ce qui concerne les chauffeurs de bus, on peut considérer que cette amabilité n'est qu'une simple marque de courtoisie, bien que celle-ci n'ait pas le caractère superficiel propre à d'autres cultures. Ils ne vont pas vous montrer des photos de leurs petits-enfants ou vous demander comment étaient vos vacances, mais ils seront accueillants jusqu'à un certain point et vous diront au revoir quand vous descendrez de leur véhicule. C'est l'une des choses que j'adore quand je prends les bus jaunes de la Poste qui sillonnent le pays. Ça et le klaxon à trois tons, très utilisé sur les routes de montagne sinueuses. Ces notes, tirées de l'ouverture de Guillaume Tell de Rossini, ont résonné pour la première fois en 1923, mais sont rapidement devenues une institution nationale.

Lors de notre voyage en bus de Loèche à Loèche-les-Bains, je commence à penser que nous n'entendrons pas le klaxon du tout. Le problème, ce n'est pas la route, venteuse et raide comme il se doit, mais plutôt la visibilité : le chauffeur voit très bien ce qu'il y a après quasiment chaque virage, de sorte qu'il n'a pas à envoyer une salve de Guillaume Tell en guise d'avertissement. Au lieu de cela, nous avons deux petites filles qui comptent les tournants au moment où nous les abordons avec force balancements, car oui, notre bus oscille vraiment, à tel point que je suis content d'être assis à l'avant et de ne pas vomir à l'arrière. Les filles gèrent sans problème les premiers tournants, *drü, vier, füüf* (« trois, quatre, cinq » dans leur dialecte bernois), mais elles s'emmêlent les pinceaux une fois arrivées à 30. La vieille dame assise de l'autre côté de l'allée nous adresse un sourire entendu quand elles passent directement de *sächsedriissg* à *nüünedriissg* (de 36 à 39). Je ne suis pas sûr que quiconque saura où elles en sont, et elles encore moins, quand elles arriveront à 60.

Leur mélodieuse psalmodie s'estompe alors que je me plonge dans la contemplation de la vue. Cet itinéraire est certainement l'un des plus somptueux trajets de bus de Suisse. Nous laissons la vallée dernière nous, regardant les collines de Sion et le fleuve en tresse se fondre dans la brume lointaine, nous montons à travers de sombres forêts et passons au-dessus de cascades vertigineuses. La route se serre contre la paroi des gorges de la Dala, montant en zigzag, des rochers d'un côté et un précipice de l'autre, puis l'inverse après le virage suivant en épingle à cheveu. Nous arrivons à un pont aux arches gracieuses qui relie les deux côtés de la gorge, mais pas assez large pour laisser passer un bus et un autre véhicule de front, si bien que la voiture qui arrive en face décide avec sagesse de reculer lentement pour nous laisser passer, mais pas avant que notre chauffeur n'ait fait entendre (enfin !) son klaxon. De fines volutes de brume et de légers nuages à la dérive glissent d'un côté à l'autre de la route, nous offrant de fugitifs aperçus des parois rocheuses au-dessus de nos têtes. Quelques personnes montent et descendent du bus bondé (tellement bondé, d'ailleurs, qu'on a dû affréter un second bus, quelque part derrière nous), mais la plupart des gens vont jusqu'à Loèche-les-Bains. La première vue de la ville nous est donnée à travers une crevasse dans la paroi rocheuse : des prairies herbeuses et des chalets apparaissent d'un coup et disparaissent à nouveau presque immédiatement derrière une avancée rocheuse.

Mlle Jemima a été comme nous époustouflée par la route (encore relativement nouvelle à l'époque) – ou, comme elle l'appelle, « un autre exemple des prouesses de l'ingénierie suisse » dans « l'une des plus belles gorges de Suisse », où, à certains endroits, « les rochers de chaque côté du ravin semblent près de fusionner ». Cela a dû être une expérience terrifiante que de parcourir cette route en lacets dans une calèche oscillant dangereusement près du vide à chaque tournant. C'est d'ailleurs peut-être l'une des raisons pour lesquelles on a construit une voie de chemin de fer électrique pour monter dans les gorges en 1915. Dans les années 1960, Loèche-les-Bains était devenue si populaire que le train omnibus ne put bientôt plus transporter tout le monde – presque 134 000 passagers en 1966 – et la route ne pouvait pas être réaménagée, la ligne de chemin de fer se trouvant sur son chemin. La voie ferrée fut donc démantelée en 1967 et une nouvelle route, plus grande, créée pour prendre en charge l'afflux annuel de touristes.

Enfin, Loèche-les Bains nous apparaît en entier au détour du dernier virage (le 134e, selon les deux petites filles, qui ont décidé d'arrêter de compter. Le village en lui-même est assez attrayant, ses maisons, disséminées sur les pentes, présentant le traditionnel mélange suisse de bois et de béton, mais le site le rend réellement spectaculaire. La gorge se termine en cul-de-sac face à un gigantesque mur de pierre semi-circulaire qui encercle presque Loèche-les-Bains et le couvre d'une immense ombre le matin et le soir. Le mur nu de la Gemmi n'est toutefois pas vraiment une voie sans issue : en effet, il y a là un téléphérique et, chose presque incroyable, un sentier de randonnée qui monte au sommet. Il ne s'agit pas d'un chemin réservé aux chamois ou à Spiderman, mais bien d'un sentier normal, quoique absolument vertigineux.

Ce chemin était autrefois l'itinéraire le plus rapide et le plus court entre le Valais et le canton de Berne – pour aller de l'un à l'autre, il fallait soit passer par là, soit prendre un chemin plus long qui faisait le tour du lac de Genève, ce qui équivalait à faire un détour d'environ 320 km. C'est ce sentier, et non les célèbres sources chaudes du coin, qui a incité nos premiers touristes à passer par ici. Il n'y eut pas de réelle alternative avant 1913, année d'ouverture du tunnel ferroviaire du Lötschberg un peu plus haut dans la vallée du Rhône.

Il faut quarante ans à la pluie qui tombe sur les montagnes environnantes pour passer à travers la roche et ressortir sous forme de bouillon à Loèche-les-Bains. Elle ne gagne pas en vitesse au cours de son voyage, mais elle le termine bien chaude, à 51 °C pour être précis. Une température bien trop élevée même pour un bain chaud, de sorte que l'eau est utilisée pour chauffer l'eau normale des douches (et envoyée dans des tuyaux placés sous le sol pour faire fondre la neige qui encombre les parkings en hiver) avant d'aller alimenter les 30 piscines des centres thermaux du village. Elle y atteint une température relaxante comprise entre 36 et 40 °C, parfaite pour n'importe quelle thérapie. On vient s'y tremper depuis l'époque romaine, mais ce n'est qu'en 1501 que le tourisme thermal s'est développé grâce au cardinal Schiner de Sion. Celui-ci transforma Loèche-les-Bains en un lieu de rendez-vous international, avec des bains et des auberges de qualité pour les voyageurs de l'Europe entière. Il fut à deux doigts de devenir pape, mais mourut de la peste à Rome ; il aurait peut-être dû rester chez lui.

Un bain bien chaud

La station thermale de Loèche-les-Bains est populaire depuis plus de 500 ans

Pendant des siècles, Loèche-les-Bains fut essentiellement un lieu de villégiatures estivales. Réussir à l'atteindre en hiver n'était pas une mince affaire, et le village était régulièrement assailli par des avalanches. Celle du 17 janvier 1719, qui causa la mort de 53 personnes et détruisit presque tous les bâtiments du village, est encore commémorée chaque année. On creusa néanmoins des fossés antiavalanches et on aménagea le dangereux chemin qui gravit la falaise jusqu'à la Gemmi; assez bizarrement, c'est non à des Suisses, mais à des ouvriers autrichiens du Tyrol qu'on fit appel pour réaliser ces travaux. Les baigneurs continuèrent quand même à venir par milliers. Loèche-les-Bains eut de grands hôtels pour loger ses visiteurs, dont la plupart restaient trois semaines, bien longtemps avant que Zermatt apparût vraiment sur les cartes touristiques.

Il y avait à l'époque tant de gens désireux de prendre les eaux qu'en 1825, il fut nécessaire d'introduire des règlements stricts pour la baignade. Par exemple, les personnes qui ne portaient pas le bon vêtement (une longue chemise ample taillée dans un matériau convenable) payaient deux francs d'amende, tout comme celles qui entraient dans une cabine déjà occupée par quelqu'un d'autre. Les hommes et les femmes s'asseyaient dans des bains séparés, et il était interdit « d'éclabousser les autres, de cracher dans l'eau, de siffler ou de fumer, de chanter, de parler religion, de se livrer à des activités indécentes ou de se quereller ». En d'autres termes, les gens devaient rester assis à mariner sans bouger et sans parler pendant des heures tous les jours. Le « remède » habituel consistait à se tremper une heure le premier jour, deux le deuxième, trois le troisième, jusqu'à ce que le patient restât assis dans l'eau huit à dix heures par jour pendant trois semaines en compagnie de 20 autres personnes. Ils devaient tous avoir l'air de pruneaux géants.

Les choses avaient changé à l'époque où est venue Mlle Jemima. La décence était toujours de mise, mais la baignade mixte avait été instituée comme norme. Non que Mlle Jemima ait voulu se rendre aux bains, même s'ils avaient été séparés selon le sexe : à ses yeux, c'était une activité pour les barbares et les étrangers, même si elle n'a pas pu résister à la tentation d'aller jeter un coup d'œil :

> "Il y a deux bains, chacun comportant quatre grandes cuves et une galerie où les amis des baigneurs peuvent déambuler et converser avec eux pendant qu'ils sont réduits à l'état d'amphibiens. Le patient est souvent condamné à rester dans le bain quatre heures le matin et quatre heures l'après-midi. Afin de troubler la monotonie d'une telle existence, les dames et les messieurs se baignent ensemble et on peut les voir assis dans le bain, engagés dans les diverses activités compatibles avec leur élément d'adoption."

Sa fascination l'a à nouveau emportée le jour suivant :

> "Nous nous levâmes donc à cinq heures du matin, heure à laquelle les baigneurs en demi-toilette se dirigeaient déjà vers les bains afin de commencer leur trempette du jour. Nous les suivîmes, non en tant que baigneurs, mais en tant qu'observateurs. Nous avons du mal à nous débarrasser de l'impression que nous voulions satisfaire un trop plein de curiosité, et encore plus à conserver une sobriété en accord avec les bonnes manières."

Faisant fi des bonnes manières, Mlle Jemima a collé son nez à la vitre embuée, et le groupe s'est rendu à l'intérieur pour observer ces activités non naturelles. Ce qu'ils ont vu leur est apparu comme un zoo humain :

> « Elle prenait son repas immergée dans l'eau jusqu'aux épaules ; sur son plateau en bois étaient placées une minuscule cafetière, une noisette de beurre et des tranches de pain. Nous pouvions discerner les sièges ou les bancs qui faisaient le tour du bain et sur lesquels étaient assises des personnes vêtues de robes bleu ou rouge foncé. Un monsieur moustachu, qui se considérerait lui-même comme étant dans la fleur de l'âge, découpait du cuir sur sa table flottante, d'autres baigneurs se préparaient à jouer aux dames, tandis qu'un autre monsieur corpulent, aux épaules larges, et qui devait bien avoir 60 printemps, se frayait un chemin à travers les eaux du bain pour aller saluer des dames se trouvant dans le coin opposé. Ne prêtant pas attention aux autres, il fut abondamment éclaboussé pendant son

parcours par plusieurs jeunes filles espiègles qui se trouvaient sur son chemin. À en juger par l'étalage de paniers à ouvrage posés sur le rebord de la cuve, les dames devaient se sécher les mains pour tricoter et faire du crochet, bien que nous ne vissions pas trace de l'accomplissement d'un quelconque travail. »

M. Williams, plus laconique, s'est contenté d'un simple : « C'est un spectacle ridicule. » Les choses ne pourraient pas être plus différentes aujourd'hui. D'une part, malgré la présence d'une grande clinique de rééducation, la plupart des gens se rendent aux bains pour se relaxer plutôt que pour récupérer. De nos jours, on ne vient pas pour soigner les maladies et prolonger la durée de vie, mais pour veiller à son bien-être et se faire plaisir. Les deux principaux bains publics sont des palais de plaisance où les skieurs et les marcheurs viennent soulager leurs membres douloureux et où les autres se glissent simplement dans l'eau chaude pour oublier le monde extérieur. Quant à nous, nous n'avons le temps que pour une seule séance d'hédonisme et devons donc choisir notre bain. Le Bürgerbad, plus grand que les autres, et récemment rebaptisé Leukerbad Therme dans le but de lui donner un peu d'allure, met l'accent sur les plaisirs en famille, avec ses toboggans géants, ses piscines extérieures et ses bains à bulles. Le style fait tellement années 1980 que j'ai l'impression de détonner parce que je porte un short de bain au lieu d'un justaucorps ou de leggings. Nous laissons donc tomber les Leukerbad Therme au profit de l'Alpentherme, plus petit, plus récent, un peu plus élégant, où la moyenne d'âge est supérieure à celle de l'eau dans laquelle nous mijotons – exception faite d'un petit enfant qui profite tranquillement du bain dans son fauteuil-gilet gonflable. L'une des piscines intérieures est si chaude que j'ai l'impression d'être un homard cuisant lentement sans le remarquer et que mes lunettes s'embuent continuellement. Je sors et j'inscris l'Alpentherme directement dans mon top 10 des meilleurs bains thermaux publics.

Allongé sur un lit de bulles avec de l'eau jusqu'aux oreilles et le regard posé sur les imposantes falaises, je comprends soudain pourquoi les gens ont voyagé à travers toute l'Europe pendant des siècles pour faire ce que je suis moi-même en train de faire. Ce n'est pas nécessairement pour l'eau, que l'on trouve dans de nombreux thermes naturels, mais plutôt parce que l'endroit est situé à 1 411 m au-dessus du niveau de la mer et au cœur d'une nature splendide. Ou peut-être aussi parce qu'ici chaque baigneur porte un maillot de bain, contrairement à ce spa où j'avais été à Stuttgart où tout le monde devait être nu. Pas le choix, et pas de séparation hommes-femmes. Le moins que l'on puisse dire, c'est que c'était révélateur. Je ne suis pas en train de préconiser un retour à la pudibonderie et aux longues chemises victoriennes, mais cet étalage de chair flottante et fatiguée me met mal à l'aise.

Dans le centre thermal où nous nous trouvons, il y a effectivement une zone où l'on peut quitter le maillot et évoluer dans le plus simple appareil, mais je décide qu'aujourd'hui n'est pas le jour pour le sauna ou le hammam. Nous optons à la place pour l'expérience bien-être complète et nous réservons un massage chacun. L'expérience en question n'est malheureusement pas le massage avec chandelles et encens auquel je m'attendais, mais quelque chose de beaucoup plus thérapeutique. Pire encore, le vêtement que porte le masseur ressemble à une blouse d'hôpital, et la grande pièce dans laquelle nous nous trouvons est pleine d'échos, divisée en plusieurs longs box ; on dirait une salle commune d'hôpital. Les lits durs qui s'y trouvent ont peut-être été des tables d'autopsie dans une autre vie.

Mlle Jemima et ses compagnons sont descendus à l'hôtel des Frères-Brunner, mais hélas, lesdits frères Brunner ont déserté le coin. Peut-être est-ce la nourriture qu'ils servaient qui a tué leur affaire (espérons qu'elle a épargné les clients). Voici la description que fait notre héroïne du « repas à sept plats » :

> "La soupe était résolument trop liquide, les tranches de bœuf et leur bordure de pommes de terre frites, rachitiques, et la truite de montagne avait troqué son milieu naturel contre une mare d'huile. La volaille et le riz n'avaient aucun goût. Des tranches de chamois, c'est-à-dire de chèvre (de toute évidence un plat remarquable et populaire), était servies dans une sauce au vinaigre. Mais nous n'avons pas su les apprécier et les avons même fait remporter, à la surprise légèrement dédaigneuse du serveur, qui nous demanda sur un ton suppliant : "N'aimez-vous pas le chamois ?"… On nous apporta d'autres mets que nous ne connaissions pas, des pois en cosse et des glaces qu'on aurait pu confondre avec des mottes de beurre."

Malgré tous nos efforts, nous n'avons trouvé de chamois à la sauce au vinaigre sur aucune carte. Une cruelle déception qui nous pousse à trouver du réconfort dans une platée de röstis ; un plat qui semble approprié depuis que nous avons passé la *Graben*. Nous avons au moins déniché l'incarnation moderne des frères Brunner. Leur hôtel a été démoli en 1982 et a refait surface sous le nom d'hôtel Grichting & Badnerhof, un établissement tenu par Angela et Klaus Bauer Grichting. Angela est issue d'une famille d'hôteliers (trois sœurs qui ont épousé trois chefs et dirigent toutes un hôtel) et pour célébrer l'anniversaire de cette nuit-là elle a servi une version moderne du fameux repas, où le chamois était remplacé par de l'agneau. Un festin mémorable.

En discutant avec les propriétaires, il nous apparaît clairement que, dans le grand ordre des choses, Cook n'a pas joué un rôle important à Loèche-les-Bains. Il est vrai que l'homme lui-même n'y a pas séjourné lors de ce premier tour, qui était en mode automatique à ce moment-là (mais sans Audioguide), mais, à mon avis, cette absence d'impact tient plus au fait que la présence de nos huit voyageurs anglais, qui ne sont restés qu'une seule nuit, a dû avoir un effet comparable à celui une goutte d'eau dans l'océan. Même pas, d'ailleurs, étant donné que les sources pompent l'eau à une vitesse de 1 400 litres par minutes. Loèche-les-Bains était déjà une station thermale avant la naissance de Cook, et les Anglais n'ont jamais été sa cible principale. Aujourd'hui, 75 % des visiteurs sont suisses et c'est plus probablement à eux, ou à des Russes en maillots de bain Versace, qu'est destiné le nouvel hôtel cinq étoiles avec jacuzzi à l'eau thermale sur chaque balcon.

Les touristes britanniques qui se rendent à Loèche-les-Bains pourraient être tentés de descendre à l'hôtel de la ville qui sonne le plus anglais : le Derby. Il n'a toutefois d'anglais que le nom, étant en fait très suisse de nature, avec ses chambres complètement revêtues de bois et sa carte qui propose la moitié de la boucherie. Chose étrange, il y a des hôtels Derby un peu partout en Suisse, et personne ne sait exactement pourquoi. Un gérant m'a dit une fois que c'était parce que les premiers propriétaires étaient anglophiles et aimaient se rendre à Derby ; un autre que c'était parce que, quand le comte de Derby a fait sa grande tournée, chacun des hôtels dans lesquels il a résidé a pris son nom (je suppose que c'est encore mieux qu'une plaque bleue marquée « Derby a dormi ici ») ; dans le cas de notre hôtel, le propriétaire nous a expliqué que son prédécesseur était fan de football et, en Suisse comme en Grande-Bretagne,

Le bâtiment en forme de A dans le centre de Loèche-les-Bains est l'Hôtel des Frères Brunner, où a résidé le Junior United Alpine Club

un match entre deux équipes locales s'appelle un Derby (avec un D majuscule). Je ne me hasarderai pas à faire de théories en ce qui concerne l'hôtel Bristol (dont un est situé à Loèche-les-Bains).

Loèche-les-Bains n'a jamais été une ville valaisanne typique. Elle n'existe véritablement que pour une seule raison : le tourisme, bien qu'il s'agisse d'un tourisme bien spécifique, qui repose sur l'eau. Sans les sources d'eau chaude, les touristes n'auraient fait qu'y passer pour se rendre à la Gemmi ou pour en revenir ; une fois le tunnel ferroviaire construit, cette clientèle de passage aurait elle-même disparu. Cette ville de 1 500 personnes survit (et prospère) désormais grâce à l'afflux régulier de touristes ; sans eux, les seuls postes de travail restants seraient occupés par les quelques fermiers qui vivent de la culture de leurs champs. En discutant avec David Kestens, le chef du marketing de l'office du tourisme, je réalise que les autochtones savent très bien qu'ils ont tout à gagner à satisfaire les touristes. Il me dit :

Nous allons dans les écoles et nous parlons aux enfants de l'économie de la ville et du rôle joué par les touristes. Quand certains enfants nous disent : "Mais mon père travaille dans un magasin, ou mon père est médecin ou chauffeur de bus", nous leur expliquons que sans le tourisme pour payer les factures, aucun de ces postes n'existerait. La ville mourrait.

Le paradoxe dans tout ça, c'est que Loèche-les-Bains a effectivement failli mourir dans les années 1990. Dix ans auparavant, un excès d'optimisme a mené à la création de nouveaux bains publics, d'une halle des sports, d'une gare de bus et de nombreux autres projets touristiques, le tout financé à crédit. Tout s'est écroulé en 1998 : Loèche-les-Bains a été déclaré en faillite, avec 340 millions de francs de dettes, et on a fait appel à des contrôleurs fiscaux. La ville est restée sous le contrôle financier direct du canton jusqu'en 2004. L'euphorie n'était pas l'unique cause de cette catastrophe (le chef de la municipalité est allé en prison pour fraude) : il y avait une leçon à tirer du fait d'avoir voulu vendre la peau de l'ours (ou celle des touristes) avant de l'avoir tué. Même les Suisses, pourtant de nature prudente, peuvent commettre des erreurs avec l'argent – et avec l'architecture. Comme le fait remarquer David Kestens : « Vous pouvez considérer les années d'expansion de Loèche-les-Bains comme d'excellentes années tant que vous ne prenez pas en compte ce qui a été construit, comme la clinique. Au moins, maintenant, on construit des immeubles qui s'harmonisent avec le reste de la ville, dans le style chalet. »

Il n'est jamais trop tard pour considérer l'avenir à travers le prisme du passé.

Il est peut-être tout aussi paradoxal qu'après l'avoir tant rejetée, les Britanniques se soient rapidement habitués à l'idée de bien-être. Loin d'être « totalement négligées », les cures alpines devinrent au 19e siècle un mode de traitement tendance contre tout type de maladies. Il n'incluait pas nécessairement les bains, dans lesquels il fallait composer avec un degré inconfortable de nudité et de familiarité entre les sexes, ni certains remèdes bien plus bizarres qu'a décrits Mlle Jemima :

> " Nous avons également entendu parler d'autres "cures" adoptées par les Suisses. Il y a la "cure de raisin", qu'on peut suivre près de Vevey, et qui consiste à ingurgiter six livres de raisin blanc en une matinée, et près de Neuchâtel, il existe aussi un établissement qui prône le mélange "caillé-petit-lait" et prescrit un régime dont l'aliment principal est le lait qui reste après la confection du fromage. "

Au lieu de prendre les eaux, ou quoi que ce soit de plus exotique, les Britanniques commencèrent à prendre l'air, l'air des montagnes, pur et frais, sec, dénué de brouillard, un air parfait pour ceux qui souffraient de tuberculose, d'emphysème, de bronchite et de tout autre mal d'ordre pulmonaire. Pour les Britanniques de la fin de l'époque victorienne, qui respiraient un air de plus en plus sale et pesant, pouvoir s'échapper dans les Alpes ensoleillées pour des semaines ou des mois de traitement devait être un don du ciel, peut-être même une bouée de sauvetage. Les hauts villages alpins se sont réinventés en lieux de cure et ont connu une expansion rapide grâce à tous les touristes et patients en quête d'air pur venant des villes industrielles de Grande-Bretagne, de France, d'Allemagne et d'ailleurs.

Un exemple flagrant de ce développement : Davos, qui devint un lieu de retraite pour les malades bien avant de devenir une porte de sortie pour les riches et les puissants. C'est d'ailleurs dans un sanatorium de Davos, dans lequel il était en convalescence dans les années 1880, que l'auteur britannique Robert Louis Stevenson a terminé *L'Île au trésor*. Cela tombe plutôt bien qu'un conte de pirates et de trésors cachés ait été écrit dans une ville connue de nos jours pour accueillir le forum économique mondial annuel.

Aujourd'hui, les cliniques et les sanatoriums sont toujours là, mais la plupart des clients viennent pour se donner un coup de jeune, pas pour récupérer. La respiration profonde est toujours au programme, mais elle a maintenant pour objectif de détendre l'esprit, pas de désencrasser les poumons. Le même remède pour d'autres maladies. L'air frais, les rayons tièdes du soleil et l'eau chaude sont les ingrédients parfaits pour détendre le corps et l'âme. Mlle Jemima et tous les autres touristes de la première heure ne savaient pas ce qu'ils manquaient.

Mlle Jemima a illustré son journal avec ses propres dessins et des cartes postales qu'elle a collées

Par-delà les collines

« Le col de la Gemmi est l'un des passages les plus remarquables à travers les Alpes. Son paysage est probablement aussi extraordinaire qu'il est grand et, pour être vu à son avantage, il doit être approché par le Valais. »

—Manuel de Murray—

Des moutons – par centaines, où que nos yeux se posent, dévalant les pentes jusqu'au lac, en bêlant. Le premier indice de leur arrivée ce sont les cloches, un tintement lointain incitant tout le monde à se détourner de l'eau et à scruter (caméra en main) l'horizon rocheux. Soudain, un museau pointu apparaît sur la crête de la colline, se fige un instant pour examiner la scène et plonge tête baissée vers nous. Le déluge commence. Rapidement, certains spectateurs se réfugient sur une butte de terre, îlot de sécurité au milieu d'une mer blanc cassé et de milliers de pattes se ruant dans la descente, sautant par-dessus les ravins, à la suite du meneur, ignorant ces étranges humains en train de prendre des photos. Bienvenue à la Fête des moutons de la Gemmi!

Ce matin-là, une phrase anodine au cours du petit-déjeuner avait complètement renversé nos plans pour la journée. Un couple d'Allemands d'un certain âge était attablé à côté de nous et semblait marié depuis assez longtemps pour ne plus entretenir de conversation en mangeant leurs cornflakes (ou leur muesli). L'homme avait presque terminé son œuf à la coque lorsqu'il leva la tête de son assiette en direction de ma mère : « Gehen Sie heute zum Schäferfest ? » (« Allez-vous aujourd'hui à la Fête des moutons ? »)

Comme j'habite désormais en Suisse, ma mère, qui maîtrise déjà parfaitement le français et l'italien, essaie consciencieusement d'apprendre l'allemand, autre langue nationale du pays. Je suis certain cependant que la Fête des moutons ne fait pas encore partie de son vocabulaire, puisque ce n'est pas exactement le genre de conversation quotidienne que l'on apprend durant les cours de langue au fin fond du Hampshire. Je réponds donc pour nous deux : « Was für ein Schäferfest ? » (« De quelle fête parlez-vous ? »).

Ainsi nous apprenons que la 54e édition de la Fête des moutons se déroule le jour même au bord du lac Daubensee, en haut du col de la Gemmi. Tous les ans, au mois de juillet, les paysans et les bergers des cantons de Berne et du Valais se réunissent avec leurs troupeaux pour une journée de festivités avec, au programme, saucisses grillées, lanceurs de drapeau, yodleurs, cor des Alpes et rencontres avec de vieux amis. C'est l'occasion pour les locaux de se retrouver une journée durant, alors qu'ils se voient très peu le reste de l'année, car leurs fermes et leurs troupeaux, bien que proches à vol d'oiseau, sont confrontés à certains inconvénients topographiques tels que falaises et montagnes. Cependant, comme bon nombre de festivals en Suisse – et ils sont nombreux –, ce qui fut alors une festivité locale est devenu aujourd'hui une attraction touristique majeure, de par son folklore mais aussi pour ses quelque 900 moutons.

Au lieu de monter dans le téléphérique pour gagner le sommet de la falaise et profiter de la vue sur tout le col de la Gemmi jusqu'à Kandersteg, je décide d'y monter pour voir les moutons et de redescendre par le train, soulagé de ne pas marcher littéralement dans les pas de Mlle Jemima, car il m'aurait fallu marcher quatre heures pour arriver à Kandersteg, avec à la clé un retour immédiat pour avoir le temps de récupérer nos bagages et de monter dans le train pour parcourir finalement le même trajet. Je comprends pourquoi Mlle Jemima voyageait sans valise. De cette façon, nous pouvons déguster une tranche de vie locale et je pourrais revenir une autre fois pour traverser le col de la Gemmi sans valise et sans ma mère, qui a besoin d'un jour de repos supplémentaire.

Être suspendu à un câble donne probablement le meilleur angle de vue qui soit pour un aperçu parfait de l'œuvre tyrolienne de la Gemmi – en supposant que vous soyez bien en sécurité dans une cabine de téléphérique – et, vous ne pouvez qu'être ébahis devant cet improbable sentier incrusté dans la façade rocheuse ; chaque courbe semble plus serrée que la précédente, chaque surplomb un peu plus déconcertant et chaque mètre supplémentaire un triomphe de l'esprit sur la matière. Deux heures de marche ou sept minutes de télécabine, l'une ou l'autre de ces options vous conduiront de toute façon à travers le brouillard épais qui s'accroche à la falaise. Rien que de m'imaginer déambulant sur ce chemin sans en voir les contours, j'en ai déjà les mains moites.

C'est à pied et à dos de mule que le Junior United Alpine Club affronta ce sentier pratiquement perpendiculaire à la paroi :

> "En scrutant sa surface dénudée et verticale, il nous fut difficile d'y découvrir un chemin et d'imaginer comment atteindre le sommet. À certains endroits, le sentier n'était qu'une simple gorge découpée dans cette immense falaise, juste assez large pour une mule, et, au sortir de chaque virage, nous surplombions constamment un gouffre d'au moins 150 m ou plus. Il compte parmi les routes les plus extraordinaires des Alpes, dont les zigzags ont été ingénieusement arrangés. Très souvent les rochers surplombent le sentier, et une terrasse rocheuse au-dessus du vide nous conduit plus loin que la précédente."

Ces mots ont été intégralement repris par Murray, qui ajoute pour calmer les esprits : « Il n'y a aucun danger et les peurs ont disparu avec les améliorations du chemin et la construction des balustrades. Le groupe quitta ses montures une fois qu'il fut certain que deux pieds étaient plus sûrs que six et ils avaient certainement raison. »

Arpenter un sentier de montagne à cheval n'était pas recommandé aux âmes sensibles

Une jeune Américaine est arrivée sur une mule, en voulant faire demi-tour, le sabot arrière de l'animal a heurté la maçonnerie mal fixée et la palissade a cédé ; la mule a donné une violente ruade vers l'avant et a réussi à ne pas tomber dans le ravin, mais la jeune femme était aussi blanche que la neige du mont Blanc.

C'est ce qu'on peut lire dans *A Tramp Abroad* de Mark Twain, le récit magnifique de sa marche à travers l'Europe en 1878, au cours de laquelle il descendit le long de « cet épouvantable sentier ». Il rapporte aussi l'histoire d'une comtesse en voyage de noces qui tomba de sa selle au-dessus du précipice, ayant fait l'erreur de vouloir monter à dos de cheval. Au vu de tout ce qui précède, je suis heureux d'être dans une cabine de téléphérique plutôt que sur le dos d'une mule. Les petits personnages qui grimpent juste en dessous semblent avancer difficilement, mais la marche en elle-même sur ce sentier en vaut probablement la peine ; mais il me faudrait certainement quelques cachets de Valium si je devais m'y aventurer. Accessoirement, précisons aussi que 1863 fut l'année où Samuel L. Clemens utilisa le pseudonyme Twain pour la première fois.

Au cours de son périple, le Junior United Alpine Club parvint à monter jusqu'à 2 348 m, où la vue du sommet est véritablement mémorable. L'adorable village de Loèche-les-Bains – un « lit de champignons », comme l'appelle Mlle Jemima – se trouve à presque 300 m en contrebas. Certains champignons ont bien poussé depuis, mais, à cette hauteur, même l'affreuse clinique paraît intéressante et les bassins des bains thermaux apparaissent bleu azur, îlots de calme au milieu du brun et du gris. Viennent ensuite les prairies d'un vert velouté et les pentes couvertes d'arbres, surmontées d'une crête bleu foncé, le tout couronné d'une ligne d'horizon blanche et déchiquetée. L'enchaînement de monts enneigés culmine au Weisshorn, bien que le Cervin soit le plus renommé – mais, sous cet angle, impossible de le reconnaître, on dirait que la pyramide tordue si réputée s'est transformée en quelque chose de plus large et de plus aplati, comme si un ornithorynque levait son bec vers le ciel. Déconcertant.

. . .

Le son profond d'un cor des Alpes monte depuis la vallée et nous rappelle la vraie raison de notre venue ici. À contrecœur, nous reprenons le chemin du retour et, tandis que nous descendons, l'écho des cors nous accompagne, emplissant cette vallée en forme de grand bol. Un son typiquement suisse, conçu pour passer au-delà des collines et pour vous donner la chair de poule. Mlle Jemima était aussi enchantée que moi :

"C'est un tube en bois de cinq ou six pieds de long, lié par des brins de saule. Il repose sur un socle creux en forme de coin et souffle quand on s'approche. Il faut s'exercer longtemps pour émettre de cet instrument à l'allure peu musicale un flux de notes rondes et sonores. Elles se meurent quand elles filent en cadence légère, s'accrochent aux montagnes et résonnent encore et encore. L'espace d'un court instant, nous pouvons remarquer leur douceur quand l'écho les renvoie et nous sentons leurs vibrations entre les falaises, jusqu'à ce qu'elles expirent en un soupir mélodieux."

Le festival se déroule sur les berges du Daubensee, un lac trouble et gris-bleu, tapis dans l'ombre des montagnes environnantes, qui doit toute son eau à la fonte des neiges et des glaces, contenant donc toutes sortes de résidus lui conférant une couleur peu avenante. En hiver, le lac disparaît presque entièrement sous une couche de glace et, lorsque le printemps revient, il réapparaît, remplissant la vallée d'eau de fonte et de boue. À l'une de ses extrémités, un énorme remous de boue ressemble à un minidelta du Mississipi, avec des petits courants se tortillant sur la surface plane et charriant encore plus de matières.

Cependant, l'intérêt du Daubensee ne réside pas dans sa source, mais dans son débouché, car il n'y en a pas, c'est-à-dire qu'aucun cours d'eau ne sort du lac. En fait, il y a un petit trou au fond, et tout le monde a longtemps pensé que c'était par là que l'eau se faufilait jusqu'à Loèche. Un jour, les autorités décidèrent d'en avoir le cœur net et ajoutèrent un colorant inoffensif à l'eau du lac, qui passa dans le trou certes, mais n'arriva jamais où on l'attendait, à Loèche-les-Bains. C'est à Salquenen, en direction de Sion, que l'eau rouge réapparut, source de bien des étonnements. Le mystère du trou dans le Daubensee était résolu.

De près, l'apparence de l'eau n'est pas très engageante, mais il y a plein d'autres choses à voir. Bien avant que les moutons arrivent, les lanceurs de drapeaux, joueurs de cors et yodleurs sont là pour divertir la foule. Un brin kitch certes, mais pas surfait, et la plupart des spectateurs sont des Suisses, non des touristes. Ce n'est que l'un des nombreux festivals qui se déroulent dans toute la Suisse, où vous ne serez jamais très loin d'une *Tracht* brodée ou d'une saucisse grillée, surtout en été. Sans oublier les chars enflammés, les combats de vaches, les feux pour brûler le bonhomme de neige et les lamentations. Tout ceci est au programme de l'un ou l'autre festival suisse, accompagné d'oignons, de carottes, de fromage évidemment et de beaucoup de cervelas – le saucisson national.

Aucune de ces festivités ne figurait au programme de Mlle Jemima, qui eu droit à une bataille de boules de neige, le 3 juillet, sous un soleil de plomb, lorsque le groupe découvrit son premier champ enneigé en haut d'une falaise. Ils couraient comme des enfants, se bombardant mutuellement de boules de neige, se protégeant derrière leurs parapluies, dont trois finirent en « épaves ». Ce devaient être de sacrées boules de neige ! Ils supportèrent également quelques dommages humains lorsqu'une boule « toucha malencontreusement l'œil de notre galant professeur, si violemment qu'il en demeura immobile. Son œil de verre tomba à ses pieds ! » La chaleur et l'altitude leur étaient littéralement montées à la tête, à moins que ce ne soit l'ambiance des vacances qui enfin avait triomphé de la bienséance victorienne.

La seule trace de neige que nous pouvons voir aujourd'hui, c'est une tache sur la montagne qui encercle le lac, cette dernière n'étant pas d'une beauté particulièrement surprenante. Ici, Twain remarqua la « désolation sinistre de ce lieu », assez austère en effet, sans arbres ni fleuves, sans oiseaux ni abeilles, juste des rochers à perte de vue et de l'herbe broussailleuse. Rien à voir donc avec les cartes postales classiques de la Suisse, mais ce manque de mise en scène rend l'endroit d'autant plus intéressant. Dommage que ce lieu soit défiguré par un alignement de pylônes géants perchés en haut des collines de l'autre côté du lac ; un mal nécessaire car c'est le moyen le plus efficace de transporter la première denrée d'exportation du Valais, l'électricité.

La topographie qui isolait auparavant la moitié du canton s'avère aujourd'hui parfaitement propice à l'énergie hydroélectrique, car l'eau coule en abondance dans ces vallées étroites. D'immenses barrages en béton, comme celui de la Grande-Dixence (le plus haut barrage poids du monde), ont été érigés dans les vallées reculées du Valais, permettant à la Suisse de produire 56 % de son électricité à partir de ressources renouvelables. Ce pourcentage augmentera au cours des prochaines décennies puisque le gouvernement suisse a annoncé qu'il ne renouvellera pas les cinq centrales nucléaires du pays lorsqu'elles seront hors d'usage. D'ici à 2034, l'énergie nucléaire, qui contribue aujourd'hui à hauteur de 40 % dans la production d'électricité, n'aura plus lieu d'être. Le revers négatif serait alors de supplanter l'abandon de ces centrales par l'importation d'électricité d'origine atomique.

Personne ne semble faire cas des bras métalliques et des câbles en arrière-plan, ni même les moutons alentour. Après leur descente de la pente en masse, conduits surtout par des bergers armés de bâtons et très peu de chiens, ils paissent tranquillement sur la prairie d'à côté, c'est d'ailleurs ce qu'ils font le mieux. Je dois dire que je n'ai jamais vu autant de moutons au mètre carré en Suisse – pays des vaches par excellence –, avec en prime le décor et les chants, j'ai presque l'impression d'être au pays de Galles (à croire que la musique et les collines vont de pair) et je me demande comment les Suisses réagiraient s'ils assistaient à une démonstration à plein régime de

Bread of Heaven par un cœur de Gallois ; peut-être même que les moutons auraient peur. En termes de surface, le pays de Galles représente la moitié de la Suisse, et si la principauté compte trois millions d'habitants pour neuf millions de moutons, la république affiche huit millions d'habitants pour à peine un demi-million de moutons, forcément difficile à voir (les moutons pas les Suisses) et encore plus à déguster. Ceci dit, le Valais est définitivement l'endroit de prédilection des moutons, puisque plus de 62 000 têtes y sont élevées ; la capitale ovine de la Suisse en quelque sorte.

Bizarrement, lorsque les Suisses-Allemands parlent de la Suisse romande, ils disent « Welschland », donc les Suisses-Romands sont des « Welsch ». Vous pourriez penser que le Valais (« Wallis » en allemand) est lié par quelque connexion directe au pays de Galles (« Wales » en anglais), mais le seul lien est purement terminologique : Wales, Wallis et Welsch sont tous dérivés du même terme. La raison n'est pas non plus d'origine géographique – le Valais est la partie la plus occidentale du pays –, puisque la Wallonie a la même racine sémantique et se trouve au sud de la Belgique. En fait, ce terme était utilisé par les Romains pour désigner les régions d'origine celtique et remonte aux Volques ; il a ensuite été considéré comme un terme allemand par les non-germanophones, en particulier celles et ceux qui pratiquaient une langue latine. Dans tous les cas, il s'agissait de qualifier ces personnes de « gens pas comme nous », quelle que soit leur langue. Et cela n'a certainement rien à voir non plus avec les choux, même si celui de Savoie s'appelle *Welschkraut* en allemand, comme pour en souligner ses origines françaises.

Au bout de quelques heures, je décide que je ne suis pas fait pour être un berger suisse, même un jour de fête comme celui-ci. J'ai eu ma dose de bêlements et de cloches, et si un yodleur ou un joueur de cor envoie un seul son dans ma direction, je vais me mettre à hurler. Au début, tout cela était fort distrayant, maintenant c'est affreusement répétitif. Il doit falloir être suisse pour pouvoir apprécier le yodle pendant plus de dix minutes consécutives sans avoir l'impression que c'est toujours la même chose. Les chaînes de télévision suisses diffusent régulièrement des concerts de musique traditionnelle (quelquefois une soirée entière), c'est-à-dire non seulement du yodle, mais aussi du *Hudigäggeler* : un ou deux accordéons, une basse, un violon et parfois une clarinette. Peut-être qu'après trente ans de séjour en Suisse, je regarderai ces émissions en tapant du pied au rythme de la polka.

Finalement, notre tour du Kandersteg est presque aussi long que la traversée du col à pied : monter jusqu'au sommet, descendre en téléphérique vers Loèche-les-Bains, bus pour Loèche, train pour Brigue et traversée du tunnel – en train – pour Kandersteg. Trois heures en tout, par des moyens de transport modernes. Pas étonnant que la plupart des gens préfèrent traverser le col de la Gemmi en marchant ; c'est d'ailleurs ce que je ferai lors de ma prochaine visite.

. . .

Deux mois plus tard, je reviens à Loèche-les-Bains, sans Valium, avec l'intention de marcher jusqu'au le col de la Gemmi et au-delà. Mais, une fois de plus, mes plans sont bouleversés par un événement local, et celui-ci est beaucoup plus éprouvant que la Fête des moutons. C'est le triathlon de la Gemmi. Les victimes, pardon les athlètes, nagent d'abord 900 m dans le lac de Géronde (au bas dans la vallée du Rhône), parcourent ensuite 23 km à vélo jusqu'à Loèche-les-Bains, avant de courir jusqu'au sommet de la Gemmi – des fous ! Le record se situe généralement autour des deux heures, c'est-à-dire à peu près le temps qu'il faut à la plupart des gens pour parcourir la dernière étape de la course. Même si le chemin était ouvert au public, ce qui n'est pas le cas aujourd'hui, je suis de toute façon rebuté par tant de super-sportifs et, heureusement, je peux monter en téléphérique, chose impossible en 1957.

Ledit téléphérique fait partie des quelques installations suisses en mains privées et appartient depuis trois générations à la famille Loretan, ainsi que l'hôtel-restaurant au sommet du col. Contempler le panorama depuis la terrasse en mangeant des röstis et une omelette est la formule parfaite avant de partir en randonnée, c'est donc ce que je fais. Le vieux téléphérique exigu a été remplacé en 2012 par un modèle rutilant et plus spacieux avec d'immenses fenêtres. Non seulement le trajet est plus rapide, mais surtout ce nouveau modèle ne nécessite plus la présence d'un conducteur dans la cabine, ce qui signifie qu'il n'est plus nécessaire non plus de marquer la pause repas et que le téléphérique peut fonctionner toute la journée. Le progrès rural en Suisse.

Quant à moi, je suis rassasié et je peux donc me mettre en route en passant par l'autre côté du lac. Les montagnes sont toujours aussi sombres et dénudées, les pentes des falaises grises aussi raides et l'herbe aussi drue, mais les pylônes sont vite derrière moi et le lac essaie désespérément de briller sous les rayons du soleil de septembre. Objectif difficile pour une étendue remplie autant d'eau que de vase, mais les efforts sont là. À mi-chemin se trouve le Schwarenbach, une auberge solitaire et solide qui étanche la soif des voyageurs depuis 1742. Murray met en garde en notant que des «réclamations pour extorsion ont été déposées», mais de toute façon c'est le seul endroit pour se restaurer le long de la route, si bien que tout le monde s'y arrête – y compris Pablo Picasso, Alexandre Dumas, Mlle Jemima et Vladimir Lénine durant son exil en Suisse en 1904. Twain y fit une halte et décrit l'endroit en ces termes :

Il se trouve seul au milieu des sommets, balayé par les nuages, inondé par la pluie, recouvert par la neige, persécuté par les tempêtes pratiquement quotidiennes.»

Le décor parfait pour un film d'horreur ; j'en ai la chair de poule.

Le Schwarenbach servait aussi de poste de douane, car c'est le bâtiment le plus proche de la frontière entre les cantons de Berne et du Valais. Pendant des siècles, ces deux cantons ont été des États indépendants, liés par une confédération peu structurée, avec chacun sa propre monnaie, son propre système de taxes et d'impôts, sans marché intérieur, nécessitant donc la présence de postes de douane. La fonction de ces derniers consistait à contrôler les taxes sur les denrées, comme le sel et le vin, et à lutter contre la contrebande d'eau minérale en provenance de Loèche-les-Bains. Durant quelques années, cette frontière cantonale fut aussi nationale : après la conquête de la Suisse par Napoléon en 1798, le Valais demeura brièvement une république indépendante avant d'être annexé par la France et de devenir le département de Simplon puis de réintégrer la Confédération suisse en 1815. Les douanes intérieures disparurent avec la nouvelle constitution fédérale de 1848.

La seconde portion de l'itinéraire est beaucoup moins austère, le paysage beaucoup plus doux. Des pins sombres et des prairies accidentées remplacent les hectares de talus et les rochers, ceci dit ce n'est pas encore l'endroit idéal pour un pique-nique ; on dirait que la mort peut survenir en un instant. Ce qui apparaissait comme une pierre tombale à côté du chemin se révèle être un monument commémoratif en l'honneur de six personnes tuées par une avalanche ; les 158 vaches qui périrent également ne sont pas mentionnées. Le 11 septembre 1895, quatre millions et demi de mètres cubes de glace se décrochèrent du glacier de l'Altels et glissèrent en recouvrant deux kilomètres carrés de terrain sous sept mètres de glace. Le plus cynique, c'est que Mlle Jemima en parlait déjà trois décennies plus tôt :

> "C'est une masse prodigieuse qui se déséquilibre une fois par siècle et descend jusqu'en bas en tonitruant. La dernière chute s'est produite il y a soixante-sept ans."

La glace s'est effondrée exactement trente-trois ans plus tard et moins de vingt-quatre heures après le passage d'un grand groupe conduit par Thomas Cook. Heureusement, aujourd'hui elle a tellement fondu que le danger d'une nouvelle avalanche est écarté ; un des rares avantages du changement climatique pour les Alpes.

Pylônes et téléphériques mis à part (et disparition de la glace), cette partie de la Suisse a peu changé depuis que Mlle Jemima a emprunté ce chemin, et même bien avant ça. La Gemmi était alors une voie importante reliant le sud au nord du pays, mais uniquement parce qu'aucune autre alternative n'existait. Dès que le train arriva, son chemin bien tracé fut relégué aux oubliettes, et sa situation presque inaccessible (et pas assez belle pour attirer les touristes acheteurs de chocolat) ralentit le développement de cet endroit, même si la route de Kandersteg à Loèche-les-Bains fut planifiée dès 1948. C'est un lieu propice pour échapper aux foules et au tourisme de masse, et c'est probablement pour cette raison que la randonnée est très prisée des autochtones. Néanmoins, me voici de nouveau sur le sentier touristique, bien que très particulier puisqu'il a été conçu par Via Storia, une organisation qui recense et protège les voies historiques en Suisse et propose des visites guidées sur ces routes, dont l'une se nomme la Via Cook, de Genève à Kandersteg. Tout est orchestré, y compris les nuitées en hôtel, la prise en charge des bagages et les transports, la succession naturelle de Cook. Les guides mentionnent même M{^{lle}} Jemima dans leurs commentaires. En rédigeant son journal de voyage en 1863, elle ne se doutait certainement pas qu'il deviendrait une référence historique pour des randonnées au 21e siècle. Aurait-elle été flattée ou gênée ? Un peu des deux peut-être.

. . .

Au bout de trois heures et demie (et un autre téléphérique), j'arrive à Kandersteg, où ma mère et moi étions descendus du train deux mois plus tôt. Ce village de villégiature (plus village que villégiature ; on n'est pas à Chamonix) est assis à califourchon au-dessus des tourbillons de la rivière Kander et à l'ombre du majestueux Blümlisalp, l'un des nombreux sommets alpins conquis par un Britannique, en l'occurrence sir Leslie Stephen, un homme de parole et d'action. En août 1860, Leslie arriva à Kandersteg, accompagné de son guide suisse préféré, Melchior Anderegg, et demanda s'il se trouvait parmi les gens du coin quelqu'un qui voudrait bien les conduire jusqu'au sommet. Le seul volontaire s'appelait Fritz Ogi-Brügger.

Pour la majorité des Suisses, les montagnes faisaient certes partie du quotidien, mais sûrement pas l'escalade. Elles étaient là, tout simplement. Les Anglais avaient une conception différente : il fallait planter l'Union Jack en haut des sommets, comme ils l'avaient fait sur chaque continent du globe. Ils avaient même fondé le premier club mondial à Londres, en 1857, l'Alpine Club, dont sir Stephen serait plus tard le président, tout en continuant à gravir les sommets suisses, y compris le Schreckhorn, un mont en forme de cône, le plus au nord de la chaîne des Alpes, qui culmine à 4 000 m. Non content de manier le piolet, Leslie opta aussi pour le stylo, afin d'écrire le bestseller *The Playground of Europe* et d'éditer le premier *Dictionary of National Biography*. Il prit aussi le temps de devenir père de quatre enfants, dont une certaine Virginia Woolf.

Melchior Anderegg guida aussi un autre Britannique, ou plutôt une autre – Lucy Walker –, qui fut la première femme à grimper le Cervin en 1871. Entre-temps, les Suisses avaient eux aussi attrapé le virus de l'escalade et fondaient leur propre club alpin en avril 1863, le troisième plus ancien club du monde après celui des Autrichiens – l'un des seuls moments de l'histoire où les Suisses se sont retrouvés derrière les Autrichiens. En effet, il existe entre eux une rivalité, à l'instar du clivage franco-britannique, qui remonte à la création de la Suisse en 1291 et à la légende de Guillaume Tell. Dès lors, pratiquement chaque bataille opposa les Suisses aux Autrichiens (généralement les perdants), et aujourd'hui la lutte continue chaque hiver sur les pistes de ski, surtout pendant les Jeux olympiques, où rien n'est plus humiliant pour un skieur suisse que d'être battu par un skieur autrichien.

Quant au brave Fritz, sans qui sir Leslie n'aurait sûrement jamais triomphé, son nom est gravé dans la chapelle du village et perpétué avec l'enfant le plus célèbre de Kandersteg, Adolf Ogi, ancien président de la Confédération et aujourd'hui l'homme sage de la politique helvétique. Les anciens présidents sont nombreux en Suisse, puisque le mandat ne dure qu'une année, si bien que chaque fois que l'un prend ses fonctions, il se peut que 13 ou 14 autres rôdent alentour. M. Ogi est l'un des rares dont l'avis est encore sollicité et dont les Suisses se souviennent à cause de son interview peu glorieuse au cours de laquelle il expliqua comment faire cuire un œuf de manière économique. Qui a dit que la politique suisse était ennuyeuse ?

Politiciens et œufs à la coque mis à part, Kandersteg ne fait pas souvent la une des journaux. C'est un endroit agréable, peu fréquenté par les voitures (la route s'y arrête), avec une poignée de bâtiments en bois. Dans une brochure touristique, on lirait probablement : « Un village paisible niché au cœur des montagnes, qui peut se vanter de proposer toute une palette d'activités de plein air pour tous les âges. » Mais Kandersteg ne fait pas partie de ces lieux qui s'affichent outre mesure. Une rue principale, une jolie église, une excellente fromagerie, des montagnes tout autour et une rivière à travers. Je comprends pourquoi les scouts ont élu domicile ici. En effet, le Centre scout international jouxte le village, offrant une multitude d'opportunités de gagner des médailles de camping ou d'escalade, bien que je ne sois pas convaincu que cela contribue à la prévention contre le crime ou à la sécurité routière (deux éléments figurant au profil des scouts américains).

Le manuel de Murray mentionne à peine ce village, principalement parce que, à cette époque, l'endroit ne présentait pas grand intérêt. Mais il décrit toutefois la vie rurale lorsque les villageois et les paysans étaient autosuffisants.

Un Anglais habitué à tout acheter peut difficilement s'imaginer l'économie domestique d'un paysan suisse. Il possède des parcelles de blé, de pommes de terre, d'orge, de chanvre, de lin, de vignes, ses propres vaches, ses propres chèvres, ses propres moutons. Il se nourrit avec les produits de sa terre et de ses troupeaux. Il fabrique lui-même ses vêtements avec la laine de ses moutons ; les draps et les robes des femmes de sa famille le sont avec le lin et le chanvre de ses récoltes, généralement tissés par les femmes. Le bois dont il a besoin pour construire et chauffer sa maison provient des terres communales ou de la paroisse, qu'il obtient soit gratuitement soit à très bas prix. Le peu d'argent qu'il gagne provient de la vente de ses fromages. L'économie intérieure d'un village suisse est très intéressante : c'est uniquement grâce à d'ingénieuses inven-

tions qui permettent d'économiser du travail et à une industrie étonnante que les habitants peuvent maintenir leur niveau de vie.

Mlle Jemima, quant à elle, ne s'étend pas sur ce sujet, elle semble simplement heureuse de trouver logis et nourriture après une autre longue journée de marche. Ce jour-là, le groupe s'était levé à 5 heures du matin pour visiter les bains à Loèche, on comprend pourquoi ils décidèrent « de s'arrêter pour la nuit plutôt que de marcher jusqu'à Frutigen, quelques kilomètres plus loin ». Euphémisme, puisque la distance entre Kandersteg et Frutigen est de 17 km, soit environ cinq heures de marche.

Ils choisirent la « première habitation trouvée », l'hôtel de l'Ours, même si le toit était encore en réfection depuis qu'il avait été emporté l'hiver précédent. Le repas fut aussi *ad hoc* que les chambrées :

> "Nous avons commandé le dîner et attendu son arrivée jusqu'à ce que le poisson soit pêché. Notre bonne hôtesse a fait de son mieux pour présenter une élégante table d'hôte et pour multiplier les plats, servis d'abord en tranche jusqu'à ce que le rôti arrive finalement en entier pour remplir nos assiettes vides."

Elle ajouta un commentaire attristant :

> "Hélas pour l'hôtel de l'Ours, nos amis nous ont fait part de son entière destruction lorsqu'ils sont passés devant ses ruines carbonisées."

Aujourd'hui, il n'y a plus aucune trace d'une quelconque hôtellerie ursine à Kandersteg. Nous faisons donc dans l'esprit

L'Hôtel Schwarenbach, au col de la Gemmi, était autrefois un poste de douane entre la Suisse et la France

britannique et louons une chambre dans un B&B. Oui, ce concept existe en Suisse. Certains, il faut le dire, ressemblent à de vrais hôtels qui ne servent pas de repas du soir, et proposent donc juste un *bed* (« un lit ») et un *breakfast* (« un petit-déjeuner »), loin des traditions cependant. Celui que nous avons choisi s'avère être un véritable B&B, avec un nom très *british* – The Hayloft –, situé dans un chalet suisse du 16e siècle. Une parfaite combinaison anglo-helvétique, à l'instar de ses propriétaires, Kerry, originaire de Barking (région du Grand Londres) et Peter, originaire de Gasterertal, une vallée profonde et glaciale près de Kandersteg. Avec un immense toit en forme de A, des jardinières fleuries, des volets verts et des façades en bois sombre, la maison rustique est digne d'un cliché de carte postale – et tellement suisse que je m'attends à voir Heidi sortir en courant. C'est ce qui ressemble le plus aux logis ruraux dans lesquels ont séjourné les hôtes de Cook, avec plomberie et chauffage modernes en plus. Un souper est servi façon table d'hôte, avec un menu (sans poisson) et tout le monde réuni pour partager ce repas ; on dirait presque une de ces nombreuses soirées contées dans le journal de Mlle Jemima.

Pendant que Kerry et ma mère échangent des anecdotes de B&B (mes parents ont transformé la maison de famille en B&B après le départ de leurs enfants), Peter ne tarit pas d'éloges sur son enfance à Gasterertal, raison pour laquelle il a décidé d'y revenir, désireux d'être à nouveau membre de cette commune – je comprends pourquoi.

...

La commune joue un rôle majeur en Suisse. En tant qu'unité politique, c'est le fondement du système de démocratie helvétique, chacune étant une entité autogouvernée avec son propre conseil, ses taux d'imposition, écoles, routes et sacs poubelles. Aujourd'hui, nombreuses sont les communes qui fusionnent pour faire face à la charge financière de l'indépendance ; on dénombre actuellement 2 495 communes en Suisse, soit 500 de moins qu'il y a vingt ans. Certaines sont de tout petits villages (Corippo au Tessin compte 12 personnes), d'autres sont des grandes villes (Zurich avec 375 000 habitants). En termes de superficie, la plus petite a tout juste la taille d'une exploitation agricole (Rivaz dans le canton de Vaud comprend 31 ha), alors que la plus vaste est plus grande que six des cantons de la Confédération (Glaris Sud avec 430 km2). Mais peu importe leur envergure, les unités du système politique suisse sont toutes contrôlées par leurs habitants – c'est la démocratie directe dans sa forme la plus simple.

Les communes suisses sont fières de leur héritage, qui remonte généralement à plusieurs siècles. Il ne s'agit pas d'attachement politique mais émotionnel, sachant que la nationalité (et même l'identité) de chaque citoyen et chaque citoyenne

L'Hôtel de l'Ours de Kandersteg a brûlé peu de temps après le passage de Mlle Jemima

suisse est liée à sa commune. En allemand, c'est le *Heimatort*, ou lieu d'origine, qui n'est pas nécessairement le lieu de votre naissance. C'est l'endroit d'où vient votre famille – même s'il faut remonter plusieurs générations –, celui qui figure sur votre passeport. Vous ne l'avez peut-être jamais vu, c'est peut-être un petit village que vos grands-parents ont quitté il y a des années, mais c'est votre maison, l'essence de la Suisse. Jusqu'en 2012, la commune était responsable de votre bien-être, même si vous n'y aviez jamais habité, elle devait vous venir en aide si besoin ; aujourd'hui, cette responsabilité revient à la commune de résidence. Les demandes de nationalité suisse des immigrants sont d'abord soumises soit au vote public (le vote à bulletin secret n'étant plus autorisé), soit au conseil d'immigration de la commune où ils vivent. Leurs noms apparaissent alors dans le bulletin communal, les habitants peuvent désapprouver s'ils le souhaitent, et quand toutes ces étapes sont franchies les étrangers peuvent devenir citoyens du canton et du pays.

Pas étonnant de trouver presque dans chaque commune (en particulier celles situées en zones touristiques) un petit musée retraçant fièrement l'histoire du coin. Rares sont les écrans géants interactifs dans ces musées locaux, mais ils regorgent presque toujours d'informations fascinantes sur la vie d'antan, et celui de Kandersteg ne fait pas exception. Deux pièces seulement réussissent à donner une vue d'ensemble du village à travers les âges, des marchands de bois aux scouts, en retraçant même la venue de Mlle Jemima. Comme dans la plupart des musées de village, un guide compétent et utile attend, assis dans un coin, la chance de pouvoir instruire le visiteur.

Aujourd'hui, c'est l'incomparable Mme Agostino qui s'anime fiévreusement lorsque je lui pose quelques questions sur la vie avant l'arrivée du chemin de fer. Elle me montre de vieilles photos, dont celle du pauvre hôtel de l'Ours, avant qu'il parte en fumée, et me parle des premiers touristes, comme Albrecht von Haller, qui écrivit un célèbre poème sur les Alpes. Je m'attends presque à ce qu'elle m'invite à essayer la chaise à porteurs exposée au milieu de la pièce. Heureusement pour moi, c'est strictement interdit, et cela me ravit, car l'engin à l'air extrêmement inconfortable. N'imaginez pas une boîte chic, capitonnée de satin, comme celles que l'on voit dans les films, celle-ci est une simple chaise en bois avec un enchevêtrement de cordes en guise d'assise. Elle était portée par deux, trois ou quatre hommes selon le poids du passager. Dans les montées, les porteurs de plus petite taille se plaçaient à l'avant et les grands à l'arrière, afin de maintenir l'inclinaison de la chaise. Dans les descentes, ils échangeaient leurs postes. Trois heures assis sur cet engin au rythme des dénivelés devaient certainement suffirent à vous mettre l'estomac en vrac.

Le meilleur de tout c'est que Mme Agostino regorge de connaissances sur l'arrivée du chemin de fer et son impact sur le village – emplois et développement. Le début du 20e siècle marqua le boom du col de la Gemmi, tout comme celui de l'industrie du tourisme en général en Suisse. À son apogée en 1913, plus de 13 000 touristes foulaient chaque année la route entre Loèche-les-Bains et Kandersteg. Sachant que pratiquement tous ces gens y venaient en été, cela devait ressembler aux chassés-croisés des vacanciers sur les autoroutes françaises. Les visiteurs n'étaient pas tous à pied ou assis sur des chaises à porteurs; beaucoup utilisaient la charrette de la Gemmi, un engin à deux roues qui permettait de garder astucieusement la bonne inclinaison quel que soit le degré de la pente, mais certainement fort inconfortable sur la route rocheuse. Comme dans presque tous les autres endroits, l'explosion du nombre de touristes dans les montagnes était le résultat de l'arrivée du train, celui-là même qui reléguerait plus tard la route de la Gemmi à une attraction de second rang.

En 1901, le train arriva aussi à Frutigen, un petit village au fond de la vallée de la Kander, près du lac de Thoune, ce qui signifiait pour les touristes une traversée facile des montagnes. Cette vallée autrefois reculée (le premier car postal vers Kandersteg était apparu seulement treize ans plus tôt) devenait un endroit facilement accessible pour le reste de la Suisse. Chaque été, plus d'une centaine de calèches, souvent rutilantes, sillonnaient la route le long de la rivière depuis la nouvelle gare jusqu'à Kandersteg, alors en plein essor. Mais les calèches de Frutigen et les charrettes de la Gemmi disparurent du jour au lendemain lorsque la ligne du train fut ouverte par-delà la vallée et sous les montagnes. En 1913, le dernier attelage trottait encore entre Frutigen et Kandersteg, battant pavillon noir en guise de deuil d'un commerce lucratif. Je me demande ce qui est arrivé aux chevaux.

La nouvelle ligne, électrifiée dès le début, comprenait un tunnel de 14 km sous le col du Lötschberg reliant Berne à l'Italie via le tunnel du Simplon; elle fut baptisée la BLS –

la ligne Berne-Lötschberg-Simplon – et largement financée par la France plus que par la Suisse ; d'ailleurs, ce fut aussi la France qui construisit la toute première gare ferroviaire suisse, à Bâle. Après leur défaite contre la Prusse, les Français avaient cédé l'Alsace et la Lorraine au nouvel État allemand, ce faisant ils avaient perdu l'accès à leur gare bâloise et aux alentours. Mais tout comme les Français, les Britanniques ne souhaitaient guère traverser l'Allemagne pour se rendre en Suisse, c'est ainsi qu'une nouvelle route à travers les Alpes fut conçue, pour servir les intérêts stratégiques et économiques de la France. On inaugura tout d'abord une ligne française entre Delle et la frontière suisse, puis, avec l'aide du canton de Berne (désireux de servir aussi ses propres intérêts), celle-ci fut étendue jusqu'à Porrentruy, dans la partie nord-ouest de la Suisse, et c'est Gustave Eiffel (celui de la tour) qui construisit plusieurs des ponts. À la suite de la percée du tunnel du Gothard en Suisse centrale en 1882, il devenait impératif de trouver une alternative pour traverser les Alpes vers l'Italie, et la BLS vit le jour.

Si vous vous aventurez à Porrentruy (ou Pruntrut en allemand), vous y trouverez une gare qui semble bien trop grande pour cette petite bourgade de campagne, mais un bel héritage de cette voie jadis internationale. Porrentruy était autrefois l'une des quatre plus grandes gares de fret suisses, avec un immense poste de douane et la gare de voyageurs la plus fréquentée. Durant ses heures de gloires, à l'été 1914 plus précisément, pas moins de 11 trains express passaient chaque jour par Porrentruy, située sur l'un des axes principaux privilégiés par les touristes britanniques pour rejoindre l'Oberland bernois et l'Italie ; sans oublier l'Engadin Express, train direct de Calais à Coire avec des wagons lits première classe. Imaginez un tel service aujourd'hui.

La BLS est désormais la seconde compagnie de transports suisse, après les CFF. Avec 436 km de voies ferrées, plus les bateaux naviguant sur les lacs de Thoune et de Brienz, elle achemine chaque année 56 millions de passagers et 1,3 million de voitures. Ces dernières sont chargées sur des wagons spéciaux sans parois (qui rappellent étrangement les *Nissenhütte* de la Seconde Guerre mondiale) et transportées sous les Alpes bernoises jusqu'en Valais en quinze minutes chrono. De loin, le moyen le plus rapide pour aller en Italie.

La construction du tunnel, inauguré en grande pompe en juillet 1913, nécessita soixante-six mois de travaux, 52 millions de francs et coûta 64 vies humaines. La majorité des victimes étaient italiennes, car 97 % des 3 000 ouvriers creusant le tunnel venaient d'Italie. Les avalanches, les inondations, les éboulements et les 34 °C qui régnaient en permanence à l'intérieur, sans omettre les 961 tonnes d'explosifs, tout cela rendait ce chantier très périlleux. Mais il s'agissait d'un travail de précision. Après des années de forage et des milliers d'accidents, le résultat final fut remarquablement proche des plans : la différence entre les prévisions et le tunnel réalisé était de 410 mm sur la longueur, 257 mm sur la largeur et 102 mm sur la hauteur. Oui, ce sont bien des millimètres pour un tunnel de 14,612 km de long – la précision suisse (et italienne) à coups de dynamite et de pioches !

Le tunnel du Lötschberg transforma complètement le village de Kandersteg. Les premiers effets se matérialisèrent par l'afflux de travailleurs, accompagnés de leur famille ; sachant qu'il aura fallu sept longues années pour excaver le tunnel, on comprend que les hommes aient pris avec eux femmes et enfants. La population du village passa de 445 habitants en 1900 à 3 554 dix ans plus tard. Une véritable ville supplémentaire sortit de terre, avec des baraques, des échoppes, une école, un hôpital et une église catholique pour les immigrants.

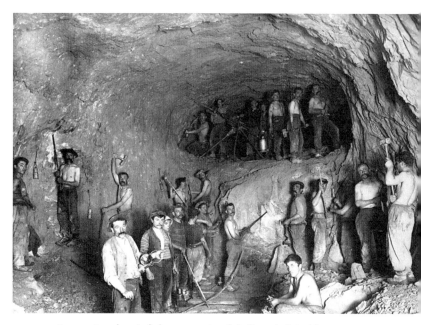

Les ouvriers chargés de la construction de la ligne du Lötschberg, qui passe sous les Alpes, étaient des émigrés italiens

J'ai envie de demander à Mme Agostino si son nom ne lui vient pas d'une de ces familles demeurées ici après l'achèvement des travaux – certainement –, mais la question est un peu trop personnelle pour être posée à une guide de musée, surtout en Suisse. Je me concentre donc sur l'histoire du lieu. Une fois le tunnel terminé, le site fut laissé à l'abandon jusqu'à ce que lord Baden-Powell, un habitué de la vallée, y voie une opportunité et rassemble la somme nécessaire pour acquérir cette parcelle, et entreprendre ainsi l'invasion annuelle des scouts.

Alors que les Italiens s'affairaient à percer le tunnel, les Suisses construisaient des hôtels. Ils prévoyaient que le rail transformerait l'économie locale, c'est pourquoi ils voulaient être prêts pour le grand assaut : en 1914, il y avait déjà 30 hôtels et pensions de famille dans le village, dont beaucoup avaient même leur propre patinoire pour répondre à la demande croissante en hiver. Confiant en un avenir favorable, Kandersteg se désolidarisa de son voisin Kandergrund en 1908 et créa sa propre commune, une étape importante en Suisse, comme nous l'avons vu précédemment. Évidemment, les vaches grasses ne durèrent qu'un temps et, moins d'un an après l'ouverture du tunnel du Lötschberg, un duc autrichien avec une grande moustache était tué à Sarajevo. Le monde entier s'effondra dans ce qui fut le désastre de la première moitié du 20e siècle, et Kandersteg ne fut pas le seul endroit à souffrir des conséquences. Même épargnés par les balles et les bombes, les touristes et les marchands avaient déserté les lieux. Il faudra attendre des années avant qu'ils ne reviennent en force.

. . .

Le dernier chapitre marquant de l'histoire de ce village fait encore parler de lui: en 2007, un nouveau tunnel, plus long que celui du Lötschberg, fut inauguré dans le cadre du plan national de transport ferroviaire. Avec une longueur de 34,6 km, c'est en fait le plus long tunnel au monde, il diminue le temps de trajet entre Berne et Brigue de 40 %. Des trains à deux étages et surtout des trains de fret (deux tiers des marchandises circulant en Suisse sont acheminées par le rail) peuvent désormais filer sous la montagne en un temps record. Les Suisses célèbrent l'ouverture de tous les tunnels, mais cette fois la fête prit plus d'envergure qu'à l'accoutumée: vente de tickets des mois à l'avance pour participer au tout premier trajet, fanfares, discours, saucisses grillées et voies bénites par les deux divisions religieuses du pays, c'est-à-dire les catholiques et les protestants. Tout le monde peut maintenant se réjouir d'aller faire du shopping en Italie en gagnant une heure sur chaque trajet. Tout le monde, sauf les habitants de Kandersteg.

Le rail qui avait conduit les visiteurs en masse jusqu'à Frutigen, où ils passaient ensuite une journée entière à bord d'une calèche pour traverser la vallée, conduisit ces mêmes hordes de touristes directement au cœur de Kandersteg, transformant radicalement le village. Aujourd'hui, la ligne ne passe plus ni par l'un ni par l'autre, et les Intercity ne s'arrêtent plus depuis longtemps dans chaque village, mais s'engouffrent sous la terre aux abords de Frutigen pour réapparaître seize minutes plus tard de l'autre côté des Alpes bernoises. Les anciennes lignes grimpent encore jusqu'à Kandersteg en passant par le premier tunnel, avant de redescendre dans la vallée du Rhône, mais elles sont réservées aux trains locaux. Comme le dit si bien Mme Agostino : « Ce fut un grand choc. Tout d'un coup, les gens ne s'arrêtaient plus chez nous. » Au lieu de ça, ils continuaient directement vers les sommets et traversaient les prairies du Valais ; Bâle, Zurich et Brigue étaient desservies en deux heures ; les skieurs et les randonneurs pouvaient prévoir des excursions à la journée. La vallée de la Kander, menacée par le même devenir que le col de la Gemmi, décida de se battre.

Kandersteg peut se targuer d'avoir à sa porte de splendides paysages, dont les eaux turquoise du lac d'Œschinen, mais ce genre de phénomène est plutôt fréquent en Suisse. Un lac magnifique et des sommets enneigés ne suffisent donc pas à attirer les foules. C'est pourquoi le village misa plutôt sur son héritage en instaurant la semaine Belle Époque à la fin du mois de janvier. Chaque année, les villageois en costumes vaquent à leurs occupations quotidiennes comme s'ils étaient en 1913 : des femmes en grande toilette avec ombrelle à volants, des hommes en uniforme de régiment, des « servantes » tirant des luges chargées de victuailles, des écoliers en culottes et chaussettes de laine. On s'adonne au curling ou à l'équitation, on boit le thé et on dîne aux chandelles. La poste et la Coop sont camouflées derrière de grands panneaux pour leur redonner des airs d'autrefois, et dans la gare les affiches sont changées pour paraître plus authentiques. Aussi réalistes que les décors de *Downton Abbey* en plein hiver et ça fonctionne. Durant cette semaine-là, il n'est pas rare de voir des mètres de tweed et de dentelles déambuler dans la gare de Berne, lorsque les voyageurs changent de train pour Kandersteg. Les villageois, mais aussi les visiteurs, se ruent sur les malles de leurs grands-pères et écument les antiquaires pour trouver la tenue parfaite. Les hauts-de-forme et les crinolines reviennent à la mode, du moins dans un petit coin de la Suisse, sept jours durant.

Frutigen, à l'inverse, s'est tourné vers l'avenir. L'une des surprises engendrées par le forage du nouveau tunnel fut l'apparition d'une source d'eau chaude, même si avec Loèche-les-Bains, juste de l'autre côté de la montagne, on pouvait s'y attendre. Comme cette eau naturellement chauffée à 20 °C ne pouvait en aucun cas être pompée vers la rivière, dont elle aurait ébouillanté les poissons, on décida de l'utiliser à deux fins utiles : cultiver des fruits exotiques et produire du caviar. Dans la Maison tropicale de Frutigen, l'eau qui afflue au rythme de 100 litres par seconde permet de chauffer la serre où poussent allègrement goyaves, papayes, bananes et mangues. Dans le bâtiment adjacent, cette eau riche en minéraux constitue le bain idéal pour les esturgeons, car il rassemble les conditions de la Sibérie en été ; même au cœur de l'hiver, les poissons ont bien chaud dans leur eau tempérée. Et chose inhabituelle en Suisse, les visiteurs peuvent acheter sur place des fruits et du caviar ; 315 francs pour 50 g, c'est donc un luxe partout dans le monde.

L'histoire de la vallée de la Kander, au cours des cent cinquante années passées, reflète celle du tourisme en Suisse durant la même période. Un flot continu de visiteurs s'est toujours frayé un chemin pour admirer la « beauté déconcertante » – selon les termes de Mlle Jemima –, mais les services étaient limités. L'avènement des voyages en train et des visites en groupe a apporté l'impulsion pour le changement et les moyens d'y parvenir. Les bergers sont devenus des guides de montagne, les fermiers des aubergistes, des hôtels et des emplois ont été créés. Chacun pouvait bénéficier de l'affluence touristique, et l'argent liquide générait bien plus de revenus que les vaches dans les pâturages. Mais comme le savent les fermiers, il ne faut jamais mettre tous ses œufs dans le même panier. Même si les paysages demeurent inchangés, la guerre et la crise, les changements d'habitudes et de technologies, ne garantissent pas le nombre de visiteurs qui viennent les admirer. La Suisse possède toutefois un avantage naturel majeur avec les Alpes, mais elle ne peut s'en satisfaire. Bien que le pays ait été le berceau du tourisme de masse, il doit continuellement s'adapter pour attirer les générations suivantes de visiteurs.

. . .

Aujourd'hui, c'est le 1er août, le jour de la fête nationale suisse, et Kerry décide que c'est le meilleur moment pour découvrir l'instrument de musique le plus difficile au monde et pour l'essayer. La jolie petite cuisine du chalet B&B n'étant pas tout à fait adaptée à la pratique d'un cor de 3,5 m de long, nous sortons dans le jardin pour un concert improvisé. Soleil, montagnes, muesli et harmonieuse mélodie du cor des Alpes : je ne peux pas imaginer meilleure manière pour entamer une journée de fête nationale.

Les jours fériés en Suisse sont religieusement observés, même lorsqu'ils sont séculaires. Certaines dates sont nationales, telles que Noël et le 1er août, d'autres sont en vigueur dans les cantons catholiques, comme l'Assomption (c'est-à-dire le 15 août – pour les protestants qui ne le savaient pas, moi y

L'arrivée du chemin de fer a changé à jamais le visage de la vallée de la Kander

compris, avant d'habiter en Suisse), et d'autres sont réservés aux cantons protestants, qui par défaut en ont moins que les catholiques, donc ils ont inventé le 2 janvier par exemple, pour compenser. Certains sont spécifiques à quelques cantons, comme le Tessin qui célèbre son saint-patron le 29 juin. Dans tous les cas, les jours fériés sont traités comme des jours sacrés, ce sont des dimanches supplémentaires où tout s'arrête.

En Suisse, les dimanches restent chasse gardée, un vrai jour de repos – on n'ira pas forcément à l'église, mais en aucun cas on osera laver sa voiture, nettoyer les fenêtres, bricoler ou trier les bouteilles. Car aucune de ces activités n'est propice au repos, à la relaxation, au partage entre amis ou en famille. Quant au shopping, vous pouvez oublier. Quelques rares magasins sont ouverts dans les gares, les aéroports et les stations services, mais toutes les rues commerçantes du pays affichent porte close jusqu'au lundi matin 9 heures. Ayant vécu à Londres pendant quinze ans, il m'a fallu un certain temps pour me faire à l'idée que les magasins fermaient donc trente-neuf heures d'affilée, juste au moment où on en a le plus besoin. Mais finalement, j'aime bien ça. Non que je sois devenu chrétien, mais simplement parce que c'est agréable d'être obligé de tout débrancher une journée par semaine. Vous pouvez aller au cinéma, rendre visite à des amis, lire un livre, ou peut-être, en bons Suisses, faire une marche. Ceci dit, en Suisse, une marche dominicale ressemble à une randonnée dans n'importe quel autre pays : 400 m de dénivelé au minimum, des chemins caillouteux, chaussures et bâtons indispensables. Bien sûr les points de vue sont magnifiques, mais comme vous arrivez très fatigué, vous ne savez même plus quelle montagne vous avez vue.

Après notre intermède musical, nous reprenons finalement le train. Pour Mlle Jemima, de vacances nulle trace, d'une part parce qu'elle vint en Suisse avant l'instauration de la fête nationale et d'autre part parce qu'elle avait un long voyage. Comme toujours, elle se levait à l'aube et se mettait en chemin avant même que les oiseaux aient vu pointer le jour :

> "Lever à 4h30, petit-déjeuner rapide, et déjà nous étions assis dans une vieille calèche branlante, conduite par une paire de chevaux à l'aspect douteux, pressés de prendre le bateau à Spiez sur le lac de Thoune. Les collines pour descendre à Frutigen étaient très raides. Les chalets le long de la route étaient plus prétentieux que tous ceux que nous avions vus précédemment, les jardins plus propres et un certain esprit d'entreprise s'exprimait sous forme d'un hôtel entouré de jardins dessinés

avec goût. Mais n'y avait-il pas une explication fort simple à cela ? Nous étions dans un canton protestant. "

Le monde semblait parfois ou tout blanc ou tout noir pour les Britanniques de l'époque victorienne : les protestants, travailleurs, prospères et simplement meilleurs de par bien des aspects ; les catholiques, quelque peu suspects avec leur pape, leur célibat contre nature, leurs cloches et leur encens. Vous pouvez presque entendre le soupir de soulagement de Mlle Jemima lorsqu'elle revint en terre réformée. À cette époque, la différence principale entre les niveaux de vie des catholiques valaisans et des protestants bernois était marquée par le fait que les premiers avaient moins de vaches mais plus de jours fériés. Mais aujourd'hui est un jour férié national, et les drapeaux suisses flottent partout dans les airs. C'est un témoignage modeste mais visible de patriotisme, pas autant que ne l'est le 4 juillet, mais assez pour être remarqué.

Les Suisses adorent arborer leur drapeau, bien que généralement ce soit le cantonal plus que le national. Peut-être parce que cette croix blanche sur fond rouge, reconnaissable de tous, n'est pas si ancienne qu'on pourrait le croire. Le drapeau carré (l'un des deux seuls drapeaux carrés au monde, l'autre étant celui du Vatican) fut tout d'abord utilisé comme drapeau militaire pendant la courte guerre civile de 1847, mais les dimensions exactes de la croix centrale ne furent définies qu'en 1889. Seuls les Suisses pouvaient délibérer pendant des années sur un aussi petit détail que les dimensions d'une croix. Pourtant, il aura fallu une décision du Parlement pour régler le différend, spécifiant qu'une croix suisse devait avoir des bras d'égale longueur, mais un sixième plus long que large. Mlle Jemima arriva vingt-six ans avant la décision, et la vision d'une croix suisse aux proportions déformées a dû se révéler particulièrement troublante. En ce qui concerne la nuance exacte de l'écarlate, les débats ont duré plus d'un siècle, jusqu'à ce qu'en 2007 on décide pour le Pantone 458. Ne vous inquiétez pas, pour vous comme pour moi, c'est du rouge.

Difficile de se rendre quelque part en Suisse, quelle que soit la période, sans voir du rouge et du blanc flottant au vent. Peut-être parce que les habitants ont besoin de se rappeler qu'ils sont suisses. On dit souvent qu'un Suisse se sent réellement suisse seulement quand il quitte le pays ; jusque-là il se sent appartenir à son canton plus qu'à son pays. Mais c'est peut-être simplement une question de marketing bien réussi. Car il n'y a rien de mieux qu'un peu de notoriété nationale pour vendre des souvenirs et rappeler aux visiteurs qu'ils sont en Suisse, non en Suède. En outre, le 1er août tombe exactement en pleine saison touristique et n'a été déclaré fête nationale suisse qu'en 1891, pour le 600e anniversaire du serment de la Confédération. Le problème c'est que personne ne sait vraiment quand ce serment a été prononcé exactement. Le document signé par les trois premiers cantons (Schwyz, Uri et Unterwald) stipule « conclu au début du mois d'août de l'an 1291 ». Un manque de précision inquiétant pour des Suisses. Après avoir vécu six cents ans dans le doute, il fut décidé que ce serait le 1er jour du mois, puisque celui-ci correspondait de toute évidence « au début ».

. . .

Lorsque nous arrivons à Spiez sur les bords du lac de Thoune, nous voyons des drapeaux accrochés à tous les endroits possibles et imaginables : antennes de voitures, chantiers de construction, balcons et lampadaires ; il existe même des mâts, et pas toujours officiels. Je ne me souviens pas avoir vu un mât à drapeau dans un jardin privé en Grande-Bretagne. Si j'habitais à côté d'un état-major je comprendrais, mais là je trouve quand même un peu bizarre de planter un mât entre le barbecue et le pied de basilic. On se croirait aux États-Unis, mais nous sommes bien en Suisse.

Nous pourrions facilement changer de train à Spiez et continuer jusqu'à Interlaken, mais le Junior United Alpine Club ne disposait pas de cette option. Le train n'arriverait jusqu'ici que trente ans plus tard, si bien qu'ils ont pris le bateau, même si l'affaire n'était pas aussi simple qu'il n'y paraît. Depuis le quai près de l'imposant château, ils embarquèrent sur une barge à rames pour aller au-devant du bateau à vapeur en provenance de Thoune, la ville principale à l'extrémité nord du lac. Aujourd'hui, nous pouvons attendre au bord de l'eau que notre bateau accoste pour embarquer. C'est parce qu'il marque tous les arrêts de cette manière que la durée totale du voyage s'est allongée. Alors qu'il fallait auparavant une heure et quart pour traverser le lac, il faut compter aujourd'hui un peu plus de deux heures. Comme quoi, tout n'est pas devenu plus rapide.

Le premier bateau à vapeur entra en service sur le lac de Thoune au milieu des années 1830 et, lorsque Mlle Jemima embarqua à son tour, la concurrence était rude, surtout parce que Thoune était accessible en chemin de fer depuis 1859, mais pas plus loin. Après, les voyageurs n'avaient pas d'autre choix que de rejoindre Interlaken en bateau ou en calèche, Murray précise toutefois que «le bateau à vapeur ne transporte pas les calèches», probablement un avertissement adressé aux voyageurs assez riches pour venir de Grande-Bretagne avec leur propre attelage. C'était le bon temps, si vous aviez de l'argent. Notre bateau à aubes, le Blümlisalp, fut inauguré en 1906 – la popularité du lac de Thoune était alors à son apogée –, lorsque la moitié de l'Europe venait profiter de la vue depuis les ponts en bois, voguant sur les eaux calmes et bleu-vert. Ensuite la guerre fit rage, entraînant de sévères pénuries de charbon et l'ère des bateaux à moteur. Finie l'élégance. En 1971, le Blümlisalp fut retiré de la flotte, rappel indésirable d'un glorieux passé. Il survécut néanmoins et reprit du service vingt ans plus tard, restauré, repeint et plus populaire que jamais – un immense signe blanc qui navigue gracieusement.

Aussi raffiné soit-il, le Blümlisalp n'a pas oublié d'être imposant. Il mesure en effet 63 m de long pour 13 m de large, peut transporter 750 passagers et atteindre 25 km/h. Une fois lancé, on dirait une duchesse douairière, formidable, majestueuse et imparable. Aujourd'hui, elle aura besoin de toute sa puissance pour rallier Interlaken, car il semble que le nombre maximal de passagers soit atteint. Les ponts de la seconde classe sont bondés, chaque espace possible est occupé, même les genoux des uns et des autres.

Normalement, je reste en bas sur le pont inférieur pour contempler la technologie d'un bateau à aubes en pleine action : les lourds pistons de pompage montent et descendent, l'immense roue rouge envoie l'eau dans tous les sens, l'odeur douceâtre de l'huile chaude, les embardées discrètes jusqu'à ce que le bateau trouve son rythme. C'est magnifique. Mais aujourd'hui, nous ne pouvons même pas approcher la rampe en laiton qui entoure le cœur battant du bateau tant il y a de monde, et la chaleur collante de la vapeur mélangée à la sueur est rédhibitoire. Il est temps de voyager un peu plus élégamment, nous montons à l'étage vers la tranquillité relative de la première classe. Ce bateau suisse est l'équivalent de la classe affaire quand vous embarquez dans un avion. Ici, nous avons une vue parfaite sur ce que Mlle Jemima qualifie de « panorama d'une grande beauté » : les sommets de l'Eiger, du Mönch et de la Jungfrau. Avec du bon air en prime.

Tandis que le bateau à aubes progresse vaillamment, traçant un sillon sur la surface de l'eau, une brise bienvenue nous chatouille le visage et souffle sur l'immense drapeau suisse accroché en haut du mât. Difficile d'imaginer un instant plus reposant que ce moment assis sur un des ces joyaux de la Belle Époque, tout en bois et cuivre polis, entouré d'eau étincelante et de montagnes. Une vraie belle traversée tranquille. Nous pouvons nous reposer jusqu'à l'arrivée à Interlaken, capitale touristique de la Suisse.

Le Paris des Alpes

« *Interlacken était autrefois une ville très suisse ; elle est en train de devenir progressivement un petit Paris ou un petit Bruxelles. La mode et la gaieté y sont chez elles, et tout être en quête de plaisir élira la ville comme l'une des plus charmantes de Suisse.* »

—*Cook's Tourist's Handbook to Switzerland, 1874*—

Le Paris des Alpes

Le sommet blanc de la Jungfrau a toujours dominé l'horizon d'Interlaken

Contrairement à la croyance populaire, les transports publics suisses n'ont pas toujours été synonymes d'organisation parfaite ou de ponctualité extrême. En 1863, les choses étaient très différentes. Le chemin de fer encore tout jeune ne parvenait pas à rivaliser avec les voitures, les bateaux et les chevaux utilisés comme moyens de transport dans la majeure partie du pays, notamment à Interlaken. Cette ville touristique est située au bord de l'Aar, dans la plaine séparant les lacs de Thoune et de Brienz, d'où son nom (Interlaken, « entre les lacs »), quoique celui-ci soit une création récente : en effet, le village s'appelait à l'origine Aarmühle, mais, plus connu sous le nom d'Interlaken (écrit tantôt Interlacken, tantôt Interlachen), il prit officiellement ce nom en 1981.

C'est à sa situation particulière, entre les lacs et au pied des montagnes, qu'il doit son statut de destination incontournable dans tous les tours de Suisse. La ville en elle-même, pas si jolie à vrai dire, n'y est pas pour grand-chose ; c'est le site qui fait tout, et la région aussi, véritable point de départ pour tous ceux qui veulent explorer les hauteurs de l'Oberland bernois. Atteindre Interlaken avant l'arrivée du chemin de fer en 1873 signifiait entreprendre un voyage paisible en bateau sur le lac de Thoune, puis un autre, plus mouvementé, en calèche jusqu'à la ville. Les bateaux à vapeur étant trop gros pour remonter l'Aar, ils accostaient donc à Neuhaus, à environ 4 km du centre de la ville, et précipitaient leurs passagers dans le tourbillon des calèches en attente de clients.

Dans *Die Erste Eisenbahn des Berner Oberlandes* (« La première voie ferrée de l'Oberland bernois »), F. A. Volmar décrit la façon dont les touristes qui débarquaient étaient assaillis par les caléchiers, qui cherchaient désespérément à tirer profit de la situation, et comment ceux qui résistaient étaient « abreuvés d'injures ». Plus tard, lorsqu'on eût interdit aux conducteurs de quitter leur calèche, ceux-ci hélaient les passants pour attirer leur attention, prenant même des passagers gratuitement pour empêcher leurs concurrents de gagner de l'argent. En 1870, 244 attelages de chevaux (dont 35 omnibus) effectuaient le court trajet jusqu'à Interlaken. La seule alternative à ce mode de transport consistait à longer à pied la même route, c'est-à-dire affronter la tempête de sable générée par les calèches et « patauger jusqu'aux chevilles dans les excréments de chevaux ».

Le trajet en calèche n'était pourtant guère plus confortable. Volmar cite un touriste qui se plaint de voyager « le long de la route étroite et dangereuse... Ceux qui n'étaient pas assis dans la calèche en tête du long cortège de voitures étaient pris dans une véritable tempête de poussière, et devaient composer avec les mouches, un véritable fléau, et les bandes de mendiants ». Grâce aux milliers de touristes affluant chaque année pour la saison d'été, les opportunités d'affaires ne manquaient pas, mais il fallait se battre avec acharnement pour gagner. En 1863, les six bateaux à vapeur du lac de Thoune transportèrent plus de 160 000 passagers et, au cours de l'été 1867, ils furent 24 684 (le quart d'entre eux étaient anglais) à séjourner au moins une nuit à Interlaken. Les premiers touristes anglais amateurs de sports d'hiver arrivèrent l'année suivante et, en 1870, la ville comptait déjà 73 hôtels et chambres d'hôtes. Il n'y en a plus que 31 aujourd'hui.

Le rétrécissement sale et poussiéreux à Neuhaus a peut-être servi aux conducteurs de calèches, mais n'a pas pu prendre en charge le nombre croissant de touristes. La seule solution au problème était de construire une voie ferrée, et elle ne tarda pas à être mise en place. La première section de la Bödelibahn (le terme Bödeli fait référence à la plaine qui sépare les lacs), reliant le lac de Thoune à Interlaken, ouvrit en août 1872 : des trains à deux étages (celui du dessus étant à ciel ouvert) circulaient à 25 km/h. Les plus fortes protestations vinrent des

Une flotte d'omnibus tirés par des chevaux parcourait autrefois sans relâche la route qui reliait Interlaken et le lac de Thoune

conducteurs de calèches, auxquels le flot de touristes ne posait pas de problème ; ils voulaient conserver leur source de revenus et savaient tous ce que déclencherait le progrès : comme à Frutigen, l'arrivée des wagons de chemin de fer mènerait à la disparition immédiate des calèches.

Aujourd'hui, les trains à deux étages longent toujours le lac de Thoune jusqu'à Interlaken, bien qu'ils n'aient plus d'étage à ciel ouvert et soient composés de plus de trois wagons. La Bödelibahn d'origine, remplacée par des rails plus modernes, a disparu depuis longtemps, mais on remarque toujours sa présence. Bien qu'Interlaken ne compte qu'environ 5 000 habitants, la ville peut se targuer d'avoir deux gares, la gare West et la gare Ost, situées chacune à un bout de la longue rue principale. Elles sont les descendantes directes des deux gares de la Bödelibahn, reliques d'un projet depuis longtemps oublié, ayant survécu grâce à une autre bizarrerie : une voie ferrée qui traverse l'Aar à deux reprises entre les deux gares, et ce sans aucune raison géographique. La ligne pourrait facilement longer la rive sud sans rencontrer le moindre obstacle, mais les concepteurs du projet étaient sournois : ils savaient que pouvait venir un temps où l'Aar serait élargi dans le but de créer un canal navigable entre les deux lacs. Une initiative de ce genre mettrait les bateaux à vapeur et leurs trains en concurrence directe, et les touristes pourraient tout bonnement prendre le bateau jusqu'à Interlaken. Ils détournèrent donc la nouvelle voie ferrée en lui faisant traverser l'Aar dans un sens, puis dans l'autre, créant ainsi un double passage qui empêcherait tout projet de canal de se réaliser.

On prévoyait aussi de construire une grande gare au centre de la ville, sur la rive sud de l'Aar, derrière l'enfilade des hôtels de luxe – c'eût été commode pour les touristes, mais pas pour les affaires. Les gens habitant à proximité de la gare West, la plus proche du centre, craignaient que le déplacement de la gare ne provoquât la « ruine financière » de leurs magasins. C'est en fin de compte l'impossibilité de faire amarrer des bateaux à côté de n'importe quelle nouvelle gare, à cause des deux ponts ferroviaires, qui provoqua l'abandon du projet. Les trains d'aujourd'hui continuent à faire ce détour inutile et les bateaux ne peuvent toujours pas circuler sur l'Aar, bien que l'on ait creusé des canaux pour permettre aux bateaux de se rapprocher du centre-ville. Quant aux deux gares, elles desservent toujours leurs lacs respectifs, la West celui de Thoune, et l'Ost celui de Brienz, de sorte que les passagers peuvent passer directement du bateau au train, et inversement.

Abstraction faite des anomalies géographiques, la Bödelibahn est un cas intéressant, car elle permet d'expliquer pourquoi et comment de nombreuses voies ferrées ont été construites en Suisse : en fait, derrière tout ça, il y a le tourisme. En Grande-Bretagne et en Allemagne, la plupart des lignes ont été construites dans le but principal de relier les villes, les usines et les ports entre eux, et de transporter du charbon, des biens et des ouvriers ; les voies de chemin de fer étaient littéralement le moteur de la révolution industrielle. La donne était différente en Suisse, puisque le pays n'avait ni charbon et ni grandes villes. La raison d'être de lignes comme la Bödelibahn était donc de véhiculer plus efficacement les touristes vers les montagnes. Interlaken n'était ni un centre économique important ni une localité significative et, sans les touristes, la ligne n'aurait pas été viable, du moins pas dans les années 1870. C'est le tourisme qui insuffla la vie à de nombreuses lignes de train et leur permit de continuer à fonctionner. Les lacs et les montagnes de l'Oberland bernois étaient une destination très prisée, surtout des Britanniques, qui venaient par milliers. Dans ces régions montagneuses, loin des usines et de l'argent qui circulait dans les villes, les touristes devenaient la principale source de revenus et le principal motif de développement. Pas de touristes, pas de trains – et pas de trains, pas de touristes (ou du moins pas en grand nombre). Les deux fonctionnaient en symbiose, chacun y trouvait son compte.

Arrivés neuf ans avant que le train fasse lui-même son entrée sur le quai n° 1, Mlle Jemima et ses amis ne savaient rien de tout cela. Mais ils ont habilement réussi à éviter la mêlée sans nom des calèches après être descendus du bateau, en optant pour la route panoramique qui mène à Interlaken par la vallée de Lauterbrunnen, quelques kilomètres au sud. M. William a tout de même avoué à son père que «le paysage de la vallée de Lauterbrunnen est très célèbre, mais nous sommes si fatigués que nous avons somnolé durant tout le voyage».

Le paysage est célèbre à juste titre. La vallée de Lauterbrunnen est une vallée glaciaire en forme de U, l'un des sites naturels les plus merveilleux de Suisse, et semble tout droit sortie d'un manuel de géographie : des parois rocheuses à l'inclinaison presque verticale, de vertes prairies coiffant le sommet des falaises, un plancher plat et large, une rivière petite mais vive, et surtout des cascades vertigineuses qui fendent l'air à la vitesse de l'éclair. Mlle Jemima s'est aventurée là-haut pour une seule et unique raison : voir une de ces chutes d'eau, en l'occurrence les chutes du Staubbach, que Wordsworth appelait « la cascade céleste ». Le nom peut littéralement se traduire par « chutes du ruisseau de poussière », même si le terme de brume conviendrait tout autant. Le Staubbach est un petit ruisseau, donc aucune puissante cataracte ne se déverse en tonitruant du haut de la falaise. La cascade est en fait un voile long et délicat composé de minuscules particules portées autant par le vent que par la gravité, typiquement le genre de belle cascade que l'on trouverait à Fondcombe, sous les fines gouttelettes de laquelle les elfes pourraient laver leurs boucles blondes.

La chute d'eau, d'une hauteur de 297 m, étant l'une des plus hautes d'Europe, elle mérite assurément un examen plus approfondi. Le chemin qui serpente à travers le village depuis la gare semble être presque toujours à l'ombre en hiver ; les falaises nues environnantes sont si hautes qu'elles ne permettent guère au soleil d'atteindre le plancher de la vallée, même si le brouillard ne s'accroche pas sur les berges de la rivière. Vous pouvez voir les chutes le long du trajet, mais, une fois à leur pied, vous ne pouvez que les entendre, tant l'extrême finesse des gouttes éclabousse la roche. Lord Byron en parle ainsi :

Je n'ai jamais rien vu de tel. Elle ressemblait à un arc-en-ciel venu en visite sur terre, si proche que l'on pourrait y pénétrer.

Aujourd'hui, vous pouvez presque entrer à l'intérieur grâce à un sentier qui monte le long de la paroi rocheuse, la perce pour passer à travers et ressort derrière le voile d'eau : il fait sombre et ça glisse à cause de l'eau qui ruisselle à travers chaque fissure, mais cela vaut la peine d'y aller pour la vue sur la vallée et les montagnes, à travers « la queue d'un cheval blanc flottant dans le vent » (toujours selon Byron).

Le plus étonnant, ici, ce n'est pas la vue, mais le peu de gens qui viennent l'admirer. Pour la plupart des touristes, Lauterbrunnen n'est qu'un lieu de correspondance pour le Jungfraujoch, la plus grande gare d'Europe, et ils se contentent de prendre le Staubbach en photo d'une fenêtre du train. La vallée était célèbre pour ses dentelles et ses 450 dentellières (issues de 650 familles), qui exercèrent leur métier jusqu'en 1917. Il s'agissait littéralement d'une activité familiale, à l'instar de nombreuses disciplines artisanales en Suisse, comme la sculpture sur bois ou la broderie. À l'époque où les fabriques n'étaient pas encore mécanisées, une grande partie du travail était confiée à des ouvriers (et à des ouvrières), payés à la journée, qui travaillaient chez eux. Un ouvrier à domicile dans le secteur textile gagnait environ 1,5 franc (soit 22 francs aujourd'hui) pour une journée de douze heures, ou environ la moitié du salaire quotidien d'un tailleur expérimenté. Ce maigre revenu ne permettait même pas d'acheter un kilo de beurre ou une nouvelle chemise (qui coûtaient plus de 2 francs). Des ouvriers britanniques travaillant dans le même secteur gagnaient deux fois plus.

La dentellerie était parfois la principale source de revenus, mais elle venait souvent en complément de ce que gagnaient les villageois grâce à l'agriculture, en particulier lors des mois d'hiver. Ces activités finirent par ne plus être rentables à cause de l'industrialisation, de sorte que la production fut déplacée dans des usines. Mais les disciplines artisanales traditionnelles survécurent tout de même sous la forme de souvenirs. Mlle Jemima avait remarqué la chose suivante :

Wordsworth décrivait les chutes du Staubbach de Lauterbrunnen comme "cette cascade céleste"

"La route qui relie les chutes à l'auberge était bordée de boutiques de sculptures sur bois et longée par de jeunes mendiants qui vendaient des fleurs ou des galets."

Lorsque les revenus n'étaient pas suffisants, les autochtones, au lieu de travailler chez eux, devenaient guides touristiques ou portiers dans les hôtels. La seule chose à laquelle ils devaient s'adapter, étant habitués à avoir plusieurs emplois, était la nature du second travail.

Aujourd'hui, on trouve encore une vingtaine de dentellières à Lauterbrunnen, mais le village est désormais connu pour quelque chose de beaucoup plus passionnant que les napperons. En effet, pour inciter les gens à y séjourner plus que les sept minutes nécessaires au changement de train, il s'est reconverti en un centre de sports d'aventure, attirant ainsi les amateurs de rafting, d'escalade et les gens assez fous pour sauter du haut des falaises. Ces derniers ne sont pas de simples parapentistes, mais des base-jumpers : ils sautent d'un objet fixe (comme une falaise) et chutent à une vitesse de 190 km/h, ce qui ne leur laisse que quelques secondes pour ouvrir un petit parachute. La station de Mürren, située en haut d'une falaise, à 800 m au-dessus de Lauterbrunnen, est un point de départ très apprécié des base-jumpers. Il y a, non loin du centre du village, une sorte de plongeoir en métal qui dépasse de la falaise. Regarder quelqu'un se tenir sur cette plate-forme, faire deux pas et sauter avec les bras et les jambes écartés met les nerfs à rude épreuve. Si tout se passe bien, il atterrit (car oui, en général, ce sont des hommes) sur le sol dix secondes plus tard, mais, malheureusement, ce n'est pas toujours le cas. Il y a un mort presque tous les ans, et la Swiss Base Association a créé sur son site Web une page intitulée The Dark Side (« le côté sombre »), sur laquelle figure la liste de toutes les personnes auxquelles ce sport a coûté la vie. Le plaisir peut être parfois fatal.

La vallée de Lauterbrunnen compte 71 autres cascades, même si, en été, quand les torrents sont réduits à l'état de filets d'eau, vous seriez bien en peine d'en dénombrer autant. Pour ma part, celle que je préfère n'est pas la Staubbach, qui se déverse selon un axe perpendiculaire, mais celle du Trümmelbach, en forme de tire-bouchon ; une série de 10 cascades qui passent dans une montagne, accessibles uniquement par un ascenseur creusé dans la roche. Leurs eaux issues de la fonte des glaciers, très haut au-dessus d'elles, viennent s'écraser à une vitesse de 20 000 litres par seconde, emplissant les grottes d'un grondement de tonnerre et attirant des curieux trempés assez courageux pour aller jusqu'au bord. Rien à voir avec les chutes du

Niagara, mais cela n'empêche pas de ressortir sous le soleil éblouissant mouillé, sourd et prêt à y retourner, surtout quand il fait 35 °C dehors. Pas besoin d'air conditionné quand on a une cascade souterraine sous la main.

À Interlaken, il n'y a pas d'attractions touristiques naturelles évidentes ; c'est le site qui fait tout. Alors que la gare West ne se compose que de deux tout petits quais, la gare Ost ressemble à une grande gare de banlieue. Les longs trains intercités, qui vont parfois jusqu'à Hambourg, y ont tous leur terminus, tout comme les rails à écartement normal. Si vous voulez aller dans les montagnes ou à Lucerne en passant par les collines, vous devez en effet changer pour une voie ferrée plus étroite. Par conséquent, les quais sont plutôt bondés pendant les hautes saisons d'été et d'hiver ; les horaires des trains suisses sont réglés avec tant de précision que vous n'avez que quelques minutes pour trouver votre prochain train dans la foule. Ce n'est pas aussi mouvementé que les voyages en calèche de Neuhaus (ni cris ni mendiants), mais il arrive qu'on perde son au milieu des vagues de passagers en transit.

La présence de tous ces trains fait d'Interlaken une base commode pour les vacances ; et l'organisation des systèmes de transport permet d'accéder à d'autres endroits situés dans des paysages enchanteurs, dominés par le sommet de la Jungfrau coiffé de neiges éternelles, et visibles d'à peu près partout. La ville a changé au cours des cent cinquante dernières années, mais ça, non. Comme Murray le dit :

> *À Interlaken, il y a peu de sites ou de monuments célèbres à voir pour le touriste ou le voyageur de passage, qui n'est pas obligé de s'y arrêter à moins d'avoir besoin de se reposer. La superbe situation de la ville, toutefois, sur une petite plaine entre les lacs avec vue sur la Jungfrau, dont le sommet enneigé est visible à travers une trouée dans la petite chaîne des Alpes, sa proximité*

avec de nombreux sites intéressants et certaines des excursions les plus agréables de Suisse... tout cela en a fait une sorte d'oasis envahie par les Anglais, les Allemands, les Américains et d'autres visiteurs étrangers.

Ça, c'était avant l'arrivée du train, avant que commencent les vraies grandes invasions. La ville en elle-même est assez jolie, sans être extraordinaire. L'ancien village, Aarmühle, reste présent dans le quartier de la gare West, sous la forme de quelques petits bijoux d'architecture perdus au milieu de bâtiments modernes médiocres. Mais peu de touristes s'aventurent au-delà de la longue rue principale qui s'étire jusqu'à la gare Ost, en grande partie bordée par des cafés, des bars, des hôtels, des boutiques de souvenirs, et dotée de tous les attributs habituels d'une ville touristique, bien qu'ils soient ici un peu plus raffinés. On n'est pas sur les côtes espagnoles. Les choses ont tout de même bien changé depuis les années 1860, quand on lit dans le manuel de Murray : « Le village en lui-même, un ensemble de maisons aux murs blanchis à la chaux et aux minces stores verts, n'a absolument rien de suisse. » C'est toujours plus ou moins le cas aujourd'hui, bien qu'on trouve çà et là quelques références au style local (c'est-à-dire si l'on exclut le Hooters), mais Interlaken n'est plus un village aux maisons blanches : c'est une ville d'hôtels. Certains sont majestueux, d'autres fanés, comme le Schweizerhof, vide et perdu au milieu de la ville ; certains ont conservé quelque chose de leur grandeur passée ; certains ont préservé leur héritage, alors que d'autres l'ont massacré. À première vue, le Splendid semble mal porter son nom, à cause « du style malheureux dans lequel le rez-de-chaussée et le premier étage ont été rénovés », comme l'indique avec tact la notice historique de l'office du tourisme apposée sur le mur. Pour décrire ces transformations, il conviendrait mieux de les comparer à une grosse verrue défi-

Le Paris des Alpes

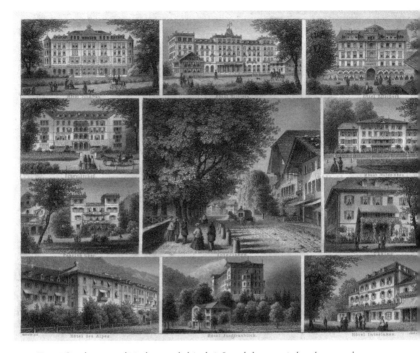

En 1863, il y avait déjà de grands hôtels à Interlaken, mais les plus grands n'avaient pas encore été construits

gurant une façade agrémentée de tourelles et de pignons qui, sans cela, serait fort belle.

La palme des hôtels d'Interlaken revient sans aucun doute au Victoria-Jungfrau, l'un des plus grands hôtels de Suisse. Lors du séjour de Mlle Jemima, il y avait encore deux petits établissements séparés, le Victoria et le Jungfrau, mais le propriétaire, Eduard Ruchti, et l'architecte français Horace Édouard Davinet en ont vite fait un temple du luxe à grande échelle : des centaines de chambres, des salles de lecture ornées de stucs, des salles de bal pleines de dorures et des terrasses ombragées. L'hôtel bénéficia de l'éclairage électrique huit ans avant les rues de la ville, mit en service le premier ascenseur d'Interlaken et fit installer le plus grand standard téléphonique interne de Suisse. Il atteint le sommet de sa gloire grâce à son élégante tour recouverte d'un dôme, ajoutée au bâtiment en 1899 et qui demeura le point culminant de la ville jusqu'à ce qu'elle soit éclipsée par ce qui pourrait concourir pour le prix de l'hôtel le plus laid de Suisse, si ce concours existait. Non seulement la tour en béton du Métropole est hideuse en elle-même, mais le fait qu'elle ait pris la place de l'ancien grand hôtel Ritschard et gâché un horizon urbain autrefois plaisant lui assure une place de choix au classement des horreurs. Pis encore, il domine les lignes gracieuses et les courbes élégantes du Victoria-Jungfrau, tel un tyran géant menaçant une vieille dame. Honte à celui qui a permis à ce projet de voir le jour.

L'hôtel contraste fortement avec un site qui prouve magnifiquement la capacité de la municipalité à penser à long terme : le grand espace ouvert au centre de la ville, face au Victoria-Jungfrau. Cet endroit, que l'on appelle la Höhematte, se trouvait autrefois en bordure du village et faisait partie du canton de Berne jusqu'à la Réforme, puis l'État vendit ses possessions en 1863-1864. Interlaken étant en plein essor à cette époque, on envisagea de diviser la ville en parcelles et de les vendre aux promoteurs qui tentaient de profiter du boom de l'hôtellerie. Cette initiative aurait englouti les vues préservées sur la Jungfrau et Interlaken serait devenu un lieu bien plus urbain, réduisant peut-être à néant la vraie raison de sa popularité. Heureusement, le projet ne fut jamais mené à bien. Tout le monde ne pensait pas que le développement urbain fût la solution au problème, et, après de nombreuses tergiversations, le parlement bernois finit par approuver le plan B : le projet de la Höhematte, mis sur la table par un groupe d'actionnaires qui jurèrent de laisser l'endroit vierge de toute construction. Ils ont toujours tenu parole. La Höhematte est restée un lopin de terre vert et agréable, où il n'est pas inhabituel de voir un fermier moissonner son foin.

Ce sont peut-être les grands hôtels qui ont donné à Hans Christian Andersen, habitué d'Interlaken, l'idée de baptiser la ville « Paris des Alpes ». Il exagère légèrement, mais, après tout, il écrivait des contes de fée extraordinaires. Le jugement de Thomas Cook était plus prosaïque : après avoir visité Interlaken en 1863, il surnomma la ville « la métropole des tours suisses » et « le Brighton ou le Scarborough de Suisse » (deux stations balnéaires très appréciées des Britanniques), essayant clairement de vendre l'idée qu'Interlaken était un lieu de vacances remarquable. Le *Guide to Cook's Tours* a néanmoins trouvé que la comparaison était mal choisie, étant donné qu'Interlaken se situe à 300 km de la mer et qu'on ne peut même pas voir les lacs du centre-ville. Deux ans auparavant, il avait décrit Interlaken comme le « Leamington ou le Cheltenham de Suisse » (deux villes thermales anglaises). L'absence de montagne d'au moins 4 000 m peut également constituer un léger problème, mais nous mettrons cela sur le compte de la licence poétique. Les brochures de voyage n'ont jamais eu la réputation de dire toute la vérité.

Au 19e siècle, Interlaken ressemblait très probablement à une petite ville anglaise, non en termes de paysages, mais en termes de société. Les membres de la classe moyenne supérieure y restaient plusieurs semaines pendant la « saison » et avaient hâte sans aucun doute de retourner chez eux, où ils devaient être attendus avec la même impatience. Le journal local annonçait même qui arrivait en ville pour que les gens sachent quand inviter les nouveaux venus – les amis pour le plaisir, les marchands pour les affaires. Comme dit Murray à propos d'Interlaken, « les interminables promenades à pied et à cheval, les parties de canotage sur les deux lacs, les pique-niques et les bals offriraient des divertissements pour une saison entière ». Pour Mlle Jemima et les autres, s'arrêter à Interlaken signifiait qu'ils auraient à nouveau accès à leurs malles, expédiées de Chamonix une semaine plus tôt. Ils pouvaient enfin espérer s'habiller pour le souper et devaient en avoir envie depuis longtemps : « Les dames, ayant pris possession de leur malles longtemps absentes, nous ont éblouis d'une splendeur presque oubliée. »

À l'époque, il y avait aussi deux services religieux en anglais chaque dimanche. C'est à l'un de ces services que se sont rendus la plupart des membres de l'Alpine Club à 11 heures, lors de leur journée en ville :

> "Le sermon était plutôt bon, même si les doctrines étaient un peu trop en harmonie avec la nature humaine pour inciter les auditeurs à se juger sévèrement. C'était plutôt de la religion en charentaises."

Mlle Jemima et ses amis étaient un public difficile à satisfaire pour un vicaire anglais expatrié, s'attendant à trouver un peu plus de feu et de soufre dans le canton protestant de Berne. Néanmoins, Mlle Jemima admet que « les services anglais ont un charme qui leur est propre » et exprime ce que bien des voyageurs anglais ont souvent pensé et pensent toujours :

> "Qu'il est rafraîchissant, après des jours de vagabondage au milieu d'étrangers, de rencontrer à nouveau des compatriotes et de prier avec eux pour notre vieille Angleterre, dans la langue familière de notre patrie."

Remplacez l'église anglaise et la prière pour l'Angleterre par un pub anglais et une prière pour la victoire de l'Angleterre, et vous obtenez fondamentalement la même expérience.

Depuis son acquisition par le canton en 1863, la Höhematte d'Interlaken a été pendant longtemps protégée comme un espace ouvert

. . .

Ce dimanche fut indubitablement un jour de repos pour Mlle Jemima, ce qui pourrait sembler bizarre compte tenu du fait qu'elle était en vacances, mais ce serait oublier deux éléments fondamentaux dans l'histoire. Premièrement, si vous étiez anglais et protestant à cette époque, vous preniez le dimanche très au sérieux, quels que soient l'endroit où vous vous trouviez ou vos activités en cours. Deuxièmement, le septième jour, Dieu s'est reposé, et il avait eu à peine moins à faire que Mlle Jemima. Le groupe de Cook s'était levé tôt, avait marché de longues heures, subi la chaleur, supporté de grosses émotions et manqué de sommeil continuellement pendant neuf jours ; pas étonnant que Mlle Jemima se soit plainte d'être épuisée, même si les plaintes étaient formulées de bonne grâce. Plus leur voyage avance, plus j'ai d'admiration pour l'endurance et l'opiniâtreté de ces touristes de la première heure. C'est à peine s'ils se sont arrêtés pour respirer, et ils ont suivi un itinéraire mouvementé qui aurait achevé les touristes modernes au bout d'une semaine.

Au petit-déjeuner, ma mère m'annonce : « On est dimanche, aujourd'hui. » Quand on est sur la route depuis si longtemps, on a l'impression que tous les jours se ressemblent, mais je suis sûr que nous ne sommes pas dimanche ; même pas un dimanche suisse, c'est-à-dire un jour férié déguisé en dimanche. Ça, c'était hier.

Je secoue la tête :

- « Non, on est mardi. »

- « Pas en 1863. »

Ma mère lit le journal de Mlle Jemima au fur et à mesure de notre voyage, afin de se faire une idée de la manière dont elle voyait le monde et devait voyager. En l'occurrence, c'est plus simple que de mettre une robe à crinoline et de ne pas changer de sous-vêtements pendant une semaine. Ce jour-là, dans ce programme de folie, était donc un dimanche, jour de repos obligatoire, comme nous l'avons vu plus haut. Ma mère ouvre le journal et me montre la page : « Interlacken, dimanche 5 juillet 1863. »

« Oui, et alors ? » fais-je nerveusement.

Ma mère sourit. « Et alors, je décide qu'aujourd'hui sera notre jour de repos. Nous allons nous promener, prendre tranquillement notre thé de l'après-midi, passer faire un tour à l'église et, de manière générale, ne pas faire grand-chose. Je n'ai jamais eu de vacances aussi fatigantes. J'ai besoin d'un jour de congé. »

Nous avons donc décidé d'en prendre un, même si, pour nous, c'était mardi. Nous avons visité la ville, comme des milliers d'autres l'ont fait avant nous, en partant de là où Mlle Jemima avait fini sa propre promenade, de l'autre côté de la rivière, à Unterseen. Pour le visiteur qui ne sait pas, Unterseen pourrait faire partie d'Interlaken, mais, comme c'est souvent le cas en Suisse, c'est une commune indépendante, même si son nom signifie la même chose que celui de son voisin plus grand (*Seen* veut dire « lacs » en allemand). Unterseen a distinctement l'air médiéval : une place pavée qui accueillait dans le temps les marchés aux bestiaux, la flèche de l'église en pierres nues, à l'allure de crayon émoussé, les élégantes maisons et leurs avant-toits qui les protègent de la neige, le restaurant Bären, dont les murs en bois avaient déjà deux cents ans lors de la venue de Mlle Jemima. On a presque l'impression de remonter le temps, surtout quand on visite le petit musée local du tourisme, qui n'a à peu près que le coffre qui contenait le trésor de la commune à montrer. La visite nous réserve tout de même quelques moments fort inattendus : un modèle de la Bödelibahn (pas très confortable) et la responsable du musée, assise derrière son comptoir, qui tricote pendant toute la durée de notre visite (une vision très réconfortante).

Nous découvrons aussi pourquoi Unterseen nous donne l'impression de faire partie d'un monde ancien : c'est l'absence de la voie ferrée, qui contourne complètement la ville. Les calèches tirées par des chevaux en provenance de Neuhaus passaient toutes par Unterseen, de fait le premier arrêt pour de nombreux touristes, mais la ligne de chemin de fer a été construite de l'autre côté de la rivière, de manière à relier directement la ville de Därlingen à Interlaken. À l'époque, cette initiative constitua un véritable revers économique pour Unterseen, et certains membres de la commune (mais pas les touristes ni leur argent) se joignirent aux caléchiers et aux initiateurs du projet du canal pour s'opposer à la construction de la voie ferrée. Unterseen devint alors une attraction

La ville d'Unterseen a toujours été plus campagnarde que sa célèbre voisine

touristique de second plan passant presque inaperçue, mais elle conservait ainsi son charme rustique en laissant Interlaken devenir une station touristique internationale.

Au coin d'une rue, en revenant à Interlaken, nous nous retrouvons face à l'enseigne jaune criard et aux grosses lettres rouges du Table Dance Night Club. En-dessous est affiché ce qui pourrait faire office de carte d'un restaurant, mais qui se révèle être une fiche d'information sur le Palace Topless Cabaret et n° 1 Strip Club, ouvert de 17 heures à 5 heures. Voilà qui nous ramène de manière surprenante dans le monde réel et, en plus, l'établissement est situé dans l'hôtel Central Continental. Les murs pastel et les balcons décoratifs de l'hôtel témoignent que l'établissement était autrefois le grand hôtel d'Unterseen, avec « 75 lits, 21 balcons, éclairage électrique dans chaque chambre et journaux étrangers ». Il se trouve maintenant au-dessus de l'Exotic Night Club, d'une Bierkeller («cave à bières») et d'un restaurant «élu n° 1 pour la cuisine asiatique». Vive le progrès.

. . .

Une fois l'Aar traversé et la gare West dépassée, nous voici de retour à Interlaken proprement dit. Vous savez que vous y êtes parce que les deux premières choses que vous voyez sont une boutique de souvenirs et un hôtel Best Western (en lice avec Metropole pour le prix de l'hôtel le plus laid). Thomas Cook a écrit que les boutiques d'Interlaken étaient «somptueusement approvisionnées en productions artistiques et techniques suisses de la meilleure qualité». C'est parfois encore le cas, même si vous devez chercher ce qu'il peut bien y avoir d'artistique dans certaines de ces productions, comme les animaux sculptés dans le bois ou les sacs taillés dans de vieilles couvertures de l'armée suisse. Sans compter les assiettes mal peintes, les t-shirts arborant des slogans stupides et les aimants à coller sur le frigo, sans oublier non plus les indispensables clarines. Presque toutes les boutiques de souvenirs de Suisse ont à l'extérieur un étal recouvert de cloches décoratives de toutes les tailles; il faut vraiment se maîtriser pour ne pas toutes les secouer.

Les clarines et les tapis à souris sont tout simplement les derniers-nés d'une longue lignée de souvenirs qui ont aidé la Suisse à se vendre. Le fait que les touristes achètent et rapportent chez eux de leur plein gré ces produits emblématiques constitue une forme brillante et primitive de guerre marketing bien plus efficace pour le pays que n'importe quelle publicité financièrement abordable pour les Suisses. En 1863, ce sont les montres, les jouets en bois et la dentelle qui contribuèrent à établir la réputation de qualité et de minutie de la production suisse. Puis arriva le chocolat au lait, sans doute l'arme la plus puissante de tout l'arsenal des souvenirs suisses. Le pays ne produisait du chocolat que depuis environ soixante ans quand, en 1875, Daniel Peter, originaire de Vevey, apporta la touche finale au processus de fabrication d'une variante plus douce, au lait. Celle-ci eut tant de succès et fut si rapidement identifiée à la Suisse que les chocolatiers britanniques eux-mêmes, comme Rowntree, à York, firent imprimer des images de paysages suisses sur leurs emballages. Un bon moyen pour la Suisse de bénéficier de publicité gratuite dans toutes les boutiques de bonbons de Grande-Bretagne.

Autre réussite helvétique : les petits couteaux rouges de l'armée suisse, devenus célèbres en Amérique lorsque les soldats de retour du front les rapportèrent chez eux après la Seconde Guerre mondiale. Ce souvenir, autre symbole de la Suisse, a été créé à Schwytz, la ville qui a donné son nom au pays (Schweiz, en allemand), par Karl Elsener, un fabricant d'articles de coutellerie. En 1897, il transforma son humble canif en un couteau d'officier suisse doté d'un tire-bouchon, d'un ouvre-bouteille, d'une lime à ongles, d'un cure-dent et, oh surprise !, d'une ou deux lames, quand même. Les couteaux Victorinox portent des noms évocateurs, comme Champ, Ranger, Huntsman et Mountaineer, comme si chaque touriste qui en achète un était prêt à aller écailler un poisson ou à désamorcer une bombe. Mais les touristes ne sont pas les seules cibles. Je suis sûr que la Constitution oblige chaque Suisse à posséder un de ces couteaux dans le cadre du système de défense national, en plus des pistolets cachés sous le lit et des abris antiatomiques sous les maisons. Et, chose assez déroutante, même les petites Suissesses semblent être attirées par ces couteaux (ce qui pourrait expliquer l'exemplaire rose que j'ai vu à La Forclaz). Les Heidi des temps modernes sont en fait des *Pfadis* (« scouts »), donc elles ont besoin d'un canif pour

Les hôtels se vantaient d'être dotés d'éléments de confort modernes, comme "l'éclairage électrique dans toutes les chambres"

tailler des bâtons et découper des saucisses en tranches. Au fait, les militaires suisses reçoivent un couteau différent : il n'est pas petit et rouge, mais gros et vert, avec des lames d'une longueur effrayante, probablement illégales en Angleterre, sans tire-bouchon.

Quant aux coucous, il y en a partout, mais mettons tout de suite les choses au clair : les coucous ne sont pas suisses. L'origine de ce mythe est assez mystérieuse, mais beaucoup de gens y croient. Peut-être est-ce à cause de la (tristement) célèbre réplique d'Orson Welles dans son film *Le Troisième Homme*, quand il dit que cinq cents ans de démocratie et de paix en Suisse n'ont rien donné de mieux que le coucou. C'est faux, pour deux raisons : d'abord parce que la Suisse a eu un passé très sanglant et agité jusqu'à ce qu'elle décide de devenir neutre, et ensuite parce que le coucou est né au-delà de la frontière allemande, dans la Forêt-Noire. La plupart des Suisses se font un plaisir de vous le faire remarquer, mais la plupart des boutiques de souvenirs, elles, vendent des coucous à qui voudra bien en acheter.

Ce qu'il y a d'amusant avec les souvenirs suisses, c'est qu'ils sont passés du statut d'articles promotionnels à celui d'objets légèrement embarrassants, et qu'ils traversent actuellement une période de résurgence. Lorsque j'ai commencé à visiter la Suisse régulièrement il y a douze ans, il fallait aller dans des villes touristiques comme Interlaken ou Gruyères pour avoir une chance de trouver une tasse ou un tapis de souris ornées du drapeau suisse. Je me rappelle avoir vu ma première vache-qui-yodle-quand-vous-lui-appuyez-sur-le-ventre à Appenzell, la ville du fromage, d'une beauté presque disneyenne, située en Suisse orientale. Aujourd'hui, je peux les acheter à la Coop de mon quartier, à Berne. Si le nombre de touristes n'a pas augmenté au cours de cette période (il a même diminué), les Suisses aiment à nouveau se vendre, ou une image idéalisée d'eux-mêmes, tout du moins. Dénigrer la Suisse, c'est démodé, maintenant on aime se pencher sur tout ce qui est typiquement helvétique, que ce soit en considérant le Schwingen (sport de lutte suisse traditionnel) avec un intérêt renouvelé, en protégeant la qualité des biens fabriqués en Suisse, ou en vendant des souvenirs arborant tous le drapeau rouge à la croix blanche. Après le traumatisme provoqué par la chute de Swissair et l'affaire de l'or nazi, sans parler du feuilleton actuellement en cours sur le secret bancaire, les Suisses veulent peut-être avoir une bonne image d'eux-mêmes, et en ont sûrement besoin aussi.

J'entraîne ma mère loin des souvenirs en lui promettant un thé et un gâteau au café Schuh. Ce délicieux bâtiment ancien, situé en bordure de la Höhematte, dont les pignons ressemblent à une cornette de nonne géante, attire les clients avec ses succulentes friandises depuis 1818, je ne vois donc aucune raison de rompre avec cette tradition. Assis sur la terrasse ensoleillée, écoutant le son lointain d'un piano et contemplant les montagnes devant nous, nous avons presque le sentiment d'être en 1863. Jusqu'à ce qu'un parapentiste glisse au-dessus de nos têtes pour aller atterrir adroitement sur la Höhematte. Retour au 21e siècle.

Notre dernière étape a été la première de Mlle Jemima. La Schlosskirche, où elle a chanté ses prières en anglais, n'est qu'un exemple parmi d'autres des légers mais notables effets de l'arrivée en nombre des touristes anglais. À l'origine, cette église faisait partie du monastère augustinien, l'un des plus gros propriétaires terriens de l'Oberland bernois. En 1528, après que la Réforme eût été officiellement acceptée dans le canton de Berne, le monastère fut nationalisé et l'État en prit possession. L'Oberland n'accueillit pas volontiers l'ordre de se plier à la Réforme, mais toute résistance fut vaine ; l'église fut convertie en grange et le reste du monastère en bureaux pour le gouvernement.

Ce n'est qu'au milieu du 19e siècle que le chœur du bâtiment en ruine fut une nouvelle fois utilisé pour des offices religieux, pour les touristes anglais cette fois. Leur arrivée en masse et leur souhait d'assister à des services en anglais incita la paroisse à racheter l'église à l'État et à construire une nouvelle nef. Dans d'autres villes touristiques, l'afflux de protestants anglophones, qui ne voulaient pas abandonner la stricte observance du sabbat, entraîna la construction d'églises anglaises, dont certaines, comme celle de Wengen, sont toujours en service aujourd'hui. De plus, comme le remarque le manuel de Murray, «certains riches propriétaires d'hôtels sont allés jusqu'à édifier des chapelles pour leurs clients, comme pour inciter les voyageurs anglais à passer leur dimanche chez eux». Aujourd'hui, des offices en anglais sont tenus les dimanches d'été dans une petite chapelle toute simple à côté de la Schlosskirche. Le produit d'une tradition locale.

. . .

On s'habillait toujours élégamment pour prendre le thé sur la terrasse de l'Hôtel Victoria-Jungfrau d'Interlaken

Après notre journée de repos, ma mère et moi sommes frais et dispos pour affronter de nouveau le monde du voyage.

Les Anglais de l'époque victorienne et les Suisses d'aujourd'hui ont peut-être tout compris. « Une société où tout est ouvert tout le temps est pratique, mais pas forcément saine. Il y a matière à débats ».

Le programme d'aujourd'hui est l'un de mes voyages en train préférés en Suisse. Je l'ai fait de nombreuses fois auparavant, mais je suis plus qu'heureux de réitérer l'expérience : c'est le trajet d'Interlaken à Wengen, qui monte jusqu'à la Kleine Scheidegg, pour redescendre vers Grindelwald. Ce train présente tous les attributs qu'il faut pour un voyage à travers les montagnes suisses : des panoramas spectaculaires et des sièges inconfortables. Il manque juste un rayon de soleil ; il fait aussi mauvais à Interlaken qu'à Chamonix. Quand il pleut, les distractions sont rares, et, par conséquent, tout le monde met le cap sur Berne et ses boutiques. Il ne sert à rien de vouloir percer la couche de nuages, même en train, quoique je sois sûr que les touristes le font pour pouvoir cocher le voyage sur leur liste. Notre liste à nous est légèrement différente car le principe n'est pas « été-là-fait-ça », mais « elle-y-est-allée-donc-on-doit-le faire ».

Notre train semble interminable, s'étirant tout le long d'un quai lui-même incroyablement long. Mais le Berner Oberland-Bahn (ou BOB pour les intimes) est un train espiègle : il se compose en fait de deux rames, qui se séparent après quelques arrêts ; une moitié continue vers Grindelwald, l'autre vers Lauterbrunnen. L'information est clairement signalée, mais il se trouve toujours un pauvre touriste qui monte dans la mauvaise rame et doit bondir sur le quai pour se précipiter dans l'autre une fois le train arrivé à la gare où il se divise en deux. Ce train n'a pas été conçu pour embrouiller les touristes, même si je suis sûr que les gens du coin trouvent quand même ça drôle, mais pour tirer profit de la topographie le plus efficacement possible (ce qui est tout de même beaucoup plus suisse). Après son passage par la Bödeli, la ligne en forme de Y pénètre dans la vallée de la Lütschine par une ouverture étroite entre les montagnes, puis remonte la rivière. Le train se scinde en deux au point de rencontre entre la Weisse Lütschine et la Schwarze Lüstchine, et chaque rame longe sa rivière respective : la Weisse (la « Blanche ») coule vers Lauterbrunnen, la Schwarze (la « Noire ») vers Grindelwald. Paradoxalement, c'est cette dernière a la faveur des amateurs de rafting, malgré ses eaux gris foncé menaçantes, tant épaissies par les alluvions glaciaires qu'elle ressemble à de l'ardoise liquide. Aujourd'hui, nous allons emprunter l'itinéraire qu'a suivi Mlle Jemima en calèche et qui longe le bras d'eau couleur de chaux, bien qu'en hiver les deux cours d'eau soient clairs comme du cristal, puisque exempts d'eau de fonte.

Avant d'entrer dans la « gorge étroite et sauvage du torrent de la Lütschine », nous passons devant l'ensemble de bâtiments le plus bizarre jamais érigé en Suisse : une pyramide, une ziggurat, un dôme doré et ce qui ressemble à une sucette Chupa Chups géante. Il s'agit du Jungfrau Park, la solution proposée par Interlaken pour régler le problème des jours pluvieux. Il est venu au monde sous le nom de Mystery Park, même si la seule chose mystérieuse ici est la raison pour laquelle il a ouvert. Il fut pendant une courte période l'une des attractions touristiques les plus populaires de Suisse, avant que les gens se rendent compte qu'il ne s'agissait en fait que d'un monument dédié à l'ego et aux théories bizarres d'un seul homme. L'homme en question, c'est Erich von Däniken, un auteur suisse connu pour son premier livre, *Présence des extraterrestres*. Chaque pavillon du parc illustre un mystère humain différent, comme les lignes de Nazca ou Stonehenge, et diffuse un film sur le sujet. L'explication à ces mystères est toujours la même : « Ce sont les extraterrestres qui l'ont fait ! », ce qui correspond à peu près à ce que dit von Däniken dans ses livres. Le Mistery Park était un parc à thèmes, avec de nombreux thèmes mais pas de parc. Il a fait faillite en 2006 puis s'est réincarné (sans l'aide des extraterrestres, je suppose) sous le nom de Jungfrau Park et organise en journée des animations pour les enfants à côté des pavillons dédiés à nos amis les extraterrestres.

Laissant derrière nous cet exemple parfait d'absence de corrélation entre tourisme et succès, nous nous dirigeons vers ce qui attire vraiment les gens à Interlaken, quelle que soit la couleur du ciel : ses paysages intemporels. Qu'ils aient été créés par Dieu, Mère Nature ou les Martiens, ils sont véritablement somptueux.

À Lauterbrunnen, tout le monde doit descendre pour monter à Wengen. Le Junior United Alpine Club, parvenu jusqu'ici en calèche, s'attaqua aux « pénibles zigzags habituels » à pied, non sans avoir d'abord dû forcer le barrage des guides qui les attendaient à leur arrivée :

> "Nous commençâmes par décliner les demandes exorbitantes de l'essaim de guides qui nous assaillaient, et qui, voyant que nous n'avions pas besoin d'eux, revirent leurs conditions à la baisse. L'un d'eux réussit à nous convaincre et il devint à la fois notre guide et notre porteur, empaquetant de manière ingénieuse tous les bagages dans une espèce de chaise en bois, attachée à ses épaules."

Personne ne se presse pour prendre nos sacs pendant qu'à l'ombre de gigantesques falaises nous troquons notre BOB pour une WAB (ou Wengeralpbahn), le train de montagne jaune et vert qui gravit la pente raide de la vallée. Plus nous montons, plus le village de Lauterbrunnen a l'air petit, et même les chutes du Staubbach semblent perdues dans l'immensité de cette vallée à l'allure de fossé. La vue est plus belle à chaque tournant, mais, si vous voulez prendre la photo parfaite, il vous suffit d'attendre le petit panneau planté à côté des rails, avec le pictogramme d'un appareil photo ; toujours ce sens du détail.

Nous traversons le village touristique de Wengen, situé en haut de la falaise, pour aller jusqu'à Wengeralp, qui possède peut-être l'un des plus beaux panoramas de Suisse : « alignés dans un ordre presque militaire, le sommet pointu de l'Eiger, le Mönch encapuchonné et l'étincelante Jungfrau », comme Mlle Jemima décrit ces trois montagnes grandioses, symboles de l'Oberland. Cela m'amuse toujours de penser que l'Eiger (« l'ogre » en français) est séparé de la Jungfrau (« la vierge ») par le Mönch (« le moine »). Henry Wordsworth Longfellow les appelait « les sublimes apôtres de la nature, dont les sermons sont des avalanches», avalanches pour lesquelles Wengeralp fut autrefois célèbre, en tant que point d'observation :

> *C'est de Wengern Alp que l'on voit et que l'on entend le plus parfaitement les avalanches... L'attention est tout d'abord retenue par un grondement lointain, pas si différent du tonnerre et, une demi-minute plus tard, on voit un flot de poudre blanche, pareille à une petite cascade, s'échapper de l'un des creux ou de l'une des rigoles au-dessus ; ce flot plonge ensuite dans une autre crevasse un peu plus bas, et s'y perd pour finalement émerger à nouveau quelques centaines de mètres en dessous ; suit bientôt un nouveau grondement, puis un nouveau jet de neige fraîche jaillit d'une rigole plus bas, et ce jusqu'à ce que la masse de glace, atteignant le point le plus bas, soit précipitée dans la crevasse qui se trouve en dessous.*

L'ampleur du phénomène est presque réduite à néant par les trois gigantesques montagnes en toile de fond. Murray nous rappelle donc que ces avalanches « ne sont causées que par le détachement d'une portion des glaciers » et que « à chaque fois qu'un bout de glacier se détache, des tonnes de glace sont propulsées vers le bas de la montagne et que, dans la brume poudreuse à laquelle elles semblent réduites, il y a des blocs capables de balayer de grands arbres, quand il s'en trouve sur leur passage. Au début de l'été, on peut observer ce phénomène trois ou quatre fois par heure ».

Jamais au cours de mes promenades au-dessus de Wengeralp je n'ai assisté à tel spectacle. Une fois, j'ai entendu un grondement lointain et j'ai alors scruté la montagne d'en face dans l'espoir de trouver des preuves de la chute de débris, mais il n'y a rien eu de plus. Peut-être parce qu'aujourd'hui, il y a beaucoup moins de neige et de glace, et que, par conséquent, ce n'est plus simplement le poids et le volume de la neige réagissant

Le Paris des Alpes

La ligne qui relie Grindelwald à la Kleine Scheidegg a ouvert en 1893

à la chaleur du soleil qui causent ce détachement quotidien. Ce qui, à l'époque, rendait « beaucoup plus intéressante une visite à Wengernalp » se produit désormais rarement, bien que la promenade jusqu'au col de la Kleine Scheidegg soit toujours l'une des plus belles de Suisse (pour ceux qui ne marchent pas, je veux dire). Les randonneurs suisses aguerris doivent très probablement penser qu'elle est idéale pour les vieilles dames.

Nous descendons au sommet de la ligne du WAB à la Kleine Scheidegg, là où se croisent les trains en provenance et à destination de Grindelwald et de Wengen. C'est un endroit bizarre, où le monde entier ou presque vient manger, boire et changer de train, alors qu'il se trouve littéralement au milieu de nulle part. En fait, l'endroit est situé au pied de l'Eiger et donc au cœur de la zone que tout Anglais de l'époque victorienne voulait visiter, d'où la présence de grandes liaisons ferroviaires. C'est bien simple : les lignes du BOB et du WAB ont été construites pour les touristes. Lorsqu'elles furent mises en service, respectivement en 1890 et 1893, il n'y avait aucune autre raison d'aller là-haut. C'est uniquement grâce aux milliers de touristes désireux d'admirer le paysage de l'Oberland bernois sans avoir à mettre une journée entière pour y aller qu'elles étaient, et sont toujours, viables financièrement. Finalement, une grande route fut construite jusqu'à Grindelwald, mais il n'y a toujours aucune voiture à Wengen, ni à Mürren d'ailleurs, de l'autre côté de la vallée de Lauterbrunnen. Il y a encore des endroits qui arrivent à prospérer sans voiture, même à l'ère de l'automobile.

En juin 1907 parut dans *The Traveller's Gazette*, le journal de Thomas Cook qui avait remplacé *The Excursionist*, un article intitulé « A Wonderful Railway Excursion » (« Une fantastique excursion en train »), qui faisait un vibrant éloge du voyage en train par Wengeralp pour un certain type de voyageurs :

Nous faisons remarquer qu'il semble être idéal pour les jeunes mariés en voyage de noces. C'est en effet un voyage très reposant. Même les tourtereaux les plus amoureux du monde ne pourraient pas ne pas être absorbés par autre chose que par le majestueux paysage.

Le prix du billet aller-retour d'Interlaken à Grindelwald par Wengen n'était pas donné à l'époque : environ 60 £ dans la monnaie d'aujourd'hui, ou l'équivalent des deux tiers du prix actuel du même billet.

. . .

Une assiette d'*Älplermakkaroni* (un plat de macaronis et de pommes de terre coupées en dés avec une sauce crémeuse au fromage, servi avec de la compote de pommes) dégustée sous le soleil et face à l'Eiger : pour moi, le paradis à 2 061 m d'altitude, et le petit plaisir que je m'accorde habituellement quand je suis à la Kleine Scheidegg. En été, je l'emprunte comme il se doit après une bonne marche et généralement en compagnie de chèvres qui viennent joyeusement vers moi pour lécher la sueur de mes bras ; en hiver, il me permet d'échapper au brouillard qui recouvre éternellement la vallée. Il y a ici un hôtel depuis 1840, et il a accueilli tous les grands alpinistes avant leur tentative d'ascension de la face nord de l'Eiger ; certains sont redescendus pour y passer une autre nuit. Les clients (et les journalistes) se postaient sur la terrasse pour suivre à travers des télescopes chaque instant de ces ascensions mortellement dangereuses. Une version alpine d'un combat de gladiateurs, avec un ogre à la place des lions.

Toutefois, la voie ferrée ne s'arrête pas là, et c'est grâce à un homme d'affaires de Zurich, un visionnaire qui aimait à la fois les trains et les montagnes et avait décidé de combiner les deux, qu'elle continue au-delà. Cet homme, Adolf Guyer-Zeller, prévoyait de créer un miracle moderne : une ligne électrique partant de la Kleine Scheidegg, passant à l'intérieur de l'Eiger, puis sous terre, jusqu'au sommet de la Jungfrau, situé à la redoutable altitude de 4 158 m au-dessus du niveau de la mer. L'idée était ambitieuse, c'est le moins qu'on puisse dire, et ne plaisait pas à tout le monde (un homme politique, par exemple, voulut avoir l'assurance que les montagnes ne seraient pas sacrifiées sur l'autel de l'argent), mais le gouvernement suisse donna le feu vert et les travaux commencèrent le 27 juillet 1896. Il faudrait seize ans et 16 millions de francs pour construire la voie ferrée de la Jungfrau (en majeure partie souterraine) d'une longueur de 9,34 km, même si elle n'attei-

Le travail des ouvriers qui creusaient les tunnels de la Jungfraubahn était peu conventionnel mais dangereux

gnit pas tout à fait le sommet de la montagne et que Guyer-Zeller mourut en 1889, bien avant qu'elle soit terminée.

Les ingénieurs et les mécaniciens étaient suisses, mais les mineurs, qui aplanissaient le terrain avec des pelles et des pioches, et portaient des pylônes électriques sur leurs épaules, étaient pour la plupart italiens. Ils devaient travailler le dimanche, manipuler de la dynamite dans des endroits exigus et dormir à trois dans le même lit, tout ça pour 5,20 francs par jour, dont 2,30 étaient déduits pour la nourriture. Ce qui explique peut-être les six grèves et l'intervention des forces armées pour rétablir l'ordre, à la demande des employeurs. Le campement, situé au bord du glacier de l'Eiger, où vivaient toute l'année les travailleurs, était coupé du monde chaque hiver, même si les travaux se poursuivaient à l'intérieur de la montagne. Toutes les provisions devaient être livrées avant l'arrivée de la neige et devaient durer jusqu'au printemps. Les archives de la société montrent ce qui se trouvait sur la liste des achats annuels :

12 tonnes de farine
1 500 litres de vin
2 tonnes de pommes de terre (pour les Suisses)
800 kg de macaronis (pour les Italiens)
3 000 œufs
400 kg de café
50 000 cigares
4 tonnes de viande
30 tonnes de charbon

Les denrées périssables étaient stockées dans les crevasses du glacier. Les premières sections de la voie ferrée ouvrirent pour les touristes alors que les hommes étaient encore en train de travailler sur les sections supérieures. On creusa aussi des galeries dans la paroi de l'Eiger pour que les passagers les plus intéressés puissent admirer les glaciers ou s'aventurer sur des passages en bois placés au bord de l'abîme glacé.

Le 1er août 1912, date de l'ouverture officielle de gare de la Jungfrau, celle-ci devait être l'une des étapes vers le sommet de la montagne. Elle devint finalement le toit de l'Europe : située à 3 454 m d'altitude, c'était la gare la plus haute d'Europe, un record qu'elle détient toujours. Le sommet de la Jungfrau, auquel on pouvait accéder par un ascenseur dans la montagne, ne fut jamais atteint, à cause du déclenchement de la guerre et de l'insuffisance des fonds. Cependant, la ligne ne fut pas un échec – bien au contraire : elle marqua l'apogée de la tendance des trains-pour-touristes qui avait balayé toute la Suisse pendant quarante ans et rencontra un succès immédiat, avec 38 705 passagers la première année, et 833 000 au moment du centenaire de la ligne.

Quand vous prenez le train aujourd'hui, vous avez l'impression d'être dans un équivalent mobile du palais des Nations unies, dans lequel il est rare de rencontrer une âme suisse. Pas étonnant que les annonces soient diffusées en plusieurs langues. Les deux arrêts de la montée de l'Eiger sont toujours desservis, pour permettre aux gens de sortir admirer les divers panoramas, même s'il y a aujourd'hui une vitre en plexiglas pour empêcher le vent de rentrer et les gens de sauter.

Après cinquante minutes de trajet dans la montagne, il est assez déstabilisant de sortir ensuite respirer l'air libre du Jungfraujoch, juché comme sur une selle entre le Mönch et la Jungfrau. La lumière est aveuglante, le froid mordant, et vos pieds distinctement plus lourds que votre tête. En ce qui me concerne, ce n'est pas pour la vue, si magnifique soit-elle, que je monte jusqu'au Jungfraujoch ; ce n'est pas non plus pour me rendre dans la plus haute gare d'Europe, une perspective qui mettrait certains dans tous leurs états. Pour moi, c'est le voyage en lui-même qui compte, et tout ce qu'il a fallu accomplir pour qu'il soit rendu possible. Grâce aux méninges d'Adolf Guyer-Zeller et au courage des ouvriers, nous pouvons faire aujourd'hui l'un des plus incroyables voyages en train du monde, au cœur d'une des plus célèbres montagnes du monde. Un tel exploit serait remarquable de nos jours, de surcroît il y a cent ans, mais il ne faut pas oublier quel en a été le coût humain.

Trente hommes sont morts pendant la construction de ce sommet de l'ingénierie touristique. Oui, il s'agit bien là d'une attraction touristique et je trouve plutôt attristant de voir aujourd'hui tant de touristes passer à toute vitesse devant le nouveau mémorial – dont l'édification s'est fait attendre – dédié à ceux qui ont donné leur vie pour que nous puissions vivre nos rêves. Ce monument consiste en un cortège de simples blocs de bois, chacun gravé d'un nom et de dates, disposés le long d'un des tunnels de la gare de Jungfraujoch. Tous les noms, sauf un, sont italiens, un seul Adolf parmi les Paolo, les Giovanni et les Angelo. Le premier décès date de 1898, le dernier de 1912 ; souvent, il n'y a pas de date de naissance, mais quand en figure une, on voit à quel point les hommes étaient jeunes – Virginio Furlotti, par exemple, n'avait que 18 ans à sa mort, en 1908. Les visiteurs d'aujourd'hui rechignent peut-être à payer presque 200 francs pour un aller-retour au départ d'Interlaken (prix sans abonnement), mais s'ils prenaient deux minutes pour penser à ce par quoi il a fallu en passer pour construire cette voie ferrée, ils ne se plaindraient pas.

Nul besoin d'aller jusqu'au Jungfraujoch pour profiter d'une superbe vue sur toute la vallée de Grindelwald ; il suffit de rester à la Kleine Scheidegg. Tout semble minuscule à l'ombre des grands sommets qui se dressent de part et d'autre au-dessus du village. Au pied de la montagne s'étend la large vallée, en forme de cuvette, avec ses collines recouvertes d'herbe ondoyante et parsemées de quelques fermes et chalets traditionnels, qui trouvent leur place entre les maisons de vacances et les hôtels. Difficile de faire plus suisse. Pas étonnant que nos Anglais de l'époque victorienne aient eu tellement envie de monter jusqu'ici, peut-être inspirés par les écrits de John Ruskin, critique d'art, poète, voyageur et scientifique, un gentilhomme qui avait une opinion sur tout. Voici par exemple ce qu'il pensait des Suisses :

> *On leur prêtait les traits de héros romantiques ou d'ignobles mercenaires ; en réalité, ils n'étaient ni héroïques ni vils, mais sincères, obstinés, un entêtement que l'on a d'ailleurs pu observer*

à plusieurs occasions ; fiers, sans qu'ils laissent pour autant leur fierté les entraîner dans des querelles légères ou inutiles ; vous ne trouverez chez eux ni passion ni humour fin, juste une capacité de discernement infaillible et une droiture constante. On ne peut les persuader d'accomplir leurs obligations, mais ils les connaissent ; ils n'expriment pas verbalement leur amitié, mais ne vous font jamais défaut quand vous êtes dans le besoin.

Mlle Jemima aime citer Ruskin, mais, pour l'heure, elle préfère se concentrer sur ce qu'il pense de la splendeur naturelle des Alpes :

> " Presque tous les hauts sommets se tenaient comme des enfants sur une table, parfois très loin du bord du plateau, comme s'ils avaient peur de tomber ; les paysages les plus majestueux des Alpes sont produits non pas tant par violation de cette loi que parce qu'un des grands pics semble s'être approché du bord de la table pour regarder par-dessus, et se dresse par conséquent de toute sa hauteur au-dessus de la vallée. C'est ce que font le Wetterhorn et l'Eiger à Grindelwald. "

Ces deux montagnes dominent assurément l'horizon de Grindelwald. L'Eiger, célébrité de 3 970 m de haut, n'a guère besoin d'être présenté. Il a été escaladé pour la première fois le 11 août 1858 par l'Irlandais Charles Barrington, avec l'aide précieuse de Christian Almer et de Peter Bohren, deux guides originaires de Grindelwald. Cette ascension n'était pas d'une importance capitale en elle-même, des montagnes comme la Jungfrau et le Wetterhorn ayant déjà été escaladées longtemps auparavant, même s'il semble que Barrington, en Harper Lee de l'alpinisme, soit rentré chez lui après un été dans les Alpes et ne soit jamais revenu. Si l'Eiger est devenu un sommet si emblématique, c'est à cause de son tristement célèbre versant nord, une vaste paroi de roche noire, verticale, finalement conquise en 1938, après avoir été témoin de la chute mortelle d'innombrables hommes qui avaient tenté, en vain, de maîtriser ce monstrueux enfant de la nature. Pas étonnant que son nom allemand, Nordwand (« mur du Nord ») soit souvent changé en Mordwand (« mur de la mort »).

En comparaison, le Wetterhorn a l'air d'un gentil géant qui sert d'arrière-plan décoratif à Grindelwald, bien que, comme tout sommet des Alpes, il ait lui aussi connu son lot d'expéditions désastreuses. Heureusement, Winston Churchill n'en faisait pas partie lorsqu'il atteint le sommet en 1894. S'il reposait aux côtés de William Penhall dans le cimetière d'une église de campagne suisse, le monde serait assez différent. Toutefois, le Wetterhorn est plus célèbre pour ses téléphériques que pour ses alpinistes. La construction du premier téléphérique destiné au transport de passagers débuta en 1904, l'idée étant d'emmener des touristes jusqu'au sommet dans une série de quatre cabines. À cette époque, ce genre de projet bizarre semblait réalisable. La première section, dont la construction avait coûté 390 000 francs, ouvrit au public le 27 juillet 1908 ; les cabines pesaient 4 100 kg, sans les 16 passagers, et permettaient de couvrir un dénivelé de 400 m d'un seul trait. Une vraie merveille de technologie moderne... enfin, pendant six ans.

La construction fut stoppée à la suite de l'éclatement de la Première Guerre mondiale, et le projet s'effondra en raison du manque de clients. La ligne fut démantelée dans les années 1930, mais on peut toujours voir la station désaffectée située sur le versant du Wetterhorn. Comme ce fut le cas à Loèche-les-Bains près d'un siècle plus tard, un excès de confiance peut parfois mener les gens à prendre le mauvais chemin, même si une pièce aussi importante du puzzle de l'histoire des transports aurait dû être conservée.

. . .

Le tourisme a fait apparaître Interlaken et Grindelwald sur la carte. Ces deux villes touristiques ont diverti des milliers de visiteurs pendant des années, non grâce à ce qu'elles sont (ni l'une ni l'autre ne sont réellement belles), mais grâce à leur situation. Les lacs et les montagnes de l'Oberland bernois ont agi sur les touristes d'une certaine nation insulaire comme un aimant si puissant qu'on pourrait presque rebaptiser la région d'Oberland britannique. C'est cette activité touristique qui a permis à la région de se développer, en fournissant l'élan nécessaire à la construction de voies ferrées et de grands hôtels, et à la création de postes pour la population locale. Le tourisme est toujours le principal pourvoyeur d'emplois de nos jours et il garantit indirectement la prospérité de nombreux autres domaines d'activité. Comme me l'a dit une habitante d'Interlaken : « Quel avenir y aurait-il pour la jeune génération sans le tourisme ? La moitié d'entre eux au moins partirait dans les grandes villes pour trouver un stage d'apprentissage ou un travail. Sans les touristes, la ville ne survivrait pas. »

Mais ces cent cinquante ans de tourisme de masse ont un prix : les deux villes sont enlaidies par d'affreuses bâtisses, dont les lignes incongrues et repoussantes gâchent le paysage, même s'il faudrait bien plus que deux ou trois blocs de béton pour vraiment les défigurer. Néanmoins, ces bâtiments s'accordent si peu avec ce qui les entoure qu'ils serviront peut-être de leçon pour de futurs promoteurs : regardez, c'est ce qui se passe quand l'appel de l'argent couvre la voix du sens commun. Quant aux voies ferrées et aux téléphériques créés uniquement pour attirer les touristes, il serait presque impensable de les

Le Paris des Alpes

Une carte postale montrant les gares de la région de la Jungfrau, avec la cabine de l'infortuné téléphérique du Wetterhorn tout à gauche

construire aujourd'hui, tant d'un point de vue économique qu'écologique. Le vert n'était pas une couleur appréciée des Anglais de la période victorienne ; la seule chose qui comptait à l'époque était de défier la nature par le biais de la technologie, peu importaient les éventuels obstacles. Rares sont ceux qui ont résisté à la marche du progrès, mais certains s'y opposèrent tout de même, soit par peur de l'inconnu (le mal des montagnes dans les trains ou l'influence corruptrice des touristes) ou par amour de la nature (la destruction des pâturages alpins ou le marquage du bétail). Comme nous allons le voir, ceux qui voulaient préserver l'héritage naturel et culturel de la Suisse firent rapidement entendre leur voix.

Pourtant, si on la compare à d'autres parties du monde touristique, les côtes espagnoles par exemple, la région ne s'en est pas trop mal tirée. Elle a peut-être vu naître les groupes touristiques internationaux, mais elle n'a pas eu à subir les invasions massives et l'apparition des hôtels géants de la Méditerranée. Elle a été la première aire de jeu de l'Europe, mais à une époque où les jeux étaient raffinés et respectables, et où la neige et les paysages suffisaient à contenter les masses. Depuis, ces jeux sont devenus plus bruyants, ont pris plus de place, et le Sex on the Beach n'est plus seulement un nom de cocktail, mais les Britanniques continuent de venir en Suisse comme si c'était leur deuxième patrie. Au milieu des années 1960, par exemple, il y avait des vols directs entre Londres et Interlaken (assurés par British Eagle) et, à la fin des années 1980, les Britanniques étaient toujours les plus nombreux dans les hôtels d'Interlaken, surpassant en nombre les Suisses eux-mêmes. Pourtant, en 2012, la Grande-Bretagne n'est arrivée qu'à la huitième place, coiffée au poteau par des pays comme l'Inde, la Corée, la Chine et le Japon. Le siècle (et demi) de règne des Britanniques en Suisse est terminé ; la domination des Asiatiques, elle, ne fait que commencer.

Le pays des ouragans gelés

« À Grindelwald, la plupart des enfants sont des mendiants – une occupation générée par l'afflux d'étrangers dans la vallée qui a exercé une influence désastreuse sur les mœurs et la simplicité passée. »

—Manuel de Murray—

Un jour, les glaciers approchèrent tant de Grindelwald qu'on eut peur que le village fût écrasé par la glace

L'un des avantages à vivre toute une vie dans le même village, c'est qu'on se souvient des moindres changements, petits ou grands. Pas besoin de photos avant-après ou d'anciennes cartes postales, il suffit de fermer les yeux et de revoir les moments choisis. Dans un village comme Grindelwald, je suis sûr de trouver quelques habitants dont les souvenirs seront assez anciens et assez forts pour se prêter à ce type d'exercice (c'est le genre d'endroit qu'on laisse difficilement derrière soi) ; par chance nous rencontrons l'une de ces personnes au musée local. Christian Kaufmann est loin de pouvoir prétendre au titre de doyen de la Suisse, mais le Grindelwald de son enfance était bien différent de celui d'aujourd'hui. Assis derrière la caisse du musée, il nous montre les clichés en sépia exposés de l'autre côté de la pièce :

C'était l'école et mon pupitre était dans ce coin. Tous les jours, je regardais le glacier par la fenêtre.

Depuis longtemps, l'école du village a été délocalisée, laissant un bel édifice en bois derrière l'église en attente d'une nouvelle attribution, dont l'ancien élève, M. Kaufmann, en est désormais le conservateur parfait. Quant au glacier, il a tellement rétréci qu'il n'est visible que depuis certains endroits seulement. Si vous visitez le cimetière immaculé, par exemple, où reposent les grimpeurs et les villageois, vous pourrez voir la cime du glacier et la langue de glace qui ne ressemblent en rien à ce que Mlle Jemima a pu admirer. À son époque, les deux glaciers – inférieur et supérieur – se situaient à moins de deux kilomètres du village, et l'on craignait qu'il soit englouti sous la glace. Voici comment Murray décrivait l'endroit :

Comme ses deux glaciers descendent dans le fond de la vallée en dessous du niveau du village et presque à un jet de pierres des habitations, ils sont plus facilement accessibles que dans d'autres parties de la Suisse. Les deux glaciers se répandent entre les trois montagnes, telles les branches d'un vaste champ de glace ou d'un océan de glace… occupant les plateaux et les hautes vallées au beau milieu des Alpes bernoises, poussés en avant par les masses du dessus sans cesse croissantes, loin en dessous de la limite des neiges éternelles.

Depuis la Kleine Scheidegg, vous ne voyez plus aucune trace des glaciers, ni pendant le trajet en train d'une demi-heure jusqu'à Grindelwald, tant ils ont reculé. Les rails longent la base de l'Eiger et la montagne se dresse de manière inquiétante derrière les fenêtres. Mlle Jemima a emprunté sensiblement la même route, mais le trajet dura trois heures :

" Le sentier pédestre était très accidenté et caillouteux, certaines parties très escarpées ; néanmoins, nous avons dévalé par-dessus les pierres, à la manière des chèvres, en bondissant et en traversant à une vitesse glorieuse. "

Et pourtant, elle ne portait ni short ni baskets. Lorsque les membres du groupe arrivèrent à l'hôtel, ils commençaient « à se sentir très fatigués ». Je ne suis pas surpris. Nous faisons halte au même endroit, du moins dans sa version moderne, car le lieu d'origine a complètement disparu. En fait, l'histoire des deux hôtels du village – l'hôtel Adler (« l'Aigle ») et l'hôtel Bär (« l'Ours ») – reflète celle de Grindelwald en miniature.

L'hôtel Adler fut construit le premier, vers 1800, puis vint le tour de l'hôtel Bär, tous deux censés répondre aux besoins des touristes en nombre croissant. Sur d'anciennes photographies, on voit deux bâtiments en bois, typiquement suisses, sorte de chalets surdimensionnés, probablement aux mains

Papier à lettre du vieil hôtel de l'Aigle Noir, ou Schwarzer Adler

de la même famille. Ce sont les deux seuls hôtels mentionnés par Murray («acceptables, avec des prix plutôt élevés»), et Mlle Jemima séjourna dans celui de l'Aigle, qui partit en fumée en 1897, fut reconstruit, puis démoli en 1982, après son rachat par le groupe hôtelier Sunstar. En lieu et place de l'Adler se dressent aujourd'hui deux buildings modernes en béton, l'un dans un style chalet des années 1980, un peu moins hideux que le second, style parking à plusieurs niveaux des années 1970. Ces deux horribles excroissances sont visibles de très loin, mais de l'intérieur ce n'est pas si terrible : ils donnent sur l'Eiger et la décoration agencée avec goût est confortable, presque empreinte de caractère. Tout ce qui reste de l'Adler, le plus ancien hôtel de la ville, c'est le nom d'un hôtel-restaurant, Adlerstube.

L'histoire de l'hôtel de l'Ours est tout aussi tragique. Ce fut le premier hôtel à ouvrir en hiver, propulsant Grindelwald au rang de *place to be* pour les touristes avides de neige. Mais, en 1892, le Bär s'effondra lui aussi sous les flammes d'un incendie, tout comme la moitié du village et l'église anglaise ; il fut alors reconstruit et agrandi pour devenir le Grand Hotel Bär, un véritable palace avec trois ailes, 300 lits, une salle de bal et trois patinoires pour ses visiteurs. C'était l'adresse à ne pas manquer aussi bien en été qu'en hiver, qui connut une fin ardente (grâce à une cigarette jetée avec négligence) entraînant la disparition des grands hôtels de Grindelwald. Aujourd'hui, de l'Ours nulle trace ; en lieu et place, on trouve le centre sportif communal et l'office du tourisme.

Ces deux hôtels appartenaient à cette époque où Grindelwald passa du stade de village à celui de lieu de villégiature ; ils furent les témoins de la croissance qui permit de survivre aux difficultés locales jusqu'à atteindre une reconnaissance internationale. Grindelwald a probablement changé plus que n'importe quel endroit où nous a conduits ce périple jusqu'à maintenant. En 1860, c'était un village « composé de petites maisons de bois pittoresques, largement dispersées dans la vallée », et les habitants « s'employaient principalement à l'élevage du bétail, dont 6 000 têtes se nourrissaient sur les pâturages avoisinants » explique Murray dans son manuel. Pendant des siècles, ce fut un endroit plutôt isolé, à 1 034 m d'altitude, habité par des personnes très indépendantes, luttant pour ne pas être régies par Interlaken et résistant à la Réforme, jusqu'à ce que les premiers touristes et les montagnards, essentiellement britanniques, le « découvrent », forçant la vallée à se connecter au monde extérieur et à répondre aux besoins des visiteurs.

Au début, le changement se fit doucement : en 1874, le guide *Cook's Tourist's Handbook to Switzerland* décrivait encore Grindelwald comme un « village romantique, et des villageois très civilisés ». L'arrivée du chemin de fer à vapeur le transforma définitivement. La ligne BOB entra en service en 1890, et le village montagnard devint presque instantanément

Grindelwald avec le Wetterhorn et le Glacier Supérieur, Rudolf Dickenmann, gravure sur acier, env. 1860

une destination internationale. En 1900, il comptait 18 hôtels (soit 1 250 lits) et 30, six ans plus tard. Aujourd'hui, ils sont au nombre de 48, et Grindelwald occupe la place de quatrième plus grand site de vacances de Suisse (en nombre de lits); le tourisme génère 92 % du revenu local. Désormais, les vaches sont bien moins nombreuses que les touristes.

. . .

Les deux grandes rivières de glace étaient les attractions principales de Grindelwald, Mlle Jemima s'est donc levée tôt ce mardi-là pour se mettre en route à travers les prairies et les sapins et monter sur le glacier inférieur. Ce serait impossible aujourd'hui – non seulement à cause de la distance à parcourir, mais aussi pour des raisons de sécurité. Personne ne tenterait désormais ce qu'ils ont fait:

"La surface du glacier était moins marquée par des formes et des flèches que la mer de Glace, mais il y avait plus de crevasses. Des dispositions avaient été prises pour la descente, à savoir une paire de planches de sapin avec des barres clouées en travers pour servir d'escalier, sur lequel les explorateurs pouvaient sauter quelle que soit la crevasse béante en dessous. C'est vrai, il y avait une main courante, qui, comparée à l'environnement massif, ressemblait plus à une allumette qu'à une balustrade. Nous avons appris par la suite que cette main courante était principalement destinée à stabiliser notre regard plus que nos mains. Certes il ne s'agissait que d'une échelle de montagne, et c'était donc une chance magnifique pour le Club et pour les autres voyageurs de montrer leur courage et leur habileté. Certaines de ces dames, toutefois, ont pensé préférable de contempler ces merveilles à distance plutôt que d'acquérir une notoriété funèbre."

Elle termine en remarquant que la plus grande prouesse fut celle des messieurs réussissant tous à assurer « une descente en toute sécurité et la montée sur cette glaciale échelle de poulailler ». Je dois dire que j'aurais choisi la même option que certaines de ces dames en admirant la glace en surface plutôt que de finir comme M. Mouron, pasteur à Vevey. En sondant une crevasse glaciaire en 1821, le bâton sur lequel il s'appuyait s'est brisé et le monsieur tomba dans la cavité de 250 m ; il fallu douze jours pour retrouver son corps fracturé, mais sa montre était intacte. Il y a aussi l'histoire de Mme Arbuthnot qui se promenait sur le Shilthorn, une montagne au-dessus de Mürren et qui voulut s'asseoir sur un rocher pour se reposer. Malheureusement, le rocher composé essentiellement de

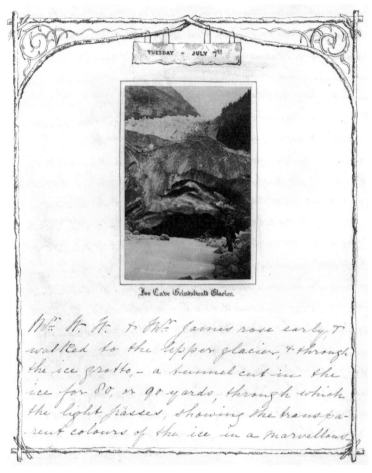

Le Junior United Alpine Club a fait une longue randonnée jusqu'à un glacier

minerai de fer attira la foudre et la pauvre femme fut électrocutée sur le champ.

Aujourd'hui, pour voir la glace, une heure de marche ne suffit plus ; il faut prévoir une randonnée d'une journée, tout en sachant que l'accès est très difficile. Les touristes modernes peuvent marcher le long de la gorge profonde creusée par le glacier en la suivant d'en haut pour admirer sa profondeur ou en marchant à l'intérieur depuis le bas. Ce n'est pas la même chose que de grimper dessus, mais cela reste très spectaculaire, je décide donc de faire les deux – pas le même jour. Pour l'heure, nous empruntons l'itinéraire du bas à travers la gorge, et je reviendrai pour faire celui du haut, qui nécessite plus de temps et une météo plus clémente, car les nuages et la bruine du jour se prêtent davantage à une marche sur un chemin déjà détrempé et partiellement souterrain.

Alors que nos visiteurs victoriens pouvaient randonner sur le glacier, nous pouvons faire quelque chose d'impensable pour eux : marcher en dessous, là où la glace a fondu et s'est frayé un chemin vers la vallée. La gorge du glacier témoigne de la force de la glace en mouvement ; l'eau qui s'écoule sous le glacier, charriant de lourdes moraines, érodant la roche et créant ce ravin, dont les murs hauts de 100 m sont perforés par les stries et les nids de poule sous l'effet des pierres et de l'eau. Des énormes blocs rocheux ont échoué ici après avoir été charriés pendant des kilomètres, tandis que le marbre rose et vert de Grindelwald – extrait jusqu'en 1903 – apporte çà et là des touches colorées.

Notre route est une longue promenade glissante ancrée dans la falaise, environ deux mètres au-dessus d'un torrent d'eau sale qui gronde et gicle sous nos pieds – l'eau de fonte de ce qui reste du glacier. Le ravin est si étroit par endroits que les parois semblent se toucher et le chemin disparaît dans des tunnels ruisselants où l'écho de l'eau domine nos voix. Ce peut être l'été à l'extérieur, mais là en bas c'est toujours l'ère glaciaire ; un autre superbe exemple de l'air conditionné naturel. Au bout d'un kilomètre, la gorge s'élargit puis s'arrête, et toujours aucun signe du glacier. Cependant, dans une fente sombre à travers les rochers, nous apercevons la blancheur du sommet et nous pouvons faire demi-tour.

Après cette route sombre et humide dans les profondeurs, celle d'en haut est baignée par le soleil et l'air frais – et demande beaucoup plus d'efforts à nos jambes. Plusieurs mois après avoir exploré le bas, je me prétends suisse et je consacre une marche dominicale à la découverte de la gorge depuis les hauteurs, sensiblement au même niveau que la surface du glacier autrefois. Un petit téléphérique rouge me conduit jusqu'au restaurant de Pfinstegg perché 360 m au-dessus de Grindelwald, sur le flanc du Mettenberg. À partir de là, je dois prétendre être une chèvre et gambader sur un chemin de cailloux au bord de la falaise. Ceux qui souffrent du vertige n'auront pas besoin de faire figurer cette sortie sur leur liste de choses à voir, comme le précise Murray :

Ce n'est pas approprié pour les personnes craintives car le sentier surplombe de formidables précipices ; mais certaines femmes l'empruntent lorsqu'elles peuvent monter sur le dos d'un cheval durant les trois premiers quarts du chemin puis s'asseoir dans une chaise à porteurs.

Aujourd'hui, je ne vois personne susceptible de me porter et je ne vois pas non plus « une vue très intéressante sur les pics de glace aux formes variées et fantastiques ». Ils ont fondu depuis longtemps et forment la rivière d'eau de vaisselle tout en bas, remplacés par une fissure géante dans la roche avec notre chemin d'un côté et le versant est de l'Eiger de l'autre. Ce n'est vraiment pas le moment de faire un faux pas, donc je m'arrête et j'inspecte consciencieusement les formations tortueuses et les fentes profondes qui constellent la roche. Soudain, la falaise de l'autre côté du ravin semble beaucoup plus intacte et avenante, sans cicatrices. En effet, cette partie n'est exposée aux éléments que depuis quelques années, puisqu'en 2006 toute une section de la paroi rocheuse s'est effondrée, envoyant deux millions de mètres cubes de roche au fond de la gorge. Sans la glace, les parois ne tiennent plus et, avec la fonte du permafrost, cet effondrement n'est pas le dernier.

De notre côté de la gorge, nous découvrons une étrange formation dans la roche : un double creux qui ressemble sinistrement à un géant qui se serait assis lourdement, laissant l'empreinte de son fessier gravée dans le rocher. Et juste en face de nous, sur la face est de l'Eiger, un petit trou laisse entrevoir une percée de ciel bleu. Deux fois par an, les rayons du soleil passent exactement à travers ce trou – le Martinsloch – et illuminent le clocher de Grindelwald. Selon la légende locale, les montagnes auparavant n'étaient pas séparées, ne laissant donc aucune échappatoire aux eaux de fonte qui s'accumulaient jusqu'à ce qu'elles se déversent dans la vallée, emportant avec elles les fermes et les gens. Un jour, un homme des alentours, à la carrure très large, prénommé Martin, arriva aux secours des villageois ; il s'assit le dos contre le Mettenberg et les pieds contre l'Eiger, qu'il poussa de toutes ses forces. Il réussit non seulement à séparer les montagnes pour créer un passage à l'eau, mais il laissa aussi son empreinte de chaque côté de la vallée ainsi apparue. Aujourd'hui, l'explication est plus pragmatique : il s'agit d'un tunnel récemment percé pour libérer la pression de l'eau provenant de la fonte du glacier et empêcher une inondation qui dévasterait Grindelwald. Je crois que je préfère la version du fessier du géant et du trou percé avec un bâton.

Quatre-vingt-dix minutes plus tard, le but est atteint : le restaurant de Bäregg, 388 m plus haut que notre point de départ sur le chemin de Pfingstegg, et il est l'heure de déjeuner au soleil, sur des nappes à carreaux rouges et blancs, juste à côté d'un drapeau suisse, avec en plus la vue sur la dernière partie du glacier. Comme à la mer de Glace, l'endroit n'est pas particulièrement beau. Il est impressionnant certes, avec son berceau de montagnes déchiquetées et les plis de la roche couverts de neige, cependant la glace scintillante et les cimes sculptées ne sont pas au rendez-vous. C'est surtout bien gris, et la moraine remplace la glace.

Le chemin continue jusqu'au Schreckhorn Hut, si on ajoute encore trois heures de marche et 800 m de dénivelé. L'itinéraire est signalé avec les couleurs bleu et blanche propres aux sentiers alpins ou à ceux réservés aux randonneurs et grimpeurs sérieux. Je suis heureux de ne pas aller plus loin, surtout quand je vois par où passe le chemin qui empiète sur le bord de la falaise. Le fait que le restaurant – reconstruit après que le premier eût succombé au changement de paysage – semble vaciller au bord du néant me suffit. Et tout ça parce que le glacier a reculé de 1,6 km depuis son apogée en 1850 ; l'épaisseur de glace atteignait alors 200 m, aujourd'hui il n'y a plus rien. En 1861, on pensait que « la mer de Glace sous le mont Blanc tout comme le glacier de Grindelwald semblent avoir diminué et perdu bien plus que le niveau qu'ils avaient pu atteindre ; mais ce ne sera que temporaire et ne concerne que leurs dimensions estivales, au plus fort de la diminution ». Lord Byron avait surnommé les glaciers alpins les « ouragans gelés », mais, dans certains cas, ils ressemblent plus à une brise d'été gelée. Quand on pense que les hommes découpaient 100 tonnes de glace par jour sur la langue de ce glacier et les transportaient jusqu'à Interlaken pour les vendre à des clients situés à Paris ou à Vienne ; un marché qui n'a pas survécu à la Première Guerre mondiale et à l'invention de la glace artificielle.

La glace joua un rôle important dans le développement de Grindelwald, et pas seulement pour la forme de ses glaciers. En effet, cette grande étendue blanche attirait les touristes britanniques et contribuait à faire de cet endroit leur lieu de prédilection pour les vacances d'hiver. En 1900, Grindelwald disposait de 16 patinoires, dont la plus grande était hébergée par le Grand Hotel Bär (2 300 m2, soit environ le tiers d'un terrain de foot). C'était aussi le quartier général du Grindelwald Skating Club, un club anglais de patineurs qui alimenta lui aussi la fièvre des sports d'hiver. En 1905, Thomas Cook proposait un voyage de dix jours pour patiner en Suisse au prix de 10 guinées, tout inclus.

Dans des lieux comme Grindelwald, on ne pratiquait pas seulement le patin à glace, mais aussi le curling (avec son propre club réservé aux Anglais), et un comité des fêtes organisait des gymkhanas pour divertir les visiteurs avec des activités telles que la chasse aux pommes de terre, consistant à ramasser les tubercules en patinant, et la course aux œufs, où les hommes devaient envoyer des œufs sur la glace et les femmes les rapporter en les faisant rouler avec des manches en bois. Il y avait aussi une version hivernale de la course à trois jambes – *Rennen der Lahmen* en allemand (« la course des boiteux ») –, où un homme et une femme portaient à chaque pied un patin et une raquette, et devaient courir main dans la main sur la glace. Les Victoriens de cette époque savaient visiblement comment s'amuser, même si certains n'appréciaient guère les pratiques du patinage continental.

Dans son livre fort divertissant *Switzerland and the English* (« La Suisse et les Anglais »), paru en 1944, sir Arold Lunn, raconte :

Le patineur anglais maintient sa jambe libre de manière rigide sur le côté et balaie la glace en faisant de larges courbes. Pour l'école anglaise, l'idéal est de ne pas s'afficher individuellement mais de patiner ensemble. Dommage que quatre patineurs anglais qui pratiquent « en combiné » occupent plus de place que cinq étrangers qui valsent dans le style continental dégénéré. Au temps de notre pouvoir impérial, personne n'osait questionner le patineur anglais sur son besoin d'espace vital.

Lunn répertorie ensuite le déclin des standards sur les patinoires de Suisse, comme si elles faisaient partie de l'Empire britannique : « Le nombre d'étrangers augmente et leur opposition latente s'est transformée en une révolte ouverte menée par des traîtres aux nobles idéaux du patinage anglican. Ils ont même demandé un groupe de musiciens sur la glace. Sur la glace ! » Apparemment, c'était la fin du monde.

Bien sûr les patinoires étaient aussi utilisées pour faire de la luge et des courses de bobsleigh. Pendant plusieurs années, Grindelwald abrita la plus longue piste de bob du monde (4,2 km) et, trois fois par jour, un train assurait les allers-retours entre le village et le départ de la piste, qui subit le même sort que les patinoires, démantelées au cours de la Seconde Guerre mondiale car passées de mode, sauf dans les Grisons. Là-bas, il en existe encore une, car ce fut à Saint-Moritz que les Britanniques inventèrent le bobsleigh, en attachant deux traîneaux ensemble avant de dévaler les pentes. C'est également aux Britanniques que revient l'invention de la fameuse Cresta Run pendant la saison d'hiver 1884-1885. Qui d'autre aurait pu avoir la folle idée de dévaler la tête la première dans un tube de glace à 120 km/h couché sur une luge fragile ?

En fait, c'est à Saint-Moritz que sont nés les sports d'hiver en 1864. L'histoire raconte que l'hôtelier Johannes Badrutt lança un défi à quatre de ses clients anglais, venus en été : ils apprécieraient tout autant Saint-Moritz en hiver. S'ils s'avéraient déçus, il rembourserait leur voyage, au contraire, s'ils aimaient, ils pourraient rester à ses frais aussi longtemps qu'ils le souhaiteraient. Les quatre revinrent donc pour Noël – et repartirent à Pâques. Ainsi naquit l'invasion hivernale britannique.

Dans la toute première brochure de sports d'hiver de Thomas Cook, *Sunshine and Snow* (« Soleil et neige »), Grindelwald fut élue « l'un des centres suisses les plus connus pour ses sports d'hiver revigorants ». Cet ouvrage de 1908 répertoriait huit lieux en Suisse, dont Adelboden, situé alors à deux heures de traîneau de Frutigen, pour celles et ceux qui voulaient échapper aux « mois ternes de l'Angleterre ». Les sports d'hiver se vendaient pour leurs bienfaits sur la santé plus que pour le simple plaisir qu'ils pouvaient procurer, comme s'il y avait quelque chose de décadent à prendre des vacances en hiver :

Les sports d'hiver revitalisent et rajeunissent ; ils génèrent une sensation de plaisir qui agit fortement sur toute l'organisation physique, tandis que tous les nerfs et les muscles sont directement stimulés par l'air frais et intensif, tempéré par un soleil clair et invitant.

Il existait même un programme de ski, comme la descente vers Männlichen – soit une ascension préalable de quatre heures depuis Grindelwald pour trente minutes de descente. Finalement, faire la queue au télésiège n'est pas si terrible. Et que pensez-vous d'une ascension de trois heures jusqu'à la Grosse Scheidegg, une descente de deux heures sur l'autre versant, un bateau jusqu'à Interlaken et un train pour rentrer à Grindelwald ?

Toutefois, à cette époque-là, les badinages d'après ski ne trouvaient pas leur place dans les programmes, ni les touristes malades. « Il faut noter que les visiteurs qui souffrent de l'une ou l'autre forme de tuberculose sont reçus dans les endroits indiqués dans cette brochure », spécifie l'ouvrage. À l'inverse, Saint-Moritz cherchait à attirer le « sexe faible » avec un club de curling pour dames et des descriptions telles que « les amatrices de jolies boutiques trouveront ce qu'il faut pour se laisser tenter ».

Tous les hôtels ont été « spécialement équipés pour les hôtes durant l'hiver, avec chauffage central et tout l'équipement dernier cri, y compris un orchestre de qualité ». Réconfortant de voir que la chaleur comptait plus que la valse. D'ailleurs, on ne dansait pas uniquement à l'intérieur : la saison d'hiver à Grindelwald incluait un concours de patinage combiné, deux prix de valse sur glace et un autre de patinage féminin. Reste à savoir s'il y eût finalement un groupe de musiciens dans la patinoire.

Une semaine au Grand Hotel Bär lors de la toute première saison d'hiver coûtait 10 livres et cinq pence (environ 900 francs aujourd'hui), y compris le voyage en train en seconde classe depuis Londres, la chambre (avec éclairage, chauffage et room-service), la pension complète et 25 kilos de bagages. Les passagers quittaient la gare londonienne de Charing Cross à 14 h 20 et arrivaient à Grindelwald à 15 h 10 le lendemain, après une traversée en bateau, quatre changements de train et une nuit entière à voyager. Il faut aujourd'hui dix heures de train avec trois changements, à Paris, Bâle et Interlaken.

En 1911, la brochure changea de nom pour s'intituler *Health, Sunshine and Snow* (« Santé, soleil et neige »), pour insister encore davantage sur l'aspect sain de ce périple, ajoutant ainsi Davos et Loèche-les-Bains à sa liste des localités. Des encarts publicitaires louant les « meilleurs tricots suisses en maille » témoignent de la réactivité des entreprises face au phénomène des sports d'hiver. Les marques anglaises Debenham & Freeboy proposaient des vêtements de patinage et de ski « qui protègent de la neige, des giboulées, de la pluie et des vents froids ». Les équipements se voulaient autant à la mode que pratiques et, pour 45 shillings (ou 200 francs actuels), les femmes pouvaient acheter un manteau long tricoté « au point de chaînette, à la coupe parfaite, disponible en 50 coloris ». Apparemment, il n'était pas supposé rivaliser avec le manteau multicolore de Joseph. Mais tout le monde ne sortait pas ainsi accoutré : le journal *The Traveller's Gazette*

(« la gazette du voyageur ») notait que « les messieurs étaient souvent vus en manches courtes s'adonnant avec force plaisir aux joies des exercices de plein air, tandis que les dames se promenaient en chemisier d'été ». Choquant !

Les assurances accidents contre les risques encourus « pendant la participation aux activités sportives » apparurent en 1921, bien que le soufflage des œufs ne soit pas mentionné. Mais j'imagine qu'il y avait quelques incidents, comme des joues gelées par exemple. À partir de 1924, pour 17 livres supplémentaires (600 francs aujourd'hui), il était possible de prendre l'avion jusqu'à Zurich au lieu du train pour se rendre dans l'une des 20 localités suisses de sports d'hiver. Trois fois par semaine, l'Imperial Airways assurait un transport de sept heures et demie (dont une heure pour manger à Paris) dans un biplan avec 12 sièges en osier.

. . .

Le patinage a certainement lancé l'engouement pour les sports d'hiver, mais il fut vite relégué au second plan par le ski, nouvelle activité à la mode, même si les patineurs dédaignaient les skieurs qu'ils surnommaient les « kangourous sur planche ». Si le ski apparut en Suisse par l'entrefaite des Norvégiens, les Anglais le transformèrent en un véritable sport. Les Britanniques manquent certes de montagnes et de connaissances en matière de neige, mais, confrontés à ces deux éléments, ils ont su quoi faire : se lancer dans une pente sur des planches en bois. C'était exactement le genre d'activité à risque que les Suisses préféraient éviter, il fallait donc que ces fadas d'Anglais leur montrent comment faire, ils avaient escaladé les montagnes, maintenant ils allaient redescendre en glissant. Qu'inventeraient-ils encore ?

L'ironie du sort veut évidemment que ce soient les Suisses qui triomphèrent dans les deux disciplines. Les Britanniques n'ont jamais gagné une médaille de ski aux Jeux olympiques, bien qu'ils s'en soient largement approchés à Salt Lake City en 2002 : Alan Baxter avait décroché le bronze au slalom (une course inventée par un Anglais), mais il l'a perdu après un test positif à la méthamphétamine. À l'inverse, l'équipe olympique suisse a remporté 55 médailles en ski alpin, puisque les différentes disciplines (y compris celle qui répond au nom énigmatique de Super G) sont courues collectivement.

Le ski est arrivé à Grindelwald en 1891 grâce à M. Arbuthnot Gerald Fox et à ses skis en bois de frêne avec des fixations en cuir, tandis qu'en 1894, sir Arthur Conan Doyle (celui du célèbre Sherlock Holmes) effectua en ski le trajet de Davos à Arosa. Toutefois, c'est peut-être sir Arnold Lunn qui influença vraiment la pratique du ski en Suisse, non seulement parce qu'il est à l'origine de la version moderne du slalom, mais aussi parce qu'il fut l'un des fondateurs du Kandahar Ski Club de Mürren dans les années 1920. Il initia également ce qui compte aujourd'hui parmi les plus anciennes disciplines de course, l'Inferno, une descente impressionnante sur 15,8 km du Schilthorn à Lauterbrunnen. Son livre, mentionné plus haut, est fascinant non pas pour son résumé de l'histoire du ski, mais parce qu'il vous transporte dans un monde depuis longtemps disparu, un monde où le formalisme était de mise – du moins jusqu'à la Première Guerre mondiale –, un monde coutumier pour Mlle Jemima et autres Britanniques à l'étranger à cette époque-là :

> *C'eût été impensable pour un Anglais de ne pas s'habiller pour le dîner servi dans l'un de ces principaux centres de sports d'hiver durant la première décennie de ce siècle. Les hôtes malchanceux qui avaient perdu leurs bagages en chemin se présentaient avec*

des mines misérables et contrites. Ce n'était pas de leur faute que d'être obligés de dîner dans leurs vêtements ordinaires. Nous le savions. Mais les regards en disaient long… Je me souviens d'un pauvre paria dont les bagages arrivèrent une semaine après lui. Tout le monde se montrait gentil, mais il avait perdu son rang. Il était en marge, il le savait, nous le savions, le serveur le savait. Soudain le nuage au-dessus de sa tête disparut, ses valises étaient là. Je n'oublierai jamais l'expression sur son visage lorsqu'il apparut pour la première fois en tenue de soirée. On aurait dit qu'il venait d'être acquitté par la cour martiale d'un délit scandaleux.

Il y avait aussi ceux qui « mettaient un point d'honneur à ne pas s'habiller spécialement pour le dîner » avec une excuse solide : ils étaient membres du club alpin et ne pouvaient donc pas se soucier de leur tenue vestimentaire après avoir traversé les glaciers. Pour une fois, l'aspect pratique l'emportait sur le formalisme, sans oublier le mépris des nombreux montagnards pour les skieurs : « Les montagnes doivent être vénérées et non pas traitées comme des pistes de luge. » Lunn déplore toutefois la disparition des tenues de soirée :

En 1939, la révolte contre le formalisme est allée si loin que les hôtels encore pointilleux sur les tenues de soirée ont été obligés de proposer des salles à manger spéciales pour ceux qui ne voulaient pas prendre la peine de se présenter en habits de cérémonie. Les Anglais ont abandonné les tenues de soirée lorsque les professeurs de ski ont commencé à s'habiller pour le dîner.

Le code vestimentaire n'était pas le seul champ de mines ; il en allait de même pour les soirées dansantes : « Les jeunes gens qui faisaient de la luge ensemble ne s'appelaient plus Mlle Smith ou M. Brown, mais Mlle Mary et M. Bobby, considéré comme un signe de réelle intimité. Et danser plus de deux fois avec le même partenaire était légèrement compromettant. »

Si sir Arnold avait une vision bien particulière de l'univers des sports d'hiver, c'est parce que son père, sir Henry Lunn, fut « le premier agent de voyage à découvrir les possibilités des Alpes en hiver » et qu'il réussit à faire des voyages un commerce réservé à une élite, même si celle-ci décriait le niveau bas de gamme de ces tours. Les vacances de neige étaient organisées en collaboration avec le Public Schools Alpine Sports Club (« Club de sports alpins des écoles privées »), de sorte que le logo de l'agence de Lunn – plus tard Lunn Poly – n'apparaissait sur aucune étiquette de valise ; ce n'était pas un club pour le peuple : « Le principal critère pour devenir membre du club était une formation universitaire ou en école privée. » Aussi incroyable que cela puisse paraître, certains des meilleurs hôtels étaient exclusivement réservés aux membres de ce club, empêchant ainsi d'autres clients de prétendre à des chambres pendant la saison, y compris les Suisses. Arnold Lunn s'étonna de cette situation où « les citoyens suisses étaient exclus des meilleurs hôtels dans les stations de sports d'hiver les plus connues, à moins qu'ils soient membres d'un club britannique ». Inconcevable de nos jours.

Le meilleur passage du livre de Lunn décrit l'attitude de son père vis-à-vis des étrangers :

Mon père a énormément voyagé, mais n'a jamais fait le moindre effort pour parler une langue étrangère. Il était toujours heureux d'aller en Amérique, car les Américains parlaient anglais, et il appréciait sincèrement certains Suisses, mais il ne s'intéressait pas aux étrangers outre mesure et caressait l'utopie qu'un jour tous les pays apprendraient l'anglais... Il n'a jamais ressenti le besoin d'apprendre les rudiments du français ou de l'allemand pour pouvoir demander son chemin vers la gare.

Ce comportement s'applique aussi à de nombreux touristes britanniques d'alors et d'aujourd'hui.

. . .

Après un repas à l'hôtel de l'Ours à Grindelwald, Mlle Jemima a voyagé dans

> "la volumineuse calèche du patron jusqu'à Interlaken. Le voyage fut magnifique et nous arrivâmes à l'heure pour prendre le bateau vers Giessbach, avec juste assez de temps pour une petite altercation avec le porteur qui, à l'instigation du propriétaire, réclamait instamment un supplément."

La fiabilité des propriétaires et les tarifs pour les suppléments sont des sujets auxquels devaient se confronter les voyageurs du 19e siècle. Cook expliquait : « Je ne suis pas vraiment disposé à recommander une classe d'hôtels inférieure, où les intéressés paient souvent autant que dans des établissements de première classe, où les tarifs sont intelligibles. » Il faisait allusion aux taxes en petits caractères qui apparaissent comme par magie sur la note des hôtels, dont Murray met aussi en garde : « Un serveur qui se rue en premier dans votre chambre et allume les bougies en cire sans vous consulter est désormais une pratique courante. » Il insiste sur la matière des bougies – en cire –, car la norme était des bougies de suif, moins chères, fabriquées à base de graisse d'animal.

Il poursuit en énumérant les taxes usuelles des hôtels première classe à la manière d'un guide pour « protéger les voyageurs de l'extorsion de fonds et de l'imposition pratiquées par les propriétaires ou les coursiers qui cherchent à tirer profit des voyageurs ». Parmi les dépenses exceptionnelles figurent le petit-déjeuner (1,50 franc), une bougie (1 franc), un éclairage de nuit (50 centimes), un bain de pieds (50 centimes ; « déraisonnable mais habituel ») et, bien sûr, le service, « un franc par jour est consacré aux serveurs, et presque toujours ajouté à la note. Ceci concerne tous les serveurs, sauf les portiers, qui attendent quelque chose en plus ». Et Murray de continuer : « Les hôtels suisses ont la réputation d'être chers et les propriétaires d'être des escrocs ; mais ces dernières années d'importantes améliorations ont été opérées », pour conclure en disant :

On suppose souvent, et peut-être à raison, que deux systèmes de taxes sont appliqués – un pour les autochtones, ou les Allemands, et un pour les Anglais ; partant du principe que ces derniers ont un plus grand porte-monnaie et des exigences plus nombreuses, donc sont plus difficiles à servir.

Les porte-monnaie anglais ont peut-être rétréci depuis, mais je me demande si nous sommes vraiment toujours aussi exigeants. J'espère que non.

Les suppléments portent aujourd'hui sur l'accès Internet et le minibar, auxquels s'ajoute la « taxe touristique », appelée communément « taxe de séjour », révélant ses origines puisqu'il s'agissait d'un impôt sur les séjours en centres de cure. Ceux-ci ont peut-être disparu, mais la taxe est restée. Bien qu'elle ne soit pas perçue partout, les communes peuvent toutefois l'instaurer comme elles le souhaitent. Ainsi, elle s'élève par exemple à 2,10 francs par jour et par adulte à Grindelwald. Alors pourquoi ne pas l'inclure systématiquement dans le prix de la chambre comme une taxe sur le prix de vente ? Les clients doivent la payer en plus à la fin de leur séjour et c'est une surprise désagréable.

En ce qui nous concerne, nous payons notre dû et quittons le Sunstar, né Adler, pour redescendre tranquillement la

Avant l'arrivée du train en 1890, Interlaken Ost n'était qu'un embarcadère à moitié rural

colline vers la gare de Grindelwald, où le BOB qui arrive d'Interlaken est aussi bondé que le métro londonien aux heures de pointe. Tout le monde est entassé et la plupart des voyageurs se précipitent sur le quai pour attraper le WAB qui les conduira dans les nuages. Résultat, nous avons le train pour nous tout seuls et nous longeons la rivière bruyante Schwarze Lütschine vers Interlaken. Comme nous avons pris un train tôt ce matin, nous aurons le temps, avant d'embarquer sur le bateau, de visiter l'endroit où Mlle Jemima et ses compagnons de route ont séjourné à Interlaken. « Nous avions refusé d'aller à la Jungfrau et au Belvédère et n'avions aucune raison de regretter notre décision », écrit-elle. « Les pièces de l'hôtel du Lac sont confortables avec de petites chambres merveilleusement propres équipées de rideaux. »

L'hôtel du Lac est toujours là, au bord de la rivière, à côté de la gare de l'est, sur le quai, mais il était complet lorsque nous

Le pays des ouragans gelés

L'Hôtel du Lac d'Interlaken et Peter Hofmann, l'arrière-arrière-grand-père du propriétaire actuel, à l'entrée de devant

avons voulu réserver une chambre (le 1er août, entre autres). Nous entrons tout de même pour discuter avec le propriétaire, Ernst Hofmann, dont la famille gère l'endroit depuis cent trente ans. C'est un monsieur affable qui parle parfaitement bien anglais et se réjouit de partager ce qu'il sait de l'histoire de cet hôtel qu'il doit à ses arrière-arrière-grands-parents, qui s'étaient simplement trouvés au bon endroit au bon moment.

Dans les années 1880, ils travaillaient au Bellevue à Berne, un hôtel huppé très apprécié des politiciens et des hommes d'affaires de la capitale. C'est alors qu'ils eurent vent des grands changements qui allaient survenir à Interlaken et décidèrent d'agir avant qu'il ne soit trop tard. En 1888, ils achetèrent l'hôtel du Lac en pleine faillite, situé juste à côté de Zollhaus, comme se nommait alors Interlaken Ost. En 1874, la ligne de train du Bödelibahn avait été étendue d'Interlaken à Böningen, sur la rive occidentale du lac de Brienz, où les passagers pouvaient prendre le bateau pour traverser le lac. Ainsi, la région autour de Zollhaus était devenue un vaste terrain vague abandonné des touristes, et le grand hôtel près de la gare n'avait pas survécu. Mais, comme l'avait annoncé la rumeur, tout changea avec l'ouverture de la ligne BOB en 1890 et la relocalisation du quai de Bönigen juste à côté de Zollhaus en 1891 ; Interlaken Ost était né et l'investissement rentabilisé, car Peter Hofmann était déjà installé depuis trois ans dans son hôtel et bien préparé à l'assaut des touristes. En 1904, il put financer un étage de plus et une tour, conférant à l'hôtel son architecture actuelle.

Malheureusement, il n'existe aucun témoignage de l'époque précédant l'arrivée de la famille Hofmann ; une autre impasse dans ma quête de Mlle Jemima en Suisse. M. Hofmann me montre la plus ancienne photo qui existe de son ancêtre avec son hôtel en 1898. Peter Hofmann se tient debout, devant l'entrée d'un bâtiment déjà largement imposant avant son extension ; quatre étages, une pièce dans un pignon central et neuf fenêtres à volets. Ce n'est pas un palace avec coupole et portier, c'est un bâtiment simple, comme le stipule la pancarte « hôtel et pension du Lac ». Aujourd'hui, en dépit de la tour et des murs roses, on distingue la structure d'origine au cœur du bâtiment actuel, et même la mansarde, sans le toit en forme de A. Il est évident que cet hôtel compte sur ses traditions plus que sur les changements de mode.

« Environ la moitié de nos clients parlent anglais, m'explique M. Hofmann, et la moitié d'entre eux sont britanniques. Ils restent en général plus de deux jours et l'ambiance dans l'hôtel le soir est agréable. Nous ne voulons pas perdre ça en accueillant de grands groupes qui restent seulement une nuit et ne mangent jamais au restaurant. »

C'est le dilemme auquel sont confrontés tous les hôtels d'Interlaken et du reste de la Suisse. À cause de la crise économique et du franc fort, le nombre de visiteurs européens a nettement diminué au cours des dernières années. En 2008 par exemple, les Allemands et les Anglais étaient sur les premières marches du podium pour le nombre de touristes en Suisse, avec respectivement 2,3 millions et 825 000 visiteurs ; en 2013, ils n'étaient plus que 1,8 million et 660 000, remplacés par des milliers à venir d'Inde, du Brésil, de Russie, des pays du Golfe et surtout de Chine. En 2008, le nombre de touristes chinois était le même que celui des Norvégiens et des Suédois rassemblés ; maintenant, ils sont les principaux touristes en Suisse, avec plus d'un demi-million de visiteurs et une augmentation de 350 % en quatre ans. La plupart d'entre eux voyagent en groupe, veulent manger chinois et voir toute la Suisse en quinze jours ; c'est peut-être profitable pour les magasins de montres où les Chinois dépensent beaucoup d'argent, mais ce n'est pas toujours bénéfique pour les hôtels, comme nous l'explique M. Hofmann :

Interlaken était autrefois un grand village avec plusieurs grands hôtels, c'était une localité pleine de charme. Mais, aujourd'hui, ce sont les groupes, les hôtels, le tourisme de masse. L'endroit est devenu un centre régional plus qu'un lieu de villégiature. D'autres hôtels ont changé pour accueillir les grands groupes et ont perdu leur caractère, certains en fermant leur restaurant. Nous ne voulons pas faire ça.

On dirait le roi Canut essayant d'arrêter la marée montante, futile résistance face aux vagues de l'avenir. À moins que ce soit une tentative courageuse pour empêcher Interlaken de vendre son âme et de devenir la Costa del Sol des Alpes, peuplée de Chinois au lieu de Britanniques. La ville compte déjà plus de restaurants chinois, halal, coréens et indiens que beaucoup d'autres villes suisses, avec le vénérable café Schuh qui sert un plat du jour asiatique. À trop vouloir survivre, le danger est de détruire ce qui faisait l'essence même du village et la raison pour laquelle on y venait : la Swissness.

Le même reproche pourrait s'appliquer au premier déluge de touristes à la fin du 19ᵉ siècle, qui fit surgir de terre tous les hôtels et les rails de train. L'heure n'était pas au pittoresque, ils voulaient des salles de bains et des salles de bal, ils voulaient Paris dans les Alpes – et ils l'ont eu. Luxe et paysage devinrent synonymes de Suisse, si bien qu'aujourd'hui ils font partie de la vie au 21ᵉ siècle. Néanmoins, quelques aspects de la vie traditionnelle suisse survécurent, en particulier lorsque certains Suisses réagirent à ce développement sans fin. Reste à voir comment la Suisse va faire face au dernier cycle de tourisme.

. . .

Autre lac, autre bateau. Aujourd'hui, c'est le lac de Brienz, environ moitié moins grand que son homologue de Thoune, à bord du MS Brienz, incarnation moderne du premier bateau qui portait ce nom, mais désormais sans aube ni vapeur. Cela ne nous dérange pas, car après deux jours de grève, le soleil a finalement fait son apparition, presque exactement au moment où le capitaine lance deux coups de corne de brume pour signifier le départ. Ma contemplation de l'eau est interrompue par ma mère.

« Écoute ça ! » Elle lit le journal de Mˡˡᵉ Jemima : « L'après-midi était belle et nous avons beaucoup apprécié notre calme traversée du lac. » Elle repose le livre et soupire. « Elle m'enlève les mots de la bouche [...], cent cinquante ans plus tard, c'est toujours aussi beau. » Je ne peux qu'acquiescer.

Les lacs de Thoune et de Brienz sont en fait deux renflements sur le cours de l'Aar, la plus longue rivière exclusivement suisse. Seul le Rhin, qui prend sa source en Suisse, est

Le pays des ouragans gelés

Les bateaux à aubes comme le DS Brienz étaient un moyen de transport crucial et sillonnent toujours le lac suisse aujourd'hui

plus long, mais ce fleuve puissant traverse plusieurs pays ; l'Aar, elle, est 100 % suisse sur la totalité de ses 295 km, jusqu'à ce qu'elle rencontre le Rhin. Toutefois, les ressemblances entre les deux lacs s'arrêtent là. Non seulement celui de Thoune est plus grand et ses rives plus développées, mais son eau est aussi plus claire et plus bleue ; tandis que celui de Brienz a de vraies allures de lac de glacier, comme si l'on avait mélangé du lait avec de l'encre turquoise, car il n'y a pas que l'Aar qui charrie des tonnes d'alluvions, la Lütschine déverse elle aussi constamment les sédiments du glacier dans le lac de Brienz. À Böningen, le bateau passe devant le long et mince courant d'eau grisâtre chargé de résidus qui arrive dans le lac et se dissipe sur toute son étendue. Mais, lorsque l'eau s'écoule ensuite dans le lac de Thoune, tous les sédiments se sont déposés, laissant apparaître l'eau cristalline des Alpes.

La direction prise par Mlle Jemima ce jour-là – et donc la nôtre – se dessine rapidement à la proue du bateau : une petite colline boisée qui pointe sur la rive sud du lac. Vu d'ici, on distingue un espace libre à mi-hauteur au milieu des feuillages qui couvrent tout le rivage, probablement le meilleur exemple de conservation collective en Suisse : le Grand Hôtel Giessbach. En 1978, cet établissement historique ferma ses portes, voué à être remplacé par un immense chalet, ce qui motiva immédiatement le défenseur de l'environnement Franz Weber à s'opposer au projet et à créer la fondation « Giessbach au peuple suisse », afin de racheter l'hôtel pour la modique somme de trois millions de francs, rassemblés grâce à une campagne nationale de levée de fonds.

L'hôtel fut soigneusement rénové, avec des meubles d'époque et des finitions authentiques, faisant de ce bâtiment l'un des rares hôtels où le visiteur est plongé dans l'atmosphère de la Belle Époque – avec des suites équipées de salles de bains et de téléviseurs. Même si Mlle Jemima n'y avait pas séjourné, je m'y serais arrêté pour prendre le thé sur la terrasse, mais comme d'après son itinéraire il faut y passer la nuit, ce sera la nuitée la plus chère de tout le voyage. J'ai d'ailleurs dû réserver des mois à l'avance, cependant c'est une opportunité unique de vivre durant quelques heures comme un touriste de l'ère victorienne. Le bateau accoste sur le ponton privé de l'hôtel, nous débarquons et remontons le temps.

Un petit train rouge avec cinq rangées de sièges recouverts de tissu vert attend pour nous conduire à l'hôtel, 150 m plus loin. C'est le plus ancien funiculaire privé d'Europe, inauguré le 21 juillet 1879, inchangé depuis sa création, ce qui explique la dureté des sièges en bois et l'absence de parois latérales. Chaque rangée est légèrement surélevée par rapport à la précédente, si bien que malgré l'inclinaison constante du wagon, les passagers restent assis au même niveau. Le chauffeur s'assure que les petites portes sont bien fermées et nous démarrons à la vitesse de 1,5 m par seconde, et arrivons donc cinq minutes plus tard devant l'hôtel. C'est exactement le genre de luxe que pouvaient proposer les grands hôtels du 19e ou plutôt qu'ils se devaient de proposer s'ils voulaient attirer les clients. Mlle Jemima fut obligée de grimper depuis le débarcadère, mais c'était en 1863, avant que l'établissement soit réservé aux riches et aux nobles.

Douze ans après la visite de Mlle Jemima, Giessbach comptait déjà parmi les derniers endroits de Suisse arborant un Grand Hôtel, conçu par le même architecte que le Victoria-Jungfrau d'Interlaken, Horace Édouard Davinet. Sa somptueuse construction de cinq étages surplombée de dômes et surnommée «Le Louvre» ne survécut que quatre-vingts ans ; les étages supérieurs disparurent dans un incendie en octobre 1883. Le nouvel édifice était anguleux, avec des tours pointues coiffées de chapeaux de sorcière, plus chalet suisse que château français. Les prestations dernier cri comprenaient l'éclairage électrique et les toilettes, une chambre noire pour les photographes et trois concerts par jour. Ce bâtiment fut menacé de disparition dans les années 1970 et nous allons y passer la nuit. Certes, il n'est peut-être pas tout à fait aussi raffiné que son prédécesseur, mais ses façades crème et les volets pourpres, la forêt et le lac en toile de fond, confèrent une impression inoubliable. L'intérieur ressemble à un décor de grande épopée : parquets de chêne, lustres et chérubins en plâtre où que l'œil se pose.

Ma tenue vestimentaire – short, t-shirt – me paraît un tantinet mal appropriée et je me demande si le style Lunn n'est pas de rigueur pour le dîner. Heureusement, le look décontracté est passé dans les mœurs à Giessbach, comme

Le funiculaire de Giessbach fonctionne toujours aujourd'hui, mais son premier grand hôtel a brûlé en 1883

presque partout ailleurs, sauf au Palace Hôtel de Gstaad, où les messieurs doivent encore arborer le veston. Il faudrait leur dire qu'on n'est plus en 1913.

En haut de la colline, derrière l'hôtel actuel, se trouve l'ancien bâtiment, presque aussi grand mais construit dans les années 1850, dans un style plus simple; on dirait le prototype de l'un de ces pseudo Hilton rustiques, sauf que celui-ci est authentique. Aujourd'hui, il est dédié à l'hébergement des employés, mais, en 1863, il était réputé pour proposer «les meilleures chambres de tout l'Oberland bernois», toujours d'après Murray. Pourtant, il n'y avait pas de place pour le Junior United Alpine Club:

> "Notre demande de lits dans ce grand hôtel à la mode fut inefficace, les 150 lits dont il dispose étant tous réservés. Mais notre groupe se vit présenter une offre pour occuper un chalet situé sur la

propriété, sans avoir à craindre l'intrusion d'autres voyageurs. Cet arrangement correspondait si joliment à notre idée de la nouveauté et du romantisme que nous occupâmes immédiatement les chambres, où la vigne vierge s'entrelaçait dans les treillis et les plantes grimpantes s'accrochaient aux balcons sculptés."

La vue sur le lac, aussi belle soit-elle, n'était pas la véritable raison pour laquelle les gens venaient à Giessbach, c'était plus pour les chutes d'eau, un enchaînement de cascades qui se déversent le long du versant adjacent à l'hôtel, créant une atmosphère idyllique de forêt baignée d'eau, que Mlle Jemima apprécia particulièrement :

"Bien qu'elle soit moins haute que les autres, elle les surpasse de par sa beauté et la présence d'une riche forêt de sapins dans laquelle elle se fraie un chemin. La cascade de Giessbach est l'une des plus belles, d'une hauteur de 150 m. Elle n'a rien de sauvage, au contraire, avec les collines verdoyantes à proximité et les bois sombres, on dirait un paysage de parc."

Elle avait raison. Ces chutes d'eau ne sont ni aussi extraordinaires ni aussi tumultueuses que certaines autres cascades en Suisse, mais elles sont infiniment plus accessibles. Un sentier en escalier serpente jusqu'à un promontoire derrière le rideau d'eau, puis retourne dans les bois et passe enfin sous les piliers en pierre du funiculaire. On peut aisément s'imaginer l'enchantement des visiteurs de l'époque (qui perdure je l'avoue) –, en particulier si l'on considère l'extravagance nocturne à laquelle étaient conviés tous les visiteurs chaque soir, à leur grande joie :

> " À 22 heures, la cloche sonnait pour convier tous les hôtes à se rendre dans le hall. Au signal d'une fusée, chacune des six chutes plongées dans l'obscurité s'illuminait instantanément : la plus en bas devenait couleur rubis, celle du dessus couleur émeraude, la troisième prenait les reflets de l'améthyste, la quatrième ceux de la topaze, puis une symphonie de cristaux semblait libérer ses joyaux. Ensuite, les couleurs s'inversaient... L'effet était magique. "

Ce genre de kaléidoscope n'est plus inclus dans l'offre actuelle, bien que les cascades inférieures soient baignées de lumière jaune. Cependant, nous pouvons déguster un excellent dîner composé de poisson du lac et de viande de Brienz – l'hôtel essaie d'être aussi écologique que possible en travaillant avec les éleveurs et les fournisseurs locaux – et bénéficie du meilleur service qui m'ait été donné de voir en Suisse. C'est un vrai plaisir d'être entouré d'un personnel souriant qui semble aimer son travail.

La nuitée de Mlle Jemima dans le chalet ressemble en de nombreux points à la nôtre à Kandersteg – « Nous avions la ridicule impression de dormir dans une boîte à thé, avec du bois au zénith, au nadir, au nord, au sud, à l'est et à l'ouest, cernés par le bois. » Ce soir pas de boîte à thé, mais une chambre grandiose, avec vue sur le lac, qui devient de plus en plus sombre à mesure que le soleil disparaît, et une longue nuit de repos en perspective, sachant que notre bateau ne lèvera l'ancre que vers 10 heures du matin. J'avoue que voyager rivé aux horaires des transports en commun peut devenir frustrant ; aujourd'hui est un jour exceptionnel puisque nous n'avons aucun autre moyen de quitter Giessbach. Nous nous attardons donc devant un somptueux buffet de petit-déjeuner, le meilleur jusqu'ici, et profitons de ce lieu inoubliable, dont Mlle Jemima ne tarit point d'éloges :

> "Cette soirée à Giessbach fut une véritable félicité suisse et nous étions bien disposés à nous abandonner pour ces quelques heures à l'illusion d'être les possesseurs d'un chalet, d'une propriété et d'une cascade."

Ou, comme le résume si bien ma mère : « Cher, mais cela vaut chaque centime dépensé. »

. . .

Pour Mlle Jemima, la journée suivante fut l'une des plus longues et des plus chargées de tout le voyage. Voici ce qui l'attendait : bateau pour Brienz, diligence pour le col de Brünig jusqu'à Alpnach, bateau pour Lucerne, bateau pour Weggis et, pour finir, une marche de quatre heures jusqu'au sommet du Rigi. Le groupe se leva à 5 heures et termina son périple à 22 heures, ayant même réussi à intégrer quatre heures de visite à Lucerne, aux alentours du déjeuner. Pas étonnant que Mlle Jemima fasse état d'un « sentiment de fatigue » lorsqu'ils arrivèrent dans la nuit en haut de la montagne.

La première partie de notre voyage n'aurait pu être plus facile : descente en funiculaire, bateau à vapeur pour une traversée de dix minutes vers Brienz, arrivée en temps et en heure pour prendre le train à la gare juste à côté. Le fait que la totalité des transports en commun suisses fonctionne comme un seul et unique réseau ne cessera de m'étonner. Les horaires, les billets de train, de bateau, de bus et de téléphérique, tout est intégré dans un même système, quelles que soient les sociétés de transport. Tout est réglé comme une horloge et ça fonctionne.

Si vous regardez la carte, il y a une voie évidente qui permet de relier le canton de Berne à la Suisse centrale : par le col de Brünig, à 1 008 m d'altitude ; un défi certes, mais pas insurmontable, en dépit des barrières politiques et financières plus difficiles à surmonter. Le canton voisin de Berne, Obwald, n'avait ni la volonté ni les moyens d'envisager un quelconque chantier, c'est pourquoi le gouvernement fédéral finança le projet, pour des raisons stratégiques, confirmé par le nombre croissant de touristes.

La nouvelle route n'existait que depuis deux ans lorsque le Junior United Alpine Club l'emprunta en diligence, et Mlle Jemima fut dûment impressionnée :

> "Avec cette route, comme avec celle des gorges de la Dala, les Suisses peuvent prétendre être les meilleurs constructeurs de route l'Europe. La voie est large et étayée par des contreforts en granit, surplombée sur une partie par un pan de roche qui traverse jusque de l'autre côté."

Quant à Murray, il est séduit par le panorama le plus célèbre sur la vallée du Hasli et les Alpes bernoises. En regardant vers le nord, il trouve que la vue est « charmante et imprenable sur toute la vallée de Nidwald, jusqu'au mont Pilate, avec le lac de Lungern en premier plan, l'ensemble formant l'un des plus adorables paysages de Suisse ». Bien sûr, il pensait Obwald en écrivant Nidwald, mais il faut lui concéder que la confusion est aisée (le premier signifie « au-dessus des bois », le second « en dessous des bois ») ; sachant que Ob et Nid étaient

Le pays des ouragans gelés

Le passage était un peu étroit pour le premier train de la ligne de Brünig

réunis en Unterwald, l'un des trois cantons fondateurs de la Confédération.

Mlle Jemima avait pris le train et nous profitons donc des mêmes vues sur le Brünig, depuis l'un des plus jolis trajets en train de Suisse. La ligne du GoldenPass, qui relie Lucerne à

Interlaken (puis Gstaad à Montreux), n'inspire pas nécessairement la même admiration que d'autres circuits de montagne en train, mais sa beauté tranquille ne peut qu'être appréciée. Ce paysage est tellement suisse, avec des vaches dans les pâturages, des bateaux sur le lac, de la neige sur les montagnes et de grandes fenêtres dans les trains.

La ligne du Brünig fut inaugurée le 14 juin 1888 et conçue pour les touristes comme une voie reliant Berne et l'Italie par le Gothard (c'était bien avant la percée du Lötschberg), bien qu'une autre route ait été construite dans ce but, étant donné que la voie étroite (la seule gérée par la Compagnie nationale de chemins de fer, CFF) était peu adaptée au fret, et qu'elle n'était ouverte qu'une partie de l'année. En effet, durant les quinze premières années de son exploitation, la ligne n'assurait qu'un service estival, et le tronçon jusqu'à Interlaken ne fut achevé qu'en 1916, obligeant donc les passagers à prendre le bateau à Brienz. Aujourd'hui, cette ligne dessert les villes et les villages alentour et représente toujours un itinéraire touristique important, car la GoldenPass fait partie des quatre principaux trajets ferroviaires panoramiques de Suisse. Si l'on pouvait parcourir toute la distance sans changer de train, je l'apprécierai d'autant plus.

Avant de passer le col, le train fait un détour d'une demi-heure par la vallée de l'Aar, en forme de U jusqu'à Meiringen. D'un point de vue géographique, ce détour n'est pas nécessaire, mais il l'était cependant pour des raisons politique et économique. L'itinéraire le plus direct n'aurait pas desservi Meiringen, et les touristes n'auraient pas pu descendre du train pour monter dans des chariots. Aujourd'hui, les trains entrent en gare de Meiringen avant de retourner sur leur pas et de remonter.

Outre cet arrangement ferroviaire inhabituel, Meiringen peut revendiquer deux autres faits historiques. Premièrement, ce serait le berceau de la meringue, d'où le nom du dessert, bien que cette notoriété soit controversée depuis que la seule preuve de la création sucrée de l'italien Gasparini est partie en fumée durant les deux incendies consécutifs qui ont frappé la ville à la fin du 19e siècle. Le second événement est plus aisé à vérifier, il en va du lien avec Sherlock Holmes. L'ancienne église anglicane de la ville est devenue un musée dédié à Holmes, avec, entre autres, une reproduction fidèle du salon sis 221b Baker Street et une statue de bronze du héros, le représentant en pleine réflexion avec sa pipe en bouche. Et tout ça parce qu'il décéda près des chutes du Reichenbach.

Sir Arthur Conan Doyle visita Meiringen en 1893 et décida de planter le décor de la bataille entre Holmes et Moriarty au bord de ces imposantes cascades. L'endroit où les deux héros plongèrent dans les eaux bouillonnantes est marqué d'une étoile, même si Holmes n'y est pas vraiment mort. En effet, face au tollé de son lectorat et au manque d'argent, Conan Doyle décida de ressusciter dix ans plus tard son héros le plus célèbre. Quant à l'idée du décor de la scène ultime, on dit qu'elle aurait germé dans une autre tête que celle du non moins célèbre auteur. En effet, Peter Lunn, fils d'Arnold Lunn, raconta qu'un jour d'été de 1893, alors que Conan Doyle séjournait chez sir Henry, son grand-père, la conversation s'orienta sur le problème de Sherlock. « Mon père lui dit « Faites le tomber dans les chutes de Reichenbach », mais comme Conan Doyle n'en avait jamais entendu parler, mon grand-père les lui montra », a déclaré Lunn. Depuis, Meiringen le remercie.

Les chutes du Reichenbach sont beaucoup plus grandes et beaucoup plus bruyantes que celles de Giessbach. Ici aussi, un petit funiculaire rouge sans parois avec des sièges en bois (celui-ci date de 1899) achemine les visiteurs du bas de la vallée jusqu'au sommet. Peut-être a-t-il été construit pour faire face à l'affluence des touristes après la chute de Holmes dans les cascades, devenues célèbres dans le monde entier ; et quoi de plus approprié que de faire cette visite en compagnie du roman de Conan Doyle, *Le Problème final* (1893) :

Le site, il faut en convenir, est effrayant. Le torrent, gonflé par la fonte des neiges, se précipite au fond d'une gorge, d'où l'écume s'élève en tourbillons comme de la fumée au-dessus d'une maison en feu. Le défilé dans lequel la rivière se rue est une sorte de ravin, aux parois d'un noir brillant de houille. Elle va se rétrécissant, dans un bouillonnement blanc, sous lequel se devinent d'insondables profondeurs. L'eau verte coule en mugissant sous un rideau d'écume et de l'abîme monte un grondement sourd et continu.

Venez à Meiringen un 4 mai (la date de la bataille fictive de 1891) et vous rencontrerez certainement quelques audacieux en costume d'époque victorienne pour la commémoration – vous y verrez non seulement une casquette de Sherlock mais aussi un Watson, une Mlle Hudson et un Moriarty.

Depuis le col du Brünig, la route descend tout le temps jusqu'à Lucerne, passant devant une enfilade de petits lacs. Le premier, le lac de Lungern, était autrefois beaucoup plus grand, mais une solution bien inspirée pour pallier au manque de terres arables et aux vagues d'émigration rurales, fit baisser le niveau d'eau de 18 m. Après cinquante ans de travaux et de discussion (qui divisa les habitants de Lungern en deux camps : « les Mouillés » et « les Secs »), un tunnel de 420 m vit le jour pour déplacer des milliers de litres d'eau et libérer ainsi des acres de terrains. Il y eut quelques effets secondaires imprévus, comme des glissements de terrain, mais le village gagna ainsi des terres agricoles dans une région demeurée sinon inhospitalière. La Suisse représentait peut-être une terre d'aventures pour les touristes, mais, pour les locaux, la vie dans des endroits comme celui-ci n'était pas des plus réjouissantes.

Pour Murray, ce lac n'était pas particulièrement beau, pour ma part je le trouve assez pittoresque, entouré de pâturages vert clair typiquement suisses et de collines vert foncé. Et, pour les Mouillés, la Suisse n'est pas en manque d'autres lacs plus grands.

Le train ondule au rythme du relief et traverse de petites bourgades où l'on trouve systématiquement une église catholique avec une croix dorée sur le clocher. Mlle Jemima disait de ce paysage : « Son caractère est calme et plaisant, mais pas extraordinaire. » Elle n'avait pas tort, et elle eut la chance de le découvrir sous le soleil « qui brillait avec sa force suisse habituelle ». En effet, le soleil suisse était plutôt fort pour ces Britanniques à la constitution sensible, comme le remarquait M. William : « Il fait si chaud en milieu de journée qu'il est insensé de faire quoi que ce soit d'autre que la sieste. » À l'inverse, après des débuts prometteurs, la météo de notre voyage décline à vitesse grand V, si bien qu'au moment où nous arrivons à Sarnen, la capitale d'Obwald, le ciel est plus gris que bleu. Obwald, l'un des plus petits cantons en termes de surface et de population, se situe littéralement au cœur de la Suisse : juste au sud du lac de Sarnen se trouve le centre géographique du pays, baptisé Älggialp, où se déroule chaque année la cérémonie de la personnalité de l'année. Et certains pensent que les Britanniques ont des coutumes étranges.

Vers midi, la famille suisse assise à côté de nous déballe son repas et commence à mâcher allègrement. Vous pouvez être sûr qu'à cette heure-là, des milliers d'autres Helvètes font la même chose chez eux ou au restaurant. Qu'il s'agisse d'un repas en bonne et due forme ou d'un sandwich dans un train, les Suisses aiment manger à midi, où qu'ils soient. Les écoles ferment, les chantiers s'arrêtent et les bureaux se vident au même moment pour que tous aillent déjeuner ou manger le « repas de midi », comme on dit en allemand, *Mittagessen* ou le *Zmittag* en suisse allemand. Nous restons résolument Britanniques et nous nous abstenons. Non que nous soyons repus après un énorme petit-déjeuner, mais simplement parce que la seule nourriture que je transporte dans mon sac à dos se résume à des pastilles aux plantes Ricola. Le déjeuner attendra notre arrivée à Lucerne.

Mlle Jemima devait prendre le bateau à Alpnach, « ravie de changer de mode de transport pour passer de la terre ferme à l'eau, de la diligence au bateau à vapeur ». Grâce au tunnel du Lopper, achevé en 1889 et reliant Lucerne à Brienz, nous pouvons rester dans le train. Mais cette année-là, un autre événement marquant fut célébré : l'ouverture de la ligne ferroviaire jusqu'au sommet du mont Pilate, qui se dresse au-dessus de nos têtes. Avec une pente de 48 %, c'est le train le plus raide du monde, rendu possible par l'utilisation d'un système révolutionnaire d'engrenages horizontaux ; l'invention du colonel Eduard Locher de Zurich, qui créa également une société pour augmenter le capital nécessaire à la réalisation de la ligne, ainsi les fonds publics ne furent aucunement engagés. Mais pourquoi donc construire 4,6 km de voies ferrées sur une montagne pleine de rochers ? Afin que les touristes puissent atteindre le sommet à 2 132 m et admirer le splendide panorama sur les Alpes sans avoir à marcher ou escalader. Et c'est ce qu'ils font depuis, au nombre de 350 000 passagers chaque année. Le train du mont Pilate ne s'est pas contenté d'être une idée folle, il engrange des bénéfices depuis son inauguration le 4 juin 1889.

Si nous voulons suivre le programme de Mlle Jemima, nous avons maintenant quatre heures devant nous pour une visite de Lucerne avant que notre bateau traverse le lac des Quatre-Cantons. Mais passons d'abord par les consignes à côté du quai. Presque toutes les gares suisses en sont équipées, ce qui pour moi relève quasiment du miracle. J'ai grandi en Grande-Bretagne entre les années 1970 et 1980, lorsque les consignes représentaient des cachettes potentielles pour les bombes de l'IRA, si bien que j'apprécie énormément le fait de pouvoir déposer mes bagages pour la journée sans être pris pour un terroriste.

Mais nous n'avons pas le temps d'épiloguer sur la vie et la liberté – en avant à la recherche du bonheur, façon lucernoise. Ceci dit, je ne crois pas que notre première étape soit le meilleur endroit pour entamer une telle quête. Car nous allons visiter le monument le plus triste de toute la Suisse.

La reine des montagnes

« Il serait impensable pour nous de ne pas gravir le Rigi. Ce serait comme aller à Rome sans voir le Colisée, ou aller à Naples sans voir Pompéi »

— *Cook's Tourists Handbook to Switzerland,* 1874 —

La reine des montagnes

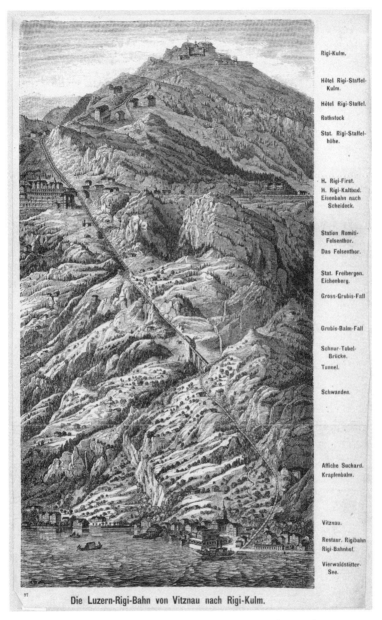

Le premier train de montagne européen monte au sommet du Rigi depuis 1871

Il fut un temps où les hommes suisses n'étaient pas armés d'un simple canif rouge et ne voyageaient pas à l'étranger pour voir des monuments. Ces hommes étaient des mercenaires, employés par des rois ou des empereurs de l'Europe entière pour participer à leurs batailles et vaincre leurs ennemis. Mais il n'en avait pas toujours été ainsi. Pendant les deux premiers siècles d'existence de la Suisse, ses habitants menèrent leurs propres batailles, envahirent leurs voisins et, de manière générale, se comportèrent aussi mal que d'autres peuples. Ils battaient régulièrement les Habsbourg à plate couture, et les soldats suisses, craints de tous, écrasèrent la Bourgogne en 1472, scellant ainsi le destin de ce duché autrefois puissant. Pourtant, la victoire des Français à la bataille de Marignan, en 1515, incita les Suisses à changer leur fusil d'épaule : ils décidèrent de ne plus se battre – sauf s'ils étaient payés pour. Le pays devint neutre, mais pas ses habitants. Ils se battaient pour le compte de n'importe quel payeur – la France, la Grande-Bretagne, l'Autriche, les Pays-Bas, l'Espagne – non seulement en tant qu'individus, mais aussi en bataillons entiers venus de tous les cantons.

C'était là une solution idéale à deux grands problèmes suisses : la surpopulation et le manque d'argent. La main-d'œuvre était l'une des plus importantes ressources naturelles de la Suisse et la principale source de revenus en devises étrangères, en particulier pour les cantons ruraux pauvres. Les hommes sur les champs de bataille représentaient moins de bouches à nourrir à la maison et moins de testostérone à décharger. Mieux valait les laisser mourir à l'extérieur des frontières pour une bouchée de pain plutôt que de faim ou chez eux sous les feux de la guerre civile. Tout le monde y trouvait son compte, sauf bien sûr les hommes qui perdaient la vie.

Les rois français appréciaient particulièrement les garçons suisses habillés de rouge, qu'ils employaient à la fois comme force armée – jusqu'à 25 000 hommes – sur les fronts et comme garde personnelle. C'est précisément cette garde qui fut massacrée au cours de la Révolution française. La majorité des 900 hommes qui la composaient furent tués le 10 août 1792 alors qu'ils défendaient héroïquement, mais vainement, le palais des Tuileries, la résidence parisienne de Louis XVI. Nombre d'autres furent arrêtés et guillotinés au cours des mois mouvementés qui suivirent. Un Helvète cependant survécut, parce qu'il était en congé à Lucerne : le capitaine Karl Pfyffer, qui décida d'ériger un monument en mémoire de ses camarades. Pour ce faire, il commença à collecter des fonds en 1818 et se rendit à Rome pour engager le célèbre sculpteur danois Bertel Thorvaldsen. Le monument fut érigé le 10 août 1821 (le jour du 29ᵉ anniversaire du massacre). La sculpture, taillée dans la paroi d'une carrière de grès abandonnée, mesure 6 m de haut et 10 m de long. Il s'agit de l'un des monuments les plus photographiés de Lucerne, et l'un des plus tristes : le Lion de Lucerne.

Le Lion est couché dans sa tanière creusée dans la paroi perpendiculaire d'une falaise peu élevée – car il est taillé au cœur de la roche. Sa taille est colossale, son attitude, noble. Sa tête est inclinée, la lance brisée est enfoncée dans son épaule, et ses pattes protectrices reposent sur les fleurs de lys de France. Des vignes pendent de la falaise, ondulant dans le vent, et un ruisseau clair coule goutte à goutte d'en haut et se déverse dans un étang au pied de la falaise, où le lion est reflété par la surface lisse de la mare, au milieu des nénuphars.

C'est ainsi que Mark Twain a décrit ce monument, toujours aussi visité qu'autrefois. « Une solitude et une ombre tranquilles règnent en cet endroit particulièrement agréable et rafraîchissant. » Et il a raison, même pendant une journée

*Le Lion de Lucerne attire les touristes depuis presque 200 ans,
comme le montre cette carte postale datant de 1904*

comme celle-ci, où les gens descendent de 10 bus touristiques garés dans les environs comme s'ils étaient montés sur un tapis roulant ; des couples de Chinois qui consultent leur guide, des étudiants américains qui écoutent à contrecœur leur professeur, des familles indiennes qui prennent la pose et d'innombrables appareils photos ou smartphones qui immortalisent la bête blessée.

Au milieu de la mer de touristes et des vagues de bavardages, ma mère et moi restons calmes et silencieux, transfigurés par la vue de ce lion à l'agonie. Nous ne sommes pas les seuls à être émus par la sculpture la plus triste du monde. D'autres que nous la regardent simplement, absorbant chaque petit détail du lion : sa patte tendue, son regard quelque peu sévère, sa blessure fatale et sa gueule à demi ouverte, comme s'il était en train de prendre sa dernière respiration pendant que nous le contemplons. Ma mère essuie une larme et nous allons nous asseoir sur un banc.

En écoutant les conversations autour de nous, nous réalisons que peu de gens savent ce que commémore ce monument, peut-être parce que les inscriptions sont en latin, bien que les panneaux d'information, ignorés des visiteurs, fournissent toutes les explications nécessaires. Selon le consensus général, il s'agit d'un hommage à la lutte des Suisses pour leur indépendance. Si seulement… Tout poignant et majestueux qu'il soit, le monument du Lion est dédié à des hommes qui se sont vendus pour de l'argent et à des républicains morts pour un monarque autocrate. Il rappelle le courage et l'honneur sacrifiés au nom d'une cause perdue et de l'appât du gain, et c'en est d'autant plus triste.

Les armées mercenaires furent abolies par la nouvelle Constitution fédérale suisse de 1848, même si les contrats en cours de validité furent tout de même honorés (on reste correct) jusqu'à ce qu'en 1859 le gouvernement bannisse toute forme de combat mené pour de l'argent. La seule survivante de cette pratique sanglante est la Garde suisse du pape, protégée par Sa Sainteté depuis 1506. Pour servir à Rome, il faut avoir moins de 30 ans, faire plus de 1,74 m, être célibataire et avoir accompli son service militaire en Suisse. Être à la fois suisse et catholique peut également s'avérer un atout essentiel. Si l'on répond à tous les critères, on peut alors endosser le gai uniforme à rayures, qui n'a pas été créé par Michel-Ange au 16e siècle, mais par le commandant Jules Repond au début du 20e siècle. Celui-ci s'inspira des fresques de Raphaël et des couleurs de Médicis pour concevoir la tenue, lui donnant ainsi l'air d'exister depuis des siècles.

Le monument du Lion était l'un des monuments incontournables compris dans la visite en coup de vent de Lucerne qu'avait prévue Mlle Jemima. Si vous trouvez que les touristes modernes ont tendance à opter pour les visites accélérées, voyez un peu ce que le groupe de 1863 avait en tête :

Avant la construction du pont routier de Lucerne, les bateaux à vapeur accostaient juste à côté de la vieille ville, sur le quai de Schweizerhof

" Nous n'avions que quatre heures à passer à Lucerne et, en quatre heures, nous devions prendre un repas respectable en adoptant des manières respectables, visiter la cathédrale, examiner les fresques à pignon des ponts, inspecter le mur moyenâgeux et ses quatre tours de garde, et, bien sûr, ne pas oublier le Lion de Thorwaldsen, de peur de lui manquer de respect. "

Finalement, ils ont réussi à tout faire, sauf le mur et ses tours, émerveillés tout d'abord par le « plus brillant » autel de la cathédrale, plus communément appelée Hofkirche. Ses tours jumelles effilées sont l'un des symboles de la ville depuis 1633, date à laquelle l'église fut reconstruite après l'incendie du dimanche de Pâques. Puis le groupe s'est hâté vers la « belle image de fidélité et de résignation qui transparaît au cœur de la souffrance héroïque », autrement dit, le Lion tel que le décrit Mlle Jemima. Au cours des dix minutes qui ont précédé le repas, ils sont allés inspecter les célèbres ponts couverts qui traversent la Reuss. Là aussi, le feu fait partie de l'histoire.

Le long pont en bois de la chapelle fut autrefois le principal lien entre la vieille ville, sur la rive droite de la Reuss, et la nouvelle ville, sur la rive gauche. Il fut construit au 14e siècle et constituait une partie des défenses de la ville. Ce qui fait le grand intérêt du lieu, sous le toit, ce sont les 111 peintures religieuses triangulaires, dont plus de la moitié d'entre elles, et la plus grande partie du pont, sont parties en fumée les 17 et 18 août 1993. La structure d'aujourd'hui est une reconstruction, mais je me demande si les visiteurs maniaques de la pellicule s'en rendent compte quand ils la prennent en photo. La plupart ne sauront jamais que le pont couvert moyenâgeux, le Spreuerbrücke, n'est qu'à quelques mètres en aval.

Autrefois, il existait aussi un pont en bois encore plus long, le Hofbrücke, qui s'étendait tout le long de la rive du lac, jusqu'à la Hofkirche. Certes splendide, il ne correspondait pas aux besoins d'une ville victorienne et fut détruit en 1852 pour faire de la place à une nouvelle digue au bord du lac, à des embarcadères pour les bateaux et à un pont routier au-dessus de la rivière. Le chantier s'acheva en 1870, et, comme à Genève, il défigure les rives du lac. J'envie Mlle Jemima, qui a pu voir Lucerne sans avoir à subir le bruit continuel et la pollution. Les bords du lac envahis par les voitures sont toutefois une bénédiction à un égard : la vieille ville reste ainsi préservée de la modernisation. Elle est toujours aussi belle, telle une capsule temporelle où les peintures murales ornent les bâtiments, où les fontaines trônent au milieu de places aux pavés irréguliers. Le revers de la médaille, avec une aussi belle ville, c'est

Lucerne, son lac et le Rigi
(et sa gare couronnée de son dôme catastrophique, en bas à droite)

le monde qui afflue toute l'année, particulièrement pendant le carnaval et le Blue Balls Festival.

Comme nous manquons de temps, nous prenons un sandwich et une glace à côté du fleuve avant de nous rediriger vers la gare. Elle aussi a été victime d'un feu calamiteux – que se passe-t-il donc avec Lucerne et les incendies? Le superbe bâtiment et son dôme, qui n'auraient pas déparé Paris, ont disparu dans les flammes le 5 février 1971. La grande porte avant est la seule rescapée, symbole d'une splendeur passée, et la gare moderne, aux lignes anguleuses, s'affiche honteusement derrière. Notre bateau à aubes, le plus vieil exemplaire encore en service en Suisse, attend juste en face. Quel meilleur moyen

Vitznau a été choisie comme point de départ de la Rigi Bahn après que Weggis a refusé de l'être

de transport, pour traverser le lac de Lucerne, que le bon vieux *Uri*, en service depuis 1901 et encore en grande forme?

L'orage qui menaçait depuis longtemps éclate enfin, au moment où nous larguons les amarres, et les cieux s'ouvrent, nous obligeant à trouver refuge sous l'auvent du pont supérieur (le niveau réservé aux passagers de première classe, qui se fait de plus en plus rare), en compagnie d'une famille belge et de leur ami australien. On se serait probablement moins mouillés en nageant. Ma mère repêche un paquet de Ricola (à la canneberge) dans son sac et le partage. Je suis content qu'elle n'ait pas eu la place pour un Thermos dans sa valise, sinon, nous serions en train de boire du thé tous ensemble. Comme tout Anglais qui se respecte.

. . .

Le lac de Lucerne, avec ses nombreux bras, se trouve au cœur même du pays, à la fois géographiquement et historiquement parlant. Dans la région, on l'appelle le Vierwaldstättersee, mais la plupart des touristes anglais préfèrent « le lac de Lucerne ». La traduction officielle serait « lac des quatre cantons forestiers », en référence à son rôle de berceau de la Suisse. C'est le long de ses berges sud, dans la plaine du Rütli, en 1291, que trois hommes firent serment d'allégeance, fondant ainsi la confédération qui deviendrait plus tard la Suisse. À ces trois cantons d'origine (Schwytz, Uri et Unterwald), situés en bord de lac, se joignit un quatrième, celui de Lucerne, d'où le nom du lac.

En outre, c'est aussi dans cette région que se déroula l'histoire de Guillaume Tell, citoyen d'Uri qui se révolta contre les chefs de la famille autrichienne des Habsbourg. Gessler, le nouveau bailli de la ville, lui lança un défi impossible : faire tomber d'une flèche une pomme placée sur la tête de Guillaume Tell Junior. Notre héros, doué au tir à l'arc, fit exactement ce qu'on attendait de lui, mais fut tout de même arrêté et envoyé en prison à l'autre bout du lac. Alors que ses geôliers et lui traversaient en bateau, un orage s'abattit sur le lac, et Guillaume Tell sauta du bateau, recouvrant ainsi sa liberté. Cette histoire n'est qu'un mythe, mais elle devint une légende grâce à une pièce écrite au 19ᵉ siècle par un Allemand et à un air entraînant composé par un Italien.

Au temps de Mlle Jemima, les touristes ne venaient pas en masse pour découvrir une partie de l'histoire suisse (ce n'est probablement toujours pas le cas aujourd'hui), mais pour découvrir par milliers le site pittoresque du deuxième plus grand lac de Suisse : le *Cook's Tourist's Handbook* était d'avis que «vous ne verrez jamais plus beau lac dans votre vie». La forme de croix un peu tortueuse du lac de Lucerne confère au rivage accidenté une proximité quasi permanente, comme si les montagnes descendaient jusqu'à l'eau claire pour y tremper leurs pieds. L'une de ces montagnes est le Rigi, que l'on appelle aussi la «reine des montagnes», même s'il ne gagnerait jamais un concours de beauté (du moins pas en Suisse, où les sommets rivalisent de beauté). Effectivement, il y a plusieurs autres montagnes plus impressionnantes, plus spectaculaires ou plus gracieuses parmi lesquelles choisir. Et dans un pays qui peut prétendre posséder 48 sommets célèbres culminant à plus de 4 000 m, le Rigi, avec ses 1 797 m, fait figure de simple butte. Alors pourquoi cet intérêt ? Pourquoi 1,25 million de passagers prennent-ils chaque année le Rigi Bahn, le train qui monte jusqu'au sommet ?

C'est simple, ils veulent admirer le panorama à 360° : le Rigi se tient magnifiquement à part des montagnes environnantes, presque totalement entouré par le lac et, par temps clair, on peut y voir toutes les Alpes – «Tout autour, la splendeur du monde», commenta Gœthe dans son journal. De plus, le véhicule qui transporte les passagers est le premier train de montagne suisse. Ses roues dentées et ses glissières révolutionnaires ont permis à d'autres hommes ou d'autres mules d'escalader la montagne ; les femmes étaient souvent transportées dans des chaises à porteur, comme la reine Victoria en 1868.

La ligne fut construite sur cette montagne parce que le Rigi n'est pas aussi raide ni aussi haut que les autres, mais aussi parce qu'il était déjà en haut de la liste des choses à faire en Suisse pour tout voyageur du 19ᵉ siècle. Voir un glacier, acheter une montre et regarder le soleil se lever au sommet du Rigi faisaient partie des impératifs. La conquête du Rigi par la voie ferrée fut un moment clé du développement tant du système ferroviaire que du pays dans son ensemble. Elle marque le moment où la Suisse est vraiment devenue le terrain de jeu de l'Europe.

Le moyen de transport le plus rapide pour atteindre le pied du Rigi est le bateau et, en 1863, le Junior United Alpine Club est monté à bord du *SS Rigi*, le bien-nommé, que, par un coup de chance, on peut toujours voir au Musée suisse des transports de Lucerne. Construit en 1848, ce bateau à vapeur est le plus vieux moyen de transport motorisé de Suisse – incroyablement simple et petit. Un pont en bois ouvert, une seule cheminée noire, deux petites cabines pour le capitaine et les réserves : tout cela est extrêmement minimaliste en comparaison des bateaux à vapeur ostentatoires de la Belle Époque (comme *l'Uri*), qui sont de vrais palaces flottants tout en laiton poli et équipés d'élégants salons. Le *SS Rigi* n'est qu'une des nombreuses pièces fascinantes exposées dans le musée le plus visité de Suisse, avec un téléphérique du Wetterhorn et tout un chapelet de trains, d'avions et d'automobiles. Pas besoin d'être un fou du volant pour apprécier toute la richesse de l'histoire des transports visible ici. Mlle Jemima trouverait sans doute assez amusant que le bateau sur lequel elle a navigué ait été conservé comme objet historique. Parmi les passagers ayant embarqué avec elle ce jour-là, il y avait :

> "des guides qui avaient monopolisé un couloir du bateau pour prendre la tête d'un groupe qui voudrait escalader la montagne. Nous engageâmes celui qui avait l'air le plus honnête pour porter sur son cadre vertical nos sacoches, empilées et fermement fixées selon cet ingénieux principe dont les guides et les porteurs suisses ont le secret".

Pourtant, la présence du guide ne les a pas empêchés d'être harcelés après avoir débarqué à Weggis, un petit village d'où les grimpeurs avaient coutume de partir pour aller au Rigi. Leur expérience paraîtra si peu suisse à une sensibilité moderne qu'elle vaut la peine d'être revécue :

> "Nous arrivâmes à Weggis, et si chaque homme, chaque garçon et chaque muletier qui nous ont attaqués avaient été une guêpe et chaque mot une piqûre, nos cadavres seraient restés à Weggis. Nous avons été littéralement envahis, poursuivis par ces importuns, qui virevoltaient autour de nous ! Les efforts et les ruses que nous avons mis en œuvre pour nous échapper furent nombreux et variés. Les derniers espoirs des candidats furent finalement réduits à néant par "la plus jolie dame", qui annonça que nous étions montés au sommet du mont Blanc ! C'en était trop, même pour un homme qui avait escaladé le Rigi. Ils reculèrent sans un mot devant de tels grimpeurs, et permirent enfin à "la plus jolie dame" et aux amazones des montagnes de passer sans être saisis de tous côtés par des mains avides."

Si vous changez le nom des lieux, vous aurez facilement l'impression de lire le récit d'un touriste moderne visitant l'Inde ou l'Égypte. Weggis, où les appartements se vendent 1,5 million de francs, ne ressemble plus à ça, ni la Suisse moderne d'ailleurs, où il est rare que les gens se fassent harceler par des racoleurs ou des marchands ambulants, même dans les lieux les plus touristiques. La Suisse a développé sa richesse et son sens de la politesse au même moment. La volonté urgente de survivre en vendant tout et n'importe quoi a disparu avec la prospérité, tout comme la vente agressive ; plus les Suisses étaient riches, plus leurs techniques de vente étaient douces. Si douces, d'ailleurs, que parfois, dans les magasins suisses, vous avez de la chance si les vendeurs réalisent que vous êtes là ; j'ai parfois l'impression de devoir m'excuser d'interrompre leurs bavardages ou leur rêverie. Mais c'est toujours mieux que ceci :

> " Il nous revient à nouveau à l'esprit que les touristes sont la commodité de base dans les 22 cantons de Suisse, quand un banc de parasites se rue sur nous, ou plutôt nous absorbe, en balançant sous notre nez des tonnes de cerises en criant "20 centimes ! 20 centimes !" Ces vendeurs de cerises nous considèrent comme une proie légitime : ils font leur récolte rapidement dans leurs fermes du Rigi pendant qu'ils tentent par tout moyen de nous faire acheter ce qu'ils proposent. "

Ils étaient sans aucun doute fort insistants. Quelques centaines de mètres plus loin, le plaisir que prend Mlle Jemima à contempler le panorama est soudain mis à mal :

> " 20 centimes ! 20 centimes ! Ce cri résonne à nouveau dans nos oreilles, faisant s'envoler tous nos rêves d'histoire, de courage, de poésie et de beauté. C'en fut trop pour Mlle Eliza, qui perdit son sang-froid et fut poussée à calomnier l'ennemi dans le langage le plus fleuri que le permît son vocabulaire. "

Quoi qu'ait dit Mlle Eliza, quel qu'ait été le niveau de coloration de son langage, il aura marché, et le groupe put enfin gravir la montagne en paix, se contentant d'avoir à subir les regards d'un « ogre avec un goitre » qui montait la garde près d'un cerisier.

Lorsque Mark Twain emprunta le même chemin (et qu'il arriva, chose bien connue, au bout de trois jours au lieu de trois heures), il rencontra des garçons qui chantaient quelque chose d'assez différent de ce qu'il avait déjà entendu et qu'il décrit dans un style typiquement twainien :

Le jodle (prononcer yodle, avec le o accentué) continua, et l'entendre était très agréable et inspirant. À cet instant, le jodler apparut – un petit berger de 16 ans – et dans un élan de joie et de gratitude, nous lui donnâmes un franc pour qu'il continuât à jodler. Donc, il jodla et nous l'écoutâmes. Nous continuâmes notre chemin tout de suite, et le son de ses jodles se faisait toujours entendre bien après que nous l'eûmes quitté. Environ quinze minutes plus tard, nous croisâmes un autre berger qui jodlait et lui donnâmes un franc pour qu'il jodlât encore. Nous entendîmes encore une fois son chant bien après que nous fûmes hors de vue. Après ça, nous tombâmes sur un jodleur toutes les dix minutes ; nous donnâmes huit centimes au premier, six centimes au deuxième, quatre centimes au troisième, un penny au quatrième, et rien du tout aux cinquième, sixième et septième, et pendant le reste de la journée, nous donnâmes un franc à chaque jodler que nous rencontrâmes pour qu'il arrête de jodler. On entend un peu trop jodler dans les Alpes.

Le Junior United Alpine Club s'est attaqué à la montée beaucoup plus sereinement, mettant en œuvre diverses mesures pour garder le rythme : une allure rapide, les bâtons battant la mesure, les bras passés sous ceux des autres et, à un moment, la pause, scrupuleusement observée, un « travail laborieux mais exécuté promptement ». Comme l'écrit M. William, « cela nous a pris quatre heures et demie... Soyez assurés que nous étions bien fatigués quand nous atteignîmes le sommet à 9 heures 30 ».

Le groupe suivait une piste très fréquentée – un sentier élargi en 1819 avec l'aide des détenus des prisons de Lucerne pour accueillir les chaises à porteur et les ânes, et rénové vingt ans plus tard pour permettre le passage des chevaux. Ces aménagements devaient rendre le chemin plus agréable pour les touristes – au nombre de 50 000 par an à cette époque – qui affluaient pour rendre hommage au Rigi. Cette déferlante de visiteurs a permis de perdurer à des emplois comme ceux de porteur, guide, bagagiste, cavalier et garçon livreur (le pain était livré par des employés à pied, qui commençaient leur travail à 2 heures du matin pour que les clients des hôtels en altitude puissent le manger frais au petit-déjeuner), qui rapportaient tous plus que l'agriculture. Sans oublier les mendiants et les jodleurs, puisqu'il valait mieux faire partie de l'un ou de l'autre groupe plutôt que de mourir de faim (comme pendant la famine de 1816-1817). En 1863, un cavalier gagnait 10 francs pour un voyage jusqu'au sommet du Rigi, et ce à une époque où le fermier moyen gagnait moins de deux francs par jour ; pas étonnant qu'ils se soient battus pour le moindre client. L'arrivée d'un bateau à Weggis générait souvent des bagarres peu glorieuses et des scènes si mouvementées que les autorités durent introduire un minimum de règles et des prix fixes. Tout cela – les emplois, les bagarres, l'argent – disparut à l'ouverture de la ligne de train en 1871.

Comme à Neuhaus et à Frutigen, le train a causé la perte, d'un point de vue touristique, de ceux qui sont restés à la traîne, mais, à Weggis, l'histoire aurait pu se terminer autrement. Le village eut l'opportunité de devenir le point de départ de ce nouveau miracle technologique, mais la rejeta, effrayé par les conséquences pour ses cavaliers, ses porteurs de chaises et les autres. Trop de concurrence s'avérerait néfaste ; les villageois voulurent garder leur part du gâteau pour eux seuls, mais, ce faisant, ils l'offrirent sur un plateau à d'autres.

La voie ferrée partit d'un peu plus loin sur la rive, à Vitznau, et Weggis mourut pendant un temps, privé de l'oxygène du tourisme.

Un livre sur l'histoire de Rigi cite la réaction d'un habitant qui y retourna à cette époque-là :

De retour à Weggis, ma ville, abandonnée, presque mourante ! Abandonnée par le tourisme, plus de tourisme pour Rigi, le secteur hôtelier à peine éveillé subissant déjà les affres de l'agonie, une agriculture négligée, un potentiel de rentabilité faible, voici comment se caractérisait cette époque.

Le conseil municipal a résumé les choses plus succinctement – « Depuis que le Rigi Bahn est en service, le tourisme entre Weggis et Rigi s'est presque complètement arrêté » –, mais le village a fini par rebondir et, aujourd'hui, il s'en dégage une sorte de prospérité raffinée. Il est également doté d'un téléphérique moderne qui monte jusqu'au sommet de la montagne.

Selon le Cook's Handbook, le Rigi Bahn était « l'une des caractéristiques les plus nouvelles des randonnées en montagne » et il eut un succès immédiat. Les capitaux de départ furent levés en quelques heures à Zurich et le retour sur investissement fut lucratif : les parts d'une valeur nominale de 500 francs en août 1871 affichaient 1 350 francs un an après, grâce aux 60 000 passagers transportés lors du premier été, malgré la faible capacité des trois petits trains et des temps d'attente forcément très longs. Au cours des périodes de pointe, les passagers qui attrapaient le premier bateau de la journée en provenance de Lucerne devaient faire la queue jusqu'à 15 heures à Vitznau pour monter dans un train. C'étaient sûrement des étrangers, car aucun Suisse ne pourrait supporter telle attente, même pour prendre le train. Ensuite, les visiteurs ne pouvaient même pas atteindre le sommet en

La voie ferrée aérienne de 1864, un des projets les plus bizarres qui aient été imaginés pour transporter des gens jusqu'en haut du Rigi

train, tout du moins au début. Ceci ne fut possible qu'en 1873, non en raison de l'absence de demande ou de défauts dans le fonctionnement, mais à cause du système politique suisse ; en d'autres termes, les cantons.

En effet, le Rigi est à cheval entre les cantons de Lucerne et de Schwytz, le sommet « appartenant » à ce dernier. Quand il fallut construire la voie ferrée, chaque canton jeta son dévolu sur une société différente, et la course pour savoir qui finirait le premier commença. Elle fut remportée par les Lucernois, inaugurant la ligne au départ de Vitznau le 21 mai 1871, après un léger retard causé par la guerre franco-prussienne, qui avait empêché la livraison des rails en quantité suffisante. Toutefois, cette ligne n'allait pas au-delà de la frontière du canton, à Staffelhöhe, où les passagers devaient descendre et parcourir à pied les dernières centaines de mètres. La ligne de Schwytz, qui montait jusque derrière la montagne depuis Goldau, ne fut pas achevée avant 1875, même si les petits malins de Schwytz s'affèrèrent d'abord à la section du haut. Une fois cette partie ouverte, en 1873, ils louèrent la ligne à leurs concurrents, gagnant donc de l'argent grâce à ceux qui acheminaient les trains jusqu'en haut. Il fallut faire circuler dix locomotives sur cette ligne, comme sur celle de Vitznau, pour pouvoir prendre en charge la demande. Les deux lignes ont fusionné en 1992, bien que leurs origines soient toujours visibles dans leurs couleurs : les trains de Vitznau sont rouges, ceux de Goldau bleu et blanc.

On imagina d'autres idées pour transporter les touristes jusqu'au Rigi, et, à cette époque, elles ne furent sûrement pas considérées comme plus étranges qu'un chemin de fer de montagne. Dans un ouvrage intitulé *Rigi : Mehr als ein Berg*, on raconte l'incroyable histoire d'un certain Dr Schnyder, qui imagina de construire une ligne utilisant les porteurs et les guides ayant récemment perdu leur emploi comme lest. Deux fois par jour. Quarante-quatre hommes devraient monter en marchant et, ce faisant, agir comme un contrepoids pour tirer les passagers vers le haut. C'était une idée sérieuse, mais elle ne fut jamais mise en œuvre. Il y eut aussi le projet un peu moins bizarre de la Luftbahn, ou chemin de fer aérien, qui prévoyait de faire transporter 200 passagers par des ballons d'air chaud géants attachés à un rail de guidage. Ce projet n'a jamais décollé non plus.

Le train a anéanti le tourisme montagnard à dos de cheval ou dans les chaises à porteur, non seulement parce qu'il était à la mode, mais également parce qu'il était plus rapide et moins cher. En 1871, un billet aller coûtait cinq francs, un aller-retour sept francs cinquante (soit environ le salaire journalier d'un conducteur), alors qu'il fallait trois porteurs à six francs chacun pour transporter une personne dans une chaise, auquel se joignait un quatrième porteur pour les bagages, ou bien dix francs pour un cheval et un guide, rien que pour la montée. Par conséquent, des emplois disparurent au pied de la montagne, mais le boom du secteur de l'hôtellerie de montagne en créa de nombreux autres. Pas seulement au sommet, que l'on appelle le Kulm, mais aussi jusqu'à Kaltbad, à la Scheidegg et à Staffelhöhe. Le Rigi devint un dortoir géant pendant quelques dizaines d'années. Dans un sens, l'histoire des hôtels du Rigi reflète le développement du tourisme en Suisse : petits au départ, ils ont ensuite connu un boom, suivi d'une croissance à long terme qui n'excluait pas des périodes creuses.

Joseph Bürgi ouvrit la première chambre d'hôte au sommet, avec six lits, en 1816. Deux ans plus tard, il accueillait plus de 1 000 clients en été, obligé de développer constamment son activité pour gérer la demande. Lorsque Mlle Jemima s'y rendit, il y avait deux hôtels, avec une capacité de 330 lits chacun ; et plus encore lors de la haute saison, lorsque les propriétaires louaient les chambres du personnel pour prendre en charge les arrivages de touristes. Murray lance une mise en garde :

Au cours de la haute saison estivale, où les voyageurs sont plus nombreux, l'hôtel du Kulm est chaque soir bondé ; le surnombre est refusé, et il n'est guère aisé de fournir des lits, de la nourriture et même de l'attention.

Mlle Jemima est descendue dans l'hôtel le plus récent des deux, le Regina Montium (ou Monstrum, comme on le surnommait parfois), dont la salle à manger faisait 25 m de long et pouvait accueillir 200 personnes par service. Les chambres coûtaient quatre francs la nuit, éclairage et service compris, le petit-déjeuner un franc cinquante et le souper trois francs (soit, au total, huit francs cinquante pour un séjour d'une nuit, environ 120 francs actuels). Puis la voie ferrée est arrivée, et avec elle l'ère des palaces.

À côté du Grand Hôtel Schreiber, les autres hôtels du sommet avaient l'air de petits pavillons de jardin. Ce bâtiment immense et opulent est l'œuvre d'un architecte au nom familier, Édouard Horace Davinet, star des constructeurs d'hôtels, dont nous avons vu le travail à Interlaken, et il fallut deux ans et demi pour le construire (l'obligation de tout acheminer en train n'a certainement pas facilité les choses). Avec ses cinq étages et ses 300 lits, il ressemblait à un château français transporté au sommet, auquel on aurait ajouté une salle de billard, des salles de musique et deux restaurants, mais il n'y avait pas beaucoup de toilettes. Les plans originaux des étages montrent que même un hôtel aussi grand que celui-là en avait peu ; un étage classique avec 38 chambres, et 64 lits au total, ne comptait que quatre WC. L'hôtel ouvrit le 7 juin 1875, et les chambres coûtaient 20 francs la nuit, nourriture et boissons comprises, l'équivalent du salaire hebdomadaire d'un employé d'hôtel moyen. Les frères Schreiber voulaient tout ce qui se faisait de mieux ; ils ont donc engagé Cäsar Ritz, un hôtelier suisse originaire du Valais, qui, treize ans plus tard, transformerait le panorama hôtelier de Londres. Félix Weber, dans son livre *175 Jahre Rigi Kulm Hotel*, raconte au sujet de Ritz une anecdote qui a fait le tour du monde :

Quarante Américains arrivèrent pendant une tempête de neige estivale insolite, désireux de se réchauffer et de se restaurer. Le système de chauffage de l'hôtel était tombé en panne, et Ritz fit tirer quatre palmiers de leurs pots en cuivre géants, qu'il fit remplir d'huile, et on y mit ensuite le feu pour réchauffer la salle à manger. On chauffa aussi quarante grosses pierres que l'on distribua pour réchauffer les pieds froids des clients pendant qu'ils mangeaient. L'entrée froide fut remplacée par du bouillon bien chaud avec des œufs, la glace par des crêpes flambées. Ritz et son hôtel n'en retirèrent que des éloges.

En 1890, il y avait plus de 2 000 lits disponibles dans tous les hôtels du Rigi. À cette époque-là on comptait encore 150 000 visiteurs par an. Le Rigi était le centre touristique de la Suisse et son développement semblait ne jamais devoir s'arrêter. C'était la Belle Époque, celle où le tourisme ne pouvait pas faire de mal, l'âge des trains de montagne et des téléphériques, des hôtels de luxe et des clients fortunés. Et le Schreiber était la couronne sur la tête de la « reine des montagnes ».

Néanmoins, un tel luxe avait un prix. La facture mensuelle du transport de la nourriture jusqu'au sommet s'élevait à 2 300 francs en août 1903 (environ 31 000 francs actuels). Rien de surprenant au vu de la liste des achats mensuels :

14 100 petits pains
141 kg de crackers
1 730 kg de pain
5 760 œufs
4 500 litres de bière
2 752 kg de viande
37 langues de bœuf
334 kg de poisson
1 980 kg de poulet

Autre point noir au tableau, la « maladie du Rigi » (c'est-à-dire la diarrhée, ou peut-être la « vengeance du Rigi »), qui tourmentait continuellement de nombreux clients, et même la typhoïde, qui fit régulièrement son apparition jusqu'en 1932. Il fallut du temps pour réaliser que les eaux usées des hôtels situés tout en haut polluaient l'eau claire de ceux situés plus bas. Un effet secondaire reflétant la trop grande concentration d'hôtels dans un espace confiné sans infrastructure.

L'âge d'or prit fin au cours de l'été 1914, comme dans toute la Suisse d'ailleurs. La nation helvétique, neutre, resta en dehors de la Grande Guerre, mais les touristes, eux, restèrent chez eux, ne se rendant à l'étranger que pour aller dans les tranchées. Les vacances en Suisse n'étaient plus au programme, comme le montre l'exemple suivant : en 1913, les bateaux à aubes du lac de Lucerne ont transporté 2,3 millions de passagers ; ce chiffre ne fut atteint à nouveau qu'en 1928, date à laquelle il était presque trop tard pour que les hôtels du Rigi puissent se remettre. Le premier hôtel du Kulm brûla en 1935, et les deux restants commencèrent à tomber en ruine. Les clients étaient si peu nombreux que cela ne valait pas la peine de réparer les trous, et la pluie s'infiltra rapidement dans toutes les chambres. D'autres grands hôtels, à Kaltbad et à la Scheidegg, disparurent dans des incendies ou furent démolis.

En 1952, les grands hôtels de Kulm étaient laids, mal entretenus, et si grands qu'ils gâchaient la vue que l'on avait du sommet ; ils furent donc démolis, et toute trace de grandeur disparut de la montagne. On les remplaça par un hôtel plus petit, construit dans le style traditionnel d'un hospice alpin, comme celui du col du Grand-Saint-Bernard – et c'est là que nous allons passer la nuit, ayant réservé à l'avance, tout comme Mlle Jemima : « Nos lits ont été réservés par télégramme de Lucerne. » Pour ma part, j'ai envoyé un e-mail.

. . .

Il ne faut qu'une demi-heure pour monter de Vitznau à Rigi-Kulm, mais ces trente minutes sont les plus agréables que l'on puisse passer en Suisse. À peine à bord du wagon rouge, vous comprenez que vous n'êtes pas dans un train de montagne ordinaire – pas parce qu'il fut le premier d'Europe, mais tout simplement en raison de sa taille, de la largeur d'un wagon normal. En outre, le Rigi Bahn roule sur des rails normaux (1 435 mm), alors que d'autres chemins de fer de

Suisse utilisent des rails plus étroits, par exemple des rails à 1 000 mm pour le BOB et 800 mm pour le Pilatus Bahn. Si cela vous parle aussi peu qu'à moi, il suffit de savoir que, dans le Rigi Bahn, vous n'avez pas l'impression d'être écrasé et l'inconfort ne ressemble pas à celui de la plupart des trains de montagne ; là, vous avez la place de faire un pas. Le train passe derrière l'église du village, puis, de toute évidence, au beau milieu d'un jardin privé, et nous ne sommes pas très surpris de devoir nous arrêter pour laisser descendre une dame qui porte des sacs de commissions pleins à craquer. On se croirait presque dans un bus municipal, souvent le seul moyen d'atteindre autrement qu'à pied les maisons situées sur les collines.

Une fois le village dépassé, nous grimpons à travers les sapins, derrière lesquels nous avons parfois de petits aperçus d'un torrent bleu. Plus nous montons, plus belles sont les vues du mont Pilate aux flancs escarpés, par-delà le lac. Un couple de marcheurs descend à Grubisbalm, où une pancarte publicitaire vante les mérites d'un écohôtel ; la vue est superbe, mais on est vraiment au milieu de nulle part.

Nous continuons en direction de Kaltbad, l'arrêt principal, situé à mi-chemin, à 1 433 m. Il y avait autrefois ici un nœud ferroviaire, avec une ligne qui longeait le flanc sud jusqu'à la Scheidegg, à 6 km de là. Malgré des débuts aussi prometteurs que celui du Rigi Bahn, la ligne fit faillite trois ans plus tard, puis ressuscita pour être finalement démantelée en 1942. Toutes les aventures touristiques ne rencontraient pas le succès, bien que, grâce à cette ancienne route, on puisse faire d'agréables promenades. De nos jours, c'est le téléphérique en provenance de Weggis qui s'arrête à Kaltbad, mais on trouve aussi un bureau de poste et une boutique parmi la poignée de bâtiments qui forment le village.

Celui-ci était au début un centre de soins, où les patients devaient se baigner tout habillés dans les sources froides naturelles (Kaltbad signifie « bain froid »), puis rester assis au soleil jusqu'à ce qu'ils eussent séché ; ne serait-ce pas plutôt le meilleur moyen d'attraper la mort ? L'eau tiède du nouveau et joli bain thermal, plein de courbes, de rayures et de tonnes de pierres typiques, créé par Mario Botta, le super architecte suisse du moment, est beaucoup plus relaxante. Au-dessus se trouve son frère, moins gâté par la nature, le bloc de béton qui a remplacé le dernier des palaces du Rigi. En effet, le Grand Hôtel Kaltbald, âgé de 111 ans, a disparu dans les flammes dans la nuit du 9 février 1961, tuant onze personnes par la même occasion. L'un des survivants était un jeune serveur nommé Erich von Däniken, qui a très probablement pensé que le feu avait été allumé par les extraterrestres et qui a eu l'idée d'un certain livre qui deviendrait un best-seller.

Nous attendons un moment à Kaltbad, apparemment pour permettre aux passagers de monter dans le téléphérique, mais finalement c'est plutôt pour laisser le temps à un adolescent voyageant dans la cabine du conducteur de se précipiter hors du train vers une maison en haut de la rue, où il disparaît pendant une minute, puis redescend en courant pour remonter à bord. C'est peut-être une ligne touristique, mais les autochtones en profitent beaucoup. Ruth Reinecke-Dahinden, l'une des nombreuses petites filles qui ont grandi à Kaltbad, a récemment écrit un livre sobrement intitulé *Le Rigi*, dans lequel elle parle de la montagne qui l'a vue grandir. Entre deux vieilles photos, on apprend beaucoup de choses, par exemple, qu'au Grand Hôtel Kaltbad, les vaches étaient traites directement à l'extérieur de l'établissement pour que les clients puissent déguster leur lait frais. Je n'ai pas pu résister à la tentation de la contacter pour entendre les histoires de la vie du Rigi. Alors que je l'écoute, il m'apparaît clairement que le boom de l'hôtellerie a fourni aux familles de fermiers du 19e siècle des revenus supplémentaires conséquents, que ce soit grâce aux travaux de blanchisserie ou de jardinerie, ou grâce aux emplois de plongeurs et de serveurs. Pour le meilleur ou pour le pire, le tourisme a définitivement changé la face du Rigi.

Deux cents mètres plus haut se trouve Staffel, où le train bleu et blanc de Goldau arrive soudainement sur la voie d'à côté et fait la course avec nous. Nous gagnons la compétition et allons jusqu'à la gare du Kulm, située 1 752 m au-dessus du niveau de la mer. Les 45 derniers mètres ne sont accessibles que par un sentier pédestre, mais c'est une dernière étape à ne pas manquer si l'on veut profiter du panorama à 360°. C'est là, et seulement là, que l'on peut pleinement comprendre pourquoi des milliers et des milliers de gens sont venus pendant des siècles : la « reine des montagnes » est entourée du plus beau paysage de Suisse centrale, ceinturée de lacs, avec une vue sur toutes les Alpes et leurs sommets hérissant l'horizon. Quel dommage qu'un imbécile ait eu l'idée de planter une tour de télécommunications au sommet de la montagne ; comment gâcher un panorama en une leçon.

En descendant du sommet, je remarque quelque chose de particulier. Le Rigi n'est pas un gros amas de roche, mais une masse granuleuse composée de milliers de pierres qui se sont regroupées. Le terme technique est conglomérat, un grand mot pour décrire des milliers de galets rassemblés par un ciment puissant et gluant. Il semble qu'il puisse se décomposer sous de forts coups de pied, mais évidemment, rien de tel ne peut arriver, bien que ce ne soit pas la plus stable des formations rocheuses. En septembre 1806, une vaste section du Rossberg, une montagne voisine composée de conglomérats, a dévalé la pente jusqu'à la vallée, rayant Goldau de la carte et causant la mort de 457 personnes. Il s'agit de l'une des pires catastrophes naturelles de l'histoire de la Suisse, encore suffisamment présente dans les esprits pour que Murray, plus de cinquante ans plus tard, consacre quatre pages à la description détaillée de l'événement.

Avec un timing parfait, nous entrons dans l'hôtel, exactement au moment où les nuages se ruent sur nous. En quelques minutes, la vue a disparu derrière une masse dense de nuages gris tourbillonnants, et il ne tarde pas à pleuvoir des cordes. L'orage qui nous tombe dessus n'est pas un orage passager comme ceux que nous avons vus auparavant : deux heures et demie plus tard, il pleut toujours, et nous avons une superbe vue sur rien du tout pendant notre souper dans le restaurant panoramique.

Heureusement, nous avons ce qu'il faut pour distraire notre esprit de l'humidité environnante : nous pouvons discuter avec l'hôtelier. La famille de Renate Käppeli possède l'hôtel depuis qu'il a réouvert en 1954 dans sa forme moderne, et elle est plus qu'heureuse de nous montrer les énormes miroirs à dorures qui ornaient autrefois les murs du Schreiber, le palace qui fut démoli dans les années 1950 après que les conservatistes furent partis en croisade contre lui.

La Schweizer Heimatschutz, ou « Société du patrimoine suisse », a été fondée en 1905 dans le but de protéger le patrimoine à la fois architectural et environnemental de la Suisse, et en réponse à des décennies de développement incessant dans les Alpes suisses, où il n'y avait guère un centimètre carré à l'abri des hôtels et des voies ferrées. Le coup de grâce se matérialisa sous la forme du projet de construction d'une ligne de train qui irait jusqu'au sommet du Cervin ; autant transformer Heidi en prostituée par la même occasion. Le projet fut avorté, le symbole national sauvé et une nouvelle voix trouvée, qui se manifesta haut et fort. Après la Deuxième Guerre mondiale, la Société eut beaucoup de choses à dire sur le Rigi Kulm, avec ses hôtels délabrés et ses tonnes de kiosques à souvenirs qui gâchaient la vue. Il était temps qu'elle se manifeste.

Une campagne publique basée sur la vente de pièces en chocolat (on est en Suisse, après tout) permit de collecter 330 000 francs pour restaurer le Rigi dans son état naturel. Le Regina Montium et le Schreiber, qui avaient symbolisé pendant si longtemps le triomphe du tourisme, furent démolis et remplacés par une création plus sombre, plus suisse. Pour le 50ᵉ anniversaire de la Société du patrimoine suisse, les derniers vestiges des hôtels furent réduits en cendre dans un feu de joie géant au sommet du Rigi. L'âme de la montagne fut sauvée – pour être finalement vendue dix ans plus tard sous la forme d'une antenne radio. Détruire un siècle d'histoire pour restaurer le panorama est une chose ; le démolir pour mettre à la place quelque chose de bien plus laid en est une autre, et ça ne rime à rien. Le tourisme, malgré tous ses défauts, fait partie de l'histoire de la Suisse, de son héritage, et il a contribué à faire du pays ce qu'il est. Qui sait, sans les touristes, la Société du patrimoine suisse n'aurait peut-être pas les moyens de sauvegarder quoi que ce soit, et encore moins de vendre le trésor national au plus offrant.

Ruth Reinecke-Dahinden m'a expliqué qu'il fut très pénible pour elle et sa famille d'assister à la démolition du vieil hôtel, un triste épisode dans l'histoire du Rigi. Tout tenté que je sois de demander à Frau Käppeli ce qu'elle en pense, je reste coi et lui demande plutôt s'il existe de quelconques archives datant du 19ᵉ siècle ; je n'ai pas encore eu la preuve que Mlle Jemima ait bien été en Suisse. Les hôtels où elle a séjourné ont tous subi des catastrophes depuis son passage : celui de Genève est devenu un magasin de montres, celui de Chamonix un casino, celui de Sion a disparu, celui de Loèche-les-Bains a été démoli, celui de Kandersteg a brûlé, celui d'Interlaken a fait faillite, celui de Grindelwald a brûlé aussi, celui de Giessbach a été rétrogradé et celui du Rigi démoli. C'est là ma dernière chance de la trouver dans un registre des clients – et cette ultime étape du tour diffuse la lueur d'un dernier espoir.

« Nous avons des registres qui remontent jusqu'à 1816 », me dit Frau Käppeli avec un sourire.

Mon cœur fait un bon : je défaille presque à l'idée de voir le nom de Mlle Jemima dans le registre d'un hôtel qui n'existe plus ; puis c'est la douche froide.

« Mais nous les conservons dans nos archives à Schwytz. »

Si près, et en même temps si loin.

Le soupir de ma mère est aussi déconfit que ma mine, qui trahit toujours mes sentiments de déception (je serais un très mauvais joueur de poker). Notre hôtesse essaie de nous expliquer la situation.

« Die Bücher sind heilig », nous dit-elle, passant à l'allemand. Cela veut dire « Les livres sont sacrés », mais n'ayez crainte, chers lecteurs francophones, je ne testerai pas davantage votre allemand. Frau Käppeli nous promet d'aller bientôt à Schwytz et de regarder qui a signé le registre le 9 juillet 1863. La patience est une vertu, apparemment, mais là, tout de suite, je ne me sens pas si vertueux.

Il est trop tôt pour aller nous coucher. La pluie tombe toujours, ce qui veut dire que notre projet d'aller observer les étoiles loin des lumières de la ville n'est plus au programme. Nous devons aussi nous lever à une heure désagréable pour assister à un phénomène qui se produit tous les jours, bien que notre lever de soleil au Rigi risque grandement de tourner au fiasco.

. . .

Samedi, 5 heures du matin. Silence complet. Ce qui ne peut signifier qu'une chose : heureusement, il n'y aura pas de pluie pour nous gâcher le plaisir aujourd'hui.

Le lever du soleil au sommet du Rigi était le point culminant d'un voyage en Suisse pour de nombreux touristes de l'époque victorienne

Mlle Jemima a décrit son réveil difficile après cinq heures de sommeil à peine :

> "Le souffle bruyant du cor de réveil se fait entendre à 3 heures, ses éclats s'approchant à mesure qu'ils résonnent dans les couloirs. Ce narguilé recouvert d'écorce assure vraiment un réveil efficace."

En ce qui me concerne, c'est ma mère qui fait office de cor des Alpes. Nous pouvons nous lever un petit peu plus tard que Mlle Jemima, parce que nous sommes passés à l'heure d'été, que la Suisse s'est mise à appliquer après tout le reste de l'Europe. En 1977, le gouvernement helvétique a proposé une nouvelle loi sur l'heure d'été, qui prévoyait que la Suisse ferait comme les autres pays européens, en particulier ses voisins comme la France et l'Italie, et passerait à l'heure d'été entre mars et octobre. Les fermiers n'ont pas apprécié (ou du moins leurs vaches) et ils exigèrent un référendum sur la question. Ce furent les vaches qui eurent le dernier mot : en mai 1978, les Suisses votèrent contre l'instauration de l'heure d'été. Les raisons de voter « oui » préconisées par le gouvernement jouèrent un grand rôle, ne fût-ce que parce qu'un des arguments avancés était que les heures des programmes télévisés et radiophoniques ne seraient plus synchronisées – vous rentreriez du travail pour découvrir que votre émission préférée était déjà finie. La plus grande partie de la Suisse germanophone regarde la télévision allemande et les horaires des programmes ne conviendraient plus.

Néanmoins, en Suisse, il y a une chose qui compte plus que les vaches : les trains – et leurs horaires. Une fois que l'Allemagne et l'Autriche eurent adopté l'heure d'été en 1980, la Suisse devint une petite faille temporelle au centre de l'Europe pendant six mois de l'année. Certains diront peut-être que les Suisses ont toujours un train de retard par rapport au reste de l'Europe, mais cela s'est révélé un vrai casse-tête logistique pour ceux qui fixaient les horaires des trains (justement). Le gouvernement a donc remis la loi sur l'heure d'été sur la table et, cette fois, les vaches ont perdu.

Et merci, mon Dieu, puisque cela veut dire que nous pouvons rester au lit jusqu'à 5 heures. Le ciel étant dégagé, il se peut que le lever du soleil soit visible, mais aussi que l'air soit très frais. Nous enfilons presque tous les vêtements que nous avons apportés et sortons dans la nuit sombre et silencieuse – seuls. Le tableau était assez différent il y a cent cinquante ans : voir les premiers rayons du soleil du Rigi était le point culminant d'un tour de Suisse, alors il y avait du monde, beaucoup de monde, comme l'écrit Mlle Jemima :

> "Nous avons compté qu'il y avait là 150 lève-tôt, la plupart d'entre eux affichant l'expression mal-

heureuse que décrirait à merveille la chanson morale du Dr Watts : "Vous m'avez réveillé trop tôt, il faut que je me rendorme." "

Ce matin, il n'y a personne d'autre, nous avons une montagne entière pour nous seuls. Évidemment, regarder le soleil se lever du Rigi n'est plus une expérience incontournable pour les touristes d'aujourd'hui. Je n'aurais moi-même probablement jamais pensé venir pour ça si Mlle Jemima ne m'y avait pas mené, bien que je lui sois reconnaissant de l'avoir fait. Dans un monde où l'on voyage si vite, entouré de tant de gens, il y a quelque chose d'assez spécial dans le fait de regarder tout simplement le soleil se lever. C'est l'une des rares fois où Mlle Jemima a dû vivre une expérience en compagnie d'innombrables étrangers, et où nous-mêmes avons réussi à nous trouver seuls ; un renversement de situation qui s'est fait attendre pendant tout le voyage.

> "L'immensité de ce superbe panorama était incroyablement sublime et, dans un silence feutré, nous fixâmes du regard cette ceinture dentelée à mesure que le jour se levait sur 300 miles de montagnes, de vallées, de lacs et de villages."

Le lever de soleil dont a joui Mlle Jemima au sommet du Rigi est à peu près toujours le même. Les lumières de Lucerne et de Zoug, seuls signes de vie dans des ténèbres sinon vides, clignotent loin au-dessous de nos pieds. Lorsque les premières lueurs apparaissent à l'horizon, à l'est, la brume se lève elle aussi sur le paysage. Les crêtes, chacune plus pâle que celle d'en dessous, sortent les unes après les autres des ténèbres qui perdent en intensité, et les étendues d'eau lisses qui nous entourent passent du noir au bleu. Les traînées de nuages et les traces laissées par les avions s'enflamment lorsque le soleil apparaît enfin, faisant rosir les montagnes couvertes de neige et disparaître les mèches de brouillard. Les champs verts sortent de la nuit à mesure que la fraîche lumière du jour envahit peu à peu le plancher des vallées, et le panorama se teinte de la couleur de l'été. Le clou du spectacle est l'ombre du Rigi qui rampe jusqu'au Pilate – une énorme pyramide grise qui s'étend sur le lac et touche presque le sommet escarpé opposé.

Merci, Mlle Jemima. Sans vous, je n'aurais jamais vu un lever de soleil suisse aussi mémorable ou n'aurais jamais autant gelé de ma vie en le contemplant. M. William pensait la même chose : « Quasiment ce que nous avons vu de plus grand, et qui vaut largement la peine que nous avons eue… Le froid était mordant. »

« Nous sommes presque tout seuls à 8 heures, pour notre petit-déjeuner », a écrit Mlle Jemima après le lever du soleil ce matin. Quinze décennies plus tard, mais exactement à la même heure, nous sommes assis dans la salle à manger du même hôtel, vide ou presque. Mais après ça, alors que le Junior United Alpine Club n'avait d'autre choix que de redescendre à pied vers la ville lacustre de Küssnacht, nous pouvons pour notre part prendre le premier train de la journée, qui suit la ligne de Schwytz à Goldau. Les wagons bleu et blanc apparaissent et le conducteur saute d'un bond hors de sa cabine pour décharger le lait et les autres denrées pour l'hôtel. C'est le seul moyen, à l'exception de l'hélicoptère, de faire parvenir des marchandises au sommet.

Pour son trajet de retour, le train se comporte comme un service postal ou de livraison, transportant des sacs entiers de cartes postales et de colis – et deux passagers – au bas de la montagne. Autrefois, les hôtels du Rigi Kulm imprimaient leurs propres timbres (jusqu'à ce que cela devienne illégal en

1883), et des milliers de cartes et de lettres étaient postées vers le monde entier. Le commerce des cartes postales devint florissant : en 1873, seules 22 000 cartes étaient expédiées à l'étranger depuis la Suisse ; dix ans plus tard, elles étaient déjà 2,6 millions et, en 1900, 15,7 millions. Pourtant, sur les cartes postales de l'époque, il n'y avait presque pas de place pour les messages ; vous deviez les caser dans un petit espace, généralement sous l'image ou dans un triangle dans un angle de la carte, et ce parce que l'adresse et le timbre remplissaient tout le verso.

Les dieux de la météo nous sont favorables aujourd'hui, mais tout le monde n'a pas eu notre chance. Comme l'indique le manuel de Murray : « Ils ont de la chance, ceux qui ont pu admirer la vue sans les nuages et la pluie, qui semblent être très fréquents ici, comme en attesteront les feuilles de l'album conservées à l'hôtel. » L'album est, évidemment, le registre des clients – j'espère juste que les dieux seront assez cléments pour nous permettre de trouver un certain nom dans ledit registre. Croisons les doigts.

. . .

Nous aurions pu prendre un train qui nous aurait amenés directement de Goldau à Lucerne, mais, dans nos efforts pour suivre Mlle Jemima de façon plus fidèle, nous descendons à Küssnacht am Rigi pour prendre le bateau. Toute jolie qu'elle soit, la ville de Küssnacht n'est pas précisément sur la route touristique du lac de Lucerne, mais elle est connue dans toute la Suisse pour deux événements. Après avoir échappé à ses geôliers pendant l'orage sur le lac, Guillaume Tell rattrapa le temps perdu avec le méchant Gessler sur un chemin bordé d'arbres près de Küssnacht, et le tua ; la chapelle de Tell dans la Hohle Gasse est censée se trouver à l'endroit même des faits. Le festival de Klausjagen, qui a lieu chaque année en décembre, et qui célèbre la Saint-Nicolas par une procession de quelque 200 personnes portant d'immenses mitres transparentes, toutes illuminées de l'intérieur par une chandelle, est beaucoup plus artistique.

Il se dégage de l'endroit où se situe Küssnacht une splendeur rêveuse, au bout d'un des bras les plus à l'est du lac, où les bateaux ne débarquent que deux fois par heure. Même en ce samedi d'été, il y règne un calme rafraîchissant : ni groupes ni hordes, juste les habitants qui sirotent un café au soleil. On y trouve l'habituelle poignée de vieux et beaux bâtiments communs à presque toutes les villes suisses ; le fait de rater deux guerres mondiales a permis à la Suisse de ne pas subir la destruction de son héritage architectural (du moins sous les bombes et les balles). À part le rivage, qui est envahi par un parking, c'est un endroit agréable et parfait pour attendre le bateau, qui, dans ce cas précis, est un élégant catamaran sur lequel nous cinglons l'eau du lac en direction de Lucerne.

Alors que Mlle Jemima et Cie ont mis quasiment la journée pour couvrir la distance entre Lucerne et Neuchâtel, nous faisons le même voyage en moins de deux heures. Après tous ces trains de montagne, le trajet depuis Lucerne nous semble doux et ravissant. Nous longeons la région d'Emmental, d'où vient le fromage à trous éponyme, souvent utilisé comme synonyme de Suisse, même s'il existe bien d'autres types de fromage suisse et que rares sont ceux qui ont des trous. Au fait, les trous (dont le nom technique est « yeux ») sont en réalité du CO^2 coincé à l'intérieur et qui est émis par une bactérie ajoutée au cours des derniers stades de fabrication.

Chaque meule d'Emmental pèse jusqu'à 120 kilos et il faut 12 litres de lait pour faire un kilo. Pour les obtenir, cela nécessite une quantité phénoménale de vaches. Pas étonnant que le canton de Berne compte plus de vaches que n'importe quel autre canton. On peut d'ailleurs voir la plupart d'entre elles dans les champs qui défilent derrière la fenêtre de notre train. C'est la Suisse agricole par excellence, une image comme sur les boîtes de chocolat : des vaches, mais aussi des fermes avec des géraniums à chaque fenêtre, des granges aux toits de la taille d'un court de tennis, un paysage vallonné recouvert de quelque chose qui ressemble à du velours vert, et les Alpes non loin derrière. Une version suisse des parcs nationaux anglais, avec des collines plus hautes et moins de moutons, assez jolie pour vous donner envie de jodler. Enfin, jusqu'à ce que vous arriviez à Olten, où la joliesse reste sur le pas de la porte.

Pour être honnête, Olten possède une jolie vieille ville engloutie par les quartiers périphériques modernes, un schéma commun à chaque ville suisse. Le problème, c'est que tout ce que la plupart des gens voient d'Olten, ce sont la gare et les voies ferrées, qui n'ont rien de fabuleux. Comme le dit Mlle Jemima : « Olten est une jonction centrale, où les voies se croisent. »

Olten est le point de convergence du réseau ferroviaire suisse, le X où se rencontrent les principales voies nord-sud et est-ouest, le point 0 d'où on mesurait autrefois toutes les distances (bien que l'on parte maintenant de Bâle ; Olten est désormais à la borne des 39,29 km). En Suisse, tous les trains mènent à Olten – ou du moins y menaient, grâce à Stephenson et à Swinburne, ces ingénieurs anglais qui ont planifié le réseau national en 1850. Les trains intercités allant de Berne à Zurich ne s'y arrêtent plus, mais, autrefois, tout le monde le faisait : quand on allait de Zurich à Lucerne, il fallait obligatoirement changer à Olten et voyager le long de deux côtés d'un triangle. Il n'était donc pas étonnant que les voyages fussent aussi longs. De plus, la lenteur des trains, les lignes construites à peu de frais et la petite taille des moteurs n'arrangeaient pas les choses. Par exemple, le seul train direct entre Zurich et

La ville lacustre de Neuchâtel a été la dernière étape de Mlle Jemima en Suisse

Genève roulait à 30 km/h et s'arrêtait à chacune des 35 gares de la ligne.

Au moins, les trains suisses étaient confortables ; M. William a écrit que « la deuxième classe est supérieure à la première classe ». Seulement 5 % environ des wagons étaient des wagons de première classe, et nombreux étaient les Suisses qui n'avaient pas les moyens de voyager autrement qu'en troisième classe, avec ses banquettes en bois dur. Les touristes optaient en général pour le confort capitonné de la seconde, comme nous aujourd'hui. Ce n'est pas luxueux, mais ce n'est pas en bois, et c'est tout à fait confortable – et propre. Après un changement à Olten, bien sûr, nous atteignons enfin Neuchâtel, dont le nom sonne bien plus romantique en français qu'en allemand (Neuenburg) ou en anglais (Newcastle). C'était la dernière étape suisse du premier voyage organisé de 1863, ce qui signifie que pour nous la fin est proche.

. . .

Taillé dans une motte de beurre. C'est ainsi que l'écrivain Alexandre Dumas a décrit Neuchâtel, même si le terme fromage serait certainement plus indiqué pour décrire une ville suisse. Quoi qu'il en soit, les bâtiments de la vieille ville sont d'un magnifique jaune d'or profond, qui semble encore plus chaud quand le soleil brille et se reflète sur le lac de Neuchâtel. Ajoutez à cela un panorama des Alpes et le château sur la colline (qui a donné son nom à la ville, bien qu'il ne soit plus nouveau), et vous aurez un aperçu du bonheur urbain en Suisse. Néanmoins, ce n'est pas pour cela que Neuchâtel fut la dernière étape du tour de Mlle Jemima ; il y avait deux raisons pratiques à cela : prendre l'itinéraire le plus court pour rentrer, le long de la nouvelle ligne ferroviaire à destination de Pontarlier, en France, et acheter une montre. Le canton de Neuchâtel est l'un des centres de l'industrie horlogère suisse depuis des siècles, à partir du moment où les horlogers de Genève sont partis de leur ville surpeuplée pour aller s'installer dans les montagnes du Jura.

Genève avait été la capitale de l'horlogerie suisse jusqu'au milieu des années 1600, grâce à Calvin qui avait banni la bijouterie, obligeant ainsi les artisans de la ville à se tourner vers une nouvelle profession. Ils formèrent la première Guilde des horlogers du monde, et leur travail acquit une réputation de précision et de beauté. Mais Genève n'était pas assez grande pour eux, et ils furent nombreux à partir dans les collines entre le lac de Neuchâtel et la frontière française. Aujourd'hui, la région est connue sous le nom de Watch Valley (« vallée de la montre »), et les montres de marques comme Omega, Tissot, Swatch et Tag Heuer sont toutes fabriquées là-bas. Au milieu des années 1800, la ville de La Chaux-de-Fonds, un peu plus haut derrière Neuchâtel et légèrement plus petite que Zurich, était la sixième plus grande ville de Suisse. Elle fut reconstruite en 1794 après un incendie, selon un modèle de damier et dans le but de correspondre spécialement aux besoins des horlogers. Comme le dit Murray :

La principale manufacture [du canton] est celle des montres et des horloges, dont 130 000 sont exportées chaque année ; la vallée de la Chaux-de-Fonds et de Locle peut en être considérée comme le siège, mais la plus grande partie de la production est effectuée dans la ville de Neuchâtel.

Si l'on passe rapidement sur cent cinquante ans, et alors que Zurich a augmenté de plus de 2 000 %, La Chaux-de-Fonds n'a que triplé en taille, bien qu'on y fabrique toujours des montres, et même beaucoup. La Suisse exporte maintenant 30 millions de montres par an, pour une valeur de 19 milliards de francs. Ces montres sont synonymes de qualité et de précision, même si c'est une version en plastique bon marché qui a sauvé tout le secteur dans les années 1980. M. William n'a pas trouvé de Swatch tendance en 1863, mais il a écrit : « J'ai acheté une montre pour 7 livres et je trouve que j'ai fait une très bonne affaire. » Cette somme équivaut aujourd'hui à environ 800 francs, plus que la Swatch moyenne, mais considérablement moins qu'une Rolex.

Comme ni ma mère ni moi n'avons besoin d'une nouvelle montre, nous flânons tranquillement dans le centre-ville. Nous buvons un verre en admirant le lac, faisons un tour dans l'église collégiale, goûtons le Bleuchâtel, l'un des bleus fabriqués dans la région, et nous laissons dans l'ensemble aller à la paresse. C'est notre version du programme décontracté de Mlle Jemima :

> "Notre matinée a été consacrée aux loisirs, c'était la première du genre dans notre programme, et nous n'avons donc pas été obligés de prendre le petit-déjeuner avant 8 heures. Nous avons passé notre temps à flâner dans la ville."

Neuchâtel semble être une ville où il n'y a presque rien d'autre à faire que de marcher et de regarder. C'est exactement ce qu'a fait Thomas Cook en rentrant en Angleterre, une semaine après avoir quitté le groupe ; et il a été très rassuré par ce qu'il a vu :

Parmi ces nombreux promeneurs de tous les âges, des deux sexes et apparemment de tous les niveaux sociaux, il n'y avait nulle impolitesse, pas la moindre ressemblance avec un comportement immoral ou ridicule. La simplicité et la moralité réputées du caractère suisse furent entretenues et amplement confirmées par une promenade de deux heures et l'observation minutieuse des berges du lac de Neuchâtel.

Je suis heureux de n'avoir à rapporter aucun signe de « comportement immoral ou ridicule » non plus, même si je crains que nos critères de référence soient quelque peu inférieurs à ceux de M. Cook. Je n'ose penser à ce qu'il dirait de la pléthore de graffitis.

À l'époque où Cook est venu, Neuchâtel n'était pas suisse depuis longtemps. Célèbre, d'après ce qu'on dit, pour abriter des gens qui y parlaient le plus beau français de Suisse, Neuchâtel était autrefois une anomalie politique, parce qu'elle faisait partie de la Prusse. Pendant des années, elle fut à la fois un canton au sein de la Confédération suisse et une principauté appartenant au roi de Prusse, une configuration bizarre née de l'enchevêtrement qu'était l'Europe des siècles passés. À la mort de Marie d'Orléans, la princesse de Neuchâtel, en 1707, le peuple dut élire un nouveau souverain parmi les nombreux prétendants au trône. Il choisit Frédéric Ier de Prusse, parce que, pour lui, il était plus important d'être protestant que de parler français. Napoléon prit brièvement le contrôle du canton, avant que celui-ci redevienne une principauté prussienne en 1815, même si Neuchâtel était alors officiellement devenu le 21e canton de Suisse.

Cette situation helvético-prussienne perdura jusqu'en 1848, à la suite d'une révolte sans effusion de sang, survenue à Neuchâtel, qui donna lieu à une nouvelle république. Les royalistes n'abandonnèrent pas sans combattre, et leur lutte faillit déclencher une guerre entre la Prusse et la Suisse. La situation fut finalement réglée lors d'une conférence internationale, qui décida qu'il n'y aurait plus de princes, plus de Prussiens, et que Neuchâtel serait une république complètement suisse, ce qu'elle est toujours aujourd'hui.

Nous sommes tous les deux quelque peu fatigués après notre début de journée à 5 heures du matin – c'est vraiment un défi que de suivre ces Victoriens. Même M. William a fait remarquer dans une lettre qu'il a expédiée chez lui qu'il était « surpris que les dames aient tout si bien supporté. Je n'aimerais pas être obligé de travailler si dur pendant plus longtemps, bien que ce soit très agréable pendant une brève période et que nous soyons ravis de notre visite ». Il nous reste encore à trouver un hôtel à Neuchâtel, le Bellevue, celui où est descendue Mlle Jemima, mais qui n'existe plus, remplacé par un bâtiment peu invitant. Je demande à ma mère :

« Que dirais-tu de dormir à la maison ce soir ? » (pensant à la mienne, à Berne, pas à la sienne dans le Hampshire).

« Oh, je suis très contente que tu le proposes. Je pensais exactement à la même chose, mais je n'osais pas en parler, parce que c'est un peu comme si on trichait. »

Nous convenons qu'en faisant cela, nous ne respectons pas tout à fait la règle du jeu, mais que nous pouvons nous en accommoder. Nous prenons donc la décision de retourner à Berne pour retrouver le confort du foyer. Cela fait pile deux semaines que nous sommes partis de Newhaven pour commencer ce voyage dans le temps, mais, d'une certaine façon, j'ai l'impression que c'était il y a bien plus longtemps. Nous avons été bien plus occupés, et ce presque tous les jours, que pendant des vacances normales, toujours en déplacement pour changer d'hôtel, découvrir ce qu'il y avait à voir, aller dans les hauteurs et, de manière générale, en s'arrêtant rarement. Il faut dire aussi que quelqu'un s'est trompé dans la réservation d'un vol… En effet, dans un moment d'étourderie, j'ai réservé le vol de retour de ma mère pour Londres pour demain matin, c'est-à-dire un jour trop tôt. Même les chroniqueurs de voyage expérimentés font des erreurs de base, mais c'aurait pu être bien pire : j'aurais pu laisser mon passeport à la maison, me rendre dans le mauvais aéroport ou m'être enregistré un jour trop tard, des mésaventures qui sont toutes arrivées à d'anciens collègues au cours des dernières années.

Mlle Jemima et ses amis ont quitté Neuchâtel à 16 heures pour un voyage en train de nuit jusqu'à Paris. Ils arrivèrent dans la capitale française vingt heures plus tard pour une longue visite de la ville, mais Mlle Jemima avoue qu'ils n'ont pas totalement apprécié leur expérience :

> "Nous étions contents de découvrir Paris, mais il faut admettre que la ville nous est apparue plutôt à son désavantage. La réaction à l'enthousiasme provoqué par le voyage en Suisse et l'épuisement induit par la rapidité des voyages nous touchèrent juste quand nous eûmes le plus besoin d'une grande

force d'endurance pour supporter la fatigue occasionnée par la visite d'une grande ville."

Elle manifeste enfin son humanité! Je commençais à me demander s'il n'y avait pas quelque chose dans l'eau à l'époque pour qu'ils aient autant d'endurance. Et Mlle Jemima admet que Paris ne peut être comparé «aux merveilleux paysages montagneux à côté desquels n'importe quel paysage créé par l'homme est dérisoire». Lorsque, le jeudi 16 juillet 1863, nos intrépides voyageurs retournèrent enfin à Londres, il est plus qu'évident qu'ils étaient heureux de rentrer chez eux:

"Nous avons bien des souvenirs lumineux de ces trois semaines de vacances, mais aucun n'est plus précieux que le bonheur de poser le pied sur les rives anglaises et d'entendre à nouveau notre langue maternelle."

M. William a également fait un point sur le tour dans la dernière lettre qu'il a envoyée chez lui. « Je suis très heureux que nous y soyons allés. Ce fut une expérience vraiment précieuse, et je ne parle pas du grand plaisir que nous en avons retiré. Ce ne serait pas difficile pour moi de me rendre à peu près partout maintenant, et nous sommes vraiment mieux informés sur de nombreux sujets. »

Ce voyage fut vraiment enrichissant pour lui, et pour sa sœur également, comme il l'avait été pour les premiers grands touristes et le serait pour les jeunes utilisateurs d'InterRail des dizaines d'années plus tard. Les temps et les transports changent, mais le résultat est le même. Alors que son journal se termine, Mlle Jemima laisse libre cours à ses réflexions sur le tour et sur tout ce qu'à vécu le Junior United Alpine Club:

> « C'est aux randonnées en Suisse que nous repensons avec le plus de plaisir, sans parler de celui d'une agréable compagnie grâce à laquelle nous avons pu éclairer les nombreuses heures qui ont suivi... Nous avions acquis une plus grande connaissance de la nature humaine, pris l'habitude de compter sur nous-mêmes, et avons comblé notre ignorance grâce à de précieuses leçons qui nous ont amplement dédommagés de la fatigue et des tracas inévitables inhérents aux voyages à l'étranger. »

Ce soir-là, au souper, ma mère et moi levons notre verre en l'honneur d'une dame morte depuis longtemps, mais qui nous a constamment accompagnés et guidés au cours des quatorze derniers jours. Sans Mlle Jemima, nous n'aurions sans doute jamais séjourné à l'hôtel Giessbach, regardé le soleil se lever au sommet du Rigi, marché le long d'un glacier vertigineux, et nous ne nous serions jamais assis sous la pluie pour attendre que le mont Blanc apparaisse. Nous avons suivi son itinéraire et son emploi du temps, quoiqu'en utilisant des moyens de transport plus rapides et avec beaucoup plus de sous-vêtements. La Suisse qu'elle a visitée est en grande partie reconnaissable aujourd'hui. Oui, les villes ont pris du volume alors que les glaciers en ont perdu, les toilettes se sont améliorées autant que les trains et les prix ont augmenté en même temps que les standards ; mais les paysages sont demeurés aussi séduisants ; la beauté des paysages est d'ailleurs la principale raison pour laquelle Mlle Jemima et ses amis sont venus il y a cent cinquante ans et celle pour laquelle les gens continuent de venir. Peu importe l'époque, certaines choses ne changent pas.

. . .

Plusieurs mois plus tard, je suis de retour dans le Rigi Bahn, traversant un paysage merveilleux et hivernal, avec des arbres tellement chargés de neige qu'ils semblent déguisés en choux-fleurs. J'ai reçu quelques jours plus tôt un e-mail de Renate Käppeli concernant une entrée particulière dans un vieux registre de clientèle. Elle a peut-être trouvé quelque chose, alors je retourne à l'hôtel du Kulm pour voir ce qu'elle a déterré dans ses archives. J'arrive à peine à tenir en place maintenant que le sommet du Rigi est en vue ; j'ai hâte de voir le registre. Mlle Jemima y figure-t-elle ? Je l'espère.

Les registres marron, aux pages écornées, sont peut-être sacrés, mais ils débordent aussi de noms – pour cette seule journée de juillet 1863, il y a quatre grosses pages d'écriture victorienne tourbillonnante à déchiffrer. Je peux presque entendre le grattement des plumes sur le papier couleur crème et taché d'encre alors que je fais défiler sous mon doigt la liste des touristes, aujourd'hui décédés, venus de Berlin, de Rotterdam, de Boston, de Savannah, de Lausanne et de Zurich. Un voyageur sur trois semble venir de Londres, de Cheltenham ou de Safran Walden, ce qui complique beaucoup la tâche.

Et soudain, les voici, en haut de la dernière page de la journée.

W. W. Morrell, York, England
Miss Morrell, Selby, England

Ils sont donc bien venus. Après l'avoir si longtemps suivie, j'ai fini par la trouver. L'hôtel où ils ont dormi a disparu, mais la toute petite preuve de leur visite a survécu pendant quinze décennies au milieu de milliers et de milliers d'autres noms de touristes. Généralement, je n'aime pas tant que ça signer les registres des hôtels, car ils me semblent soit inutiles soit

Les Morrell inscrits sur le registre de la clientèle de l'Hôtel Rigi Kulm, 9 juillet 1863

égocentriques. À partir de maintenant, je les signerai tous, partout où j'irai.

Je pourrais presque embrasser Frau Käppeli, mais les usages suisses m'engagent à la retenue. Au lieu de cela, je saute dans le train et rentre à la maison le sourire aux lèvres. Et j'envoie un SMS à ma mère : « Trouvée : une dame du Yorkshire, répondant au nom de Mlle Jemima. »

Épilogue

« Les princes et les pauvres sont sans doute de braves gens, à leur façon. Mais font en tout cas d'assez contestables voisins de chambre. » La remarque caustique de Leslie Stephens est intéressante non seulement pour sa formulation archaïque en anglais, mais également en ce qui concerne la question des classes. Stephens n'avait aucune envie de partager les Alpes avec le bas peuple ni avec l'aristocratie ; c'était un lieu pour l'honnête homme, de préférence de classe aisée ; quelqu'un sachant comment s'habiller correctement pour le dîner sans attendre d'un valet de chambre qu'il le fasse à sa place. Thomas Cook a balayé tout cela en devenant l'agence de voyage de tout le monde, princes et pauvres compris, et en favorisant un mélange des cultures sans précédent à cette échelle. La Suisse est ainsi devenue le terrain de jeu de l'Europe entière.

Un circuit touristique à la portée d'une petite société d'Anglais recherchant l'aventure s'est transformé en une industrie comptant pour 5 % du PIB mondial – il y avait en 2012 un milliard de touristes dans le monde entier. Un milliard de personnes se sont rendues à l'étranger en un an seulement. La Suisse, lieu de naissance du tourisme de masse, n'en accueille que huit millions : une goutte d'eau dans un océan.

Que s'est-il donc passé entre ces deux dates ? Que sont devenus les principaux personnages de l'histoire que je viens de vous raconter, Thomas, Jemima et même la Suisse ? Ce premier circuit touristique a transformé un pays, créé une marque de renommée mondiale, tout en me réservant une incroyable surprise : il est temps de voir comment.

En 1863, la Suisse prenait lentement le chemin de la prospérité et de la stabilité, mais les accidents du relief et l'esprit

En 1874, Thomas Cook a créé son propre guide de Suisse, sur la couverture duquel on voit des bateaux, des trains, des calèches… et des chameaux

de clocher en politique avaient pour conséquence de concentrer la richesse dans un petit nombre d'endroits. On l'a vu, de nombreuses zones rurales étaient relativement pauvres, leurs habitants y complétant les maigres revenus de leurs fermes par des travaux d'artisanat. Chaque canton, chaque village, était une entité distincte et isolée des autres par la distance et l'altitude ; le gouvernement fédéral était quant à lui aussi jeune et faible qu'un agneau de lait. Puis tout changea avec l'arrivée du chemin de fer : les trains et les tunnels ont unifié géographiquement la Suisse ; il n'était plus nécessaire de voyager pendant des jours pour atteindre le Tessin depuis les villes du nord, et le Valais cessa d'être isolé dans la montagne. Grâce aux trains, tout le pays devenait accessible pendant l'hiver – non seulement pour les touristes, mais pour tout le monde. Le climat, comme les Alpes, était vaincu. Il devenait même relativement simple et rapide de se rendre dans les plaines, et les Suisses – ou du moins quelques-uns d'entre eux – ont donc pu explorer les environs.

Le chemin de fer a donné le coup d'envoi d'une ère de transport de masse plus rapide et moins cher – 25 millions de passagers en 1880, 240 millions en 1910 –, même si, pour de nombreux Suisses, la chose restait financièrement inabordable, car ce que les visiteurs britanniques pouvaient se permettre demeurait un luxe pour les autochtones. Selon ViaStoria, un centre de l'histoire des transports, les touristes et la petite partie suffisamment aisée de la société suisse représentaient la majorité des 240 millions de passagers. Toutefois, les classes moyennes pouvaient au moins envisager de voyager pour la première fois de leur vie. Ni très loin ni très souvent, mais enfin voyager – quoique sans doute en troisième classe, le billet en première étant deux fois plus cher, et les trains de montagne, à un prix encore plus élevé. Un Zurichois pouvait par exemple se permettre d'aller pour la journée au lac des

Quatre-Cantons ou dans une autre ville du pays, ville jusque-là sans doute rivale sur le plan économique.

À cette époque, l'industrie suisse était aussi fragmentée que sa politique, sans qu'aucune ville ne domine clairement l'économie. Cette décentralisation, découlant du manque de moyens de transports efficaces et de la structure politique du pays, scindait la Suisse en plusieurs mini-économies séparées. Chaque zone se concentrait sur des marchandises particulières, généralement de haute valeur afin de compenser le coût exorbitant du transport et le manque de terrain. Saint-Gall avait ses broderies, La Chaux-de-Fonds ses montres, Bâle ses rubans de soie, les régions alpines leurs fromages. Mais le système était loin d'être parfait : les revenus étaient faibles, les journées longues et certaines économies locales dépendaient dangereusement d'une seule activité. En 1913, la broderie occupait la moitié de la population saint-galloise et ses exportations dépassaient en valeur celle de l'horlogerie ; lorsque la perte du marché d'outre-Atlantique après la Première Guerre mondiale et l'émergence d'une concurrence moins chère à l'étranger vinrent à bout du secteur, le coup fut fatal à l'économie de la région.

Le chemin de fer a réuni la Suisse en un marché unique, psychologiquement et économiquement. Les produits pouvaient à présent parvenir à leurs consommateurs rapidement et à moindre coût, qu'il s'agisse de montres pour l'étranger ou de carottes pour les citadins. Or, c'est le tourisme qui a permis de financer les voies ferrées. En dehors des plaines densément peuplées, seules quelques lignes auraient été viables sans les revenus issus du tourisme. Un train pour Grindelwald n'était rentable que grâce aux touristes se rendant à la montagne, et c'est probablement toujours le cas. Combien de temps le célèbre Glacier Express aurait-il survécu en tant que ligne régulière? Aucune des communes sur son passage n'est assez grande pour alimenter une ligne aussi éloignée.

Dès le début, le tourisme a mis de l'huile dans les rouages des trains, et ceux-ci ont assuré l'unité de la Suisse. Ainsi s'amorçait un cercle vertueux: les touristes assuraient la rentabilité des voies ferrées et finançaient de nouvelles lignes, ce qui amenait de nouveaux touristes, ce qui permettait à son tour de lever de nouveaux fonds pour construire de nouvelles lignes, tout en faisant bénéficier l'économie tout entière de l'amélioration des transports et de l'extension des marchés. Les touristes achetaient également des montres et du chocolat pour les rapporter chez eux et vantaient la qualité des produits suisses. La photographie, un art nouveau à l'époque, fournissait des représentations autrement plus réalistes et attirantes qu'une peinture à l'huile, et les touristes de se presser pour les voir de leurs propres yeux.

C'est comme si l'économie suisse avait attendu que quelqu'un donne le signal du départ pour se lancer dans sa course au succès. Tous les éléments étaient là, encore fallait-il que quelque chose les relie, et c'est là qu'intervint le tourisme en assurant la rentabilité des voies ferrées en dépit du relief, car la Suisse, dans ce domaine – comme dans d'autres – a su mettre les gaz. Il suffit de voir certaines des entreprises fondées après 1863 en l'espace de quelques décennies: les produits alimentaires Nestlé en 1866, les ascenseurs Schindler en 1874, les produits alimentaires Maggi en 1884, les couteaux Victorinox la même année, le laboratoire pharmaceutique Sandoz en 1886, les salles de bains Laufen en 1892, les laboratoires Roche en 1896, l'agence de voyage Kuoni en 1906. La Suisse avait pris un visage proche de celui qui nous lui connaissons, et elle était bien engagée dans la voie de la prospérité. Son goût pour l'innovation, qui nous a valu des produits comme le cellophane, le papier aluminium et le bouillon-cube – tous inventés en Suisse au tournant du 20ᵉ siècle – ne l'a pas desservie. Les deux guerres mondiales sont venues tout bouleverser, mais l'économie suisse a survécu à ces deux traumatismes sans grand dommage et s'est substituée aux économies des autres pays dévastés. L'immigration issue du sud de l'Europe a fourni une main-d'œuvre bon marché, la méticulosité suisse a assuré une haute qualité, et les trains ont ouvert la voie vers un marché mondial : sans surprise, l'argent affluait.

Tout au long de ce développement météorique, le tourisme fut l'épine dorsale du miracle économique suisse, assurant un socle de revenus qui permettait de soutenir le développement de toutes les régions. Les Alpes, auparavant un lieu dangereux, une entrave au progrès, sont rapidement devenues la plus grande ressource de la Suisse et la clé de son succès. Les industriels zurichois pouvaient investir dans des hôtels encore plus grandioses et des lignes ferroviaires encore plus élevées, sachant qu'ils en récolteraient les fruits. N'en déplaise à Ruskin, qui se lamentait de la « dévorante lèpre blanche des nouveaux hôtels et des parfumeurs », et reprochait vertement à ses compatriotes britanniques d'avoir appris aux Suisses « toute l'obscénité de l'appât du gain moderne », le tourisme a transformé l'économie des campagnes. En 1870, 38 000 personnes travaillaient dans le secteur de l'hôtellerie et des transports ; en 1900, elles étaient 118 000, en zones rurales pour la plupart. Cette croissance ne pouvait durer que grâce à l'affluence continue des touristes.

En 1863, 2,9 millions de nuitées avaient été passées dans les 9 300 lits d'hôtels de la Suisse ; dix ans plus tard, ces chiffres avaient plus que doublé et, en 1913, on comptait 23,8 millions de nuitées dans 211 000 lits. Il faudrait attendre 1950 pour atteindre à nouveau un tel pic. Les statistiques sont encore supérieures aujourd'hui (245 000 lits et 35,5 millions de nuitées), mais les touristes suisses, beaucoup plus nombreux, sont venus grossir ce chiffre. Alors que cent ans plus tôt, ils ne comptaient que pour un cinquième du marché, ils sont aujourd'hui plus du double. S'il y a bien un signe de l'augmentation de la prospérité des Suisses, c'est qu'ils peuvent se payer des vacances dans leur propre pays. En 1863, un petit-déjeuner dans un hôtel coûtait l'équivalent d'une journée de salaire d'un paysan ou d'un ouvrier suisse ; en 2013, cela ne revient sans doute même pas à une heure de travail.

Le luxe n'est pas resté en reste non plus et la tradition des palaces proposant tout type de confort se perpétue en Suisse, qui compte 93 hôtels cinq étoiles (un pour 85 000 habitants) ; à titre de comparaison, l'Allemagne affiche 125 établissements de cette gamme (un pour 650 000 habitants). C'est dans ces grands hôtels que la lumière électrique, les ascenseurs, le chauffage centralisé et les toilettes intérieures sont d'abord apparus en Suisse pour répondre aux attentes des clients, et ce confort s'est bientôt répandu dans les villages et les maisons du pays. Aujourd'hui, ces hôtels étant de premier ordre, mais pas au premier prix, contribuent très certainement à augmenter le bilan de la coquette contribution du tourisme à l'économie du pays : 35,5 milliards de francs suisses, dont la moitié provient directement de l'hôtellerie et des transports, et l'autre moitié, indirectement, des biens et des services. Le tourisme suisse emploie directement 275 000 personnes et au moins autant en dépendent. Il faut bien que quelqu'un fabrique le chocolat !

Pourtant, tout n'est pas rose, comme l'a montré le récent référendum sur les résidences secondaires : selon la nouvelle législation, celles-ci ne peuvent occuper plus de 20 % d'une commune. Il s'agit clairement d'une réaction au surdéveloppement, à l'augmentation excessive des prix et à la surpopulation – mais il faut ajouter que la plupart des régions touristiques se sont prononcées contre cette mesure. Faut-il protéger la campagne ou l'économie ? Le débat dure depuis un siècle, depuis la construction du chemin de fer de la Jungfrau, et la question ne sera sans doute jamais résolue.

Malgré ses inconvénients, le tourisme a contribué et contribuera sans doute encore à la prospérité de la Suisse. L'essor des classes moyennes, l'augmentation des revenus, l'amélioration des transports et l'attrait des Alpes – telles sont exactement les conditions qui ont fait de la Suisse au 19e siècle la première destination du tourisme de masse. C'est pour ces mêmes raisons que les Chinois, les Indiens et les Brésiliens arrivent aujourd'hui en Suisse par milliers. Les pays ne sont plus les mêmes, mais le scénario se répète comme il y a cent cinquante ans. Ce ne sont pas seulement les 680 000 Britanniques se frayant un chemin jusqu'à Grindelwald et au-delà qui perpétuent l'héritage de Thomas Cook, mais également les innombrables ressortissants d'autres pays qui les rejoignent.

. . .

Il existe cependant une différence de taille. Les touristes d'aujourd'hui peuvent tout organiser, ou faire organiser, avant même de partir. Le premier circuit touristique ne brillait ni par son organisation ni par sa préparation, et ce ne fut pas exactement un voyage organisé au sens où nous l'entendons, c'est-à-dire avec, au minimum, le voyage et l'hôtel payés d'avance. Tout était à l'époque beaucoup plus détendu et plus flexible, du moins au début, et les choses auraient pu très mal se passer. Le système des transports suisses n'était pas aussi développé que dans d'autres pays et, en dehors des villes principales, il n'y avait pas grand-chose méritant le nom d'infrastructure. Tout aurait pu partir à vau-l'eau, et Cook y pensait sans doute constamment. Auquel cas, il s'est fait inutilement du souci. Le premier voyage organisé et guidé connut un tel succès qu'il fut suivi d'un deuxième tour en août, pendant lequel Cook écrivit :

Je suis à Paris, entouré de 500 ou 600 aspirants Touristes. J'en attends encore 400 ou 500 ce soir. Un groupe de 100 personnes est déjà parti pour la Suisse et je devrais les suivre demain avec entre 260 et 300 personnes supplémentaires.

Deux cents Touristes (Cook l'écrivait toujours avec une majuscule, puisqu'ils participaient à ses *Tours*) s'embarquèrent finalement dans ce deuxième voyage en Suisse au départ de Genève et furent donc séparés pour le tour du mont Blanc. Une moitié emprunta la même route qu'en juin (celle que nous avons vue avec Mlle Jemima) pour finir par une traversée du lac Léman en bateau ; l'autre moitié du groupe prit le chemin dans l'autre sens, partant en bateau pour revenir en diligence depuis Chamonix – encore un exploit logistique. Quant à Cook, il s'aventura ensuite jusqu'à Lucerne, Interlaken et Berne, en se servant pour survivre d'un « salmigondis de mauvais français, d'allemand pire encore et d'anglais de cuisine ». En dépit des difficultés linguistiques, il voulait continuer à explorer le pays et rajouta d'autres destinations à son circuit car l'enthousiasme qu'il avait fait naître pour la Suisse ne lui était pas étranger.

Un troisième voyage organisé suivit bientôt et, à la fin de l'été, 2 000 personnes avaient fait appel à Cook pour se rendre à Paris, dont 500 avaient continué jusqu'en Suisse. Les voyages faisant boule de neige, ce fut bientôt l'avalanche. En mai 1864, au début de la nouvelle saison, Cook proposait déjà quatre circuits différents en Suisse. Tout d'abord le tour du mont Blanc au départ de Genève – le même que l'année précédente ; en première comme en seconde classe (pour 45 ou 40 francs, respectivement), les demoiselles se rendaient en mule de Chamonix à Martigny (ou vice versa) ; pour les messieurs, les mules étaient réservées à la première classe. Les trois autres routes partaient de Lausanne, de Bâle et de Neuchâtel, et prévoyaient des étapes à Lucerne, à Berne ou aux lacs de Thoune ou de Brienz, dans diverses combinaisons.

Deux autres excursions, prévues pour se greffer aux précédentes, furent ajoutées l'année suivante. En l'espace de quelques années, les circuits interconnectés de Cook atteignirent presque toute la Suisse. Les clients choisissaient la route qu'ils souhaitaient emprunter pour rejoindre la Suisse (en 1905, le trajet pour rejoindre Lucerne depuis Londres prévoyait déjà treize permutations possibles, chacune à un prix différent), puis les excursions à y ajouter, les billets étant valables pour un mois et rassemblés en livrets. Cook n'était qu'un intermédiaire permettant le voyage : on peut dire que ses Touristes furent les premiers à voyager en InterRail. Une fois les billets pris, ils levaient l'ancre, et bon nombre d'entre eux suivaient ensuite leur idée, sans guide pour les orienter, empruntant les lignes régulières plutôt que celles organisées à leur effet. Cette marge de manœuvre plaisait beaucoup, et Cook lui-même en avait bien conscience :

Un système de voyages organisés, pour réussir, doit laisser voyager librement sans rien y perdre des services achetés. Il n'est pas nécessaire de voyager en groupe ; les détenteurs de billets peuvent circuler seuls si tel est leur choix et peuvent s'écarter à tout moment de la route conseillée.

Ce système de bons pour touristes offrait une flexibilité très appréciée à des prix abordables, et Cook n'allait donc pas tarder à introduire l'équivalent pour les hôtels. En 1868, les clients pouvaient acquérir à l'avance en Angleterre des bons d'hôtel à des prix fixes puis les échanger au cours de leur voyage. Ce système rendait les choses beaucoup plus simples :

il n'y avait plus ni à chicaner sur les factures, ni à manipuler de devises étrangères, ni à s'emporter sur la qualité. De plus, pour les hôteliers, c'était l'assurance d'avoir des clients, les touristes se voyant imposer un choix d'hôtels. Le guide touristique de la Suisse, que Cook fit paraître en 1874 et qui fut son premier guide véritable, répertoriait par exemple 47 hôtels à travers le pays acceptant les bons de sa compagnie. Parmi eux, le Victoria, à Interlaken, l'Adler, à Grindelwald, au Giessbach et sur le Rigi. Un bon de huit shillings (à peu près 45 francs actuels) équivalait dans tout hôtel à une nuitée, un dîner (menu fixe) et un petit déjeuner sans viande compris. Une fois rentré en Angleterre, on pouvait se faire rembourser les bons inutilisés. La réussite du système fut à la hauteur de sa simplicité, tout comme celle du billet de crédit circulaire, créé en 1874 afin d'éviter aux clients de transporter trop d'argent liquide. Il s'agissait d'une lettre de change dont on s'acquittait à Londres chez Cook et qui permettait aux touristes d'obtenir les devises locales de manière simple et sûre. En d'autres termes, c'était l'ancêtre du *traveler's cheque*.

. . .

C'est en 1865 que Cook ouvrit sa première grande agence, à Fleet Street, à Londres, où il vendait non seulement des billets mais aussi tout ce qui pouvait être utile à un touriste ; d'autres agences furent bientôt ouvertes à l'étranger. Les guides de voyages Cook pour la France, la Suisse et l'Italie furent publiés la même année. Vendu en supplément à *The Excursionist* pour un shilling, il assurait la promotion des circuits touristiques tout en donnant des conseils pratiques. Une distinction y était établie entre les excursions, proposant de se rendre vers certains lieux précis à des prix réduits, et les circuits touristiques, plus amples, aux étapes plus variées et pour lesquels les transports publics étaient régulièrement requis. Il est fascinant de constater la vitesse à laquelle la publicité s'est emparée de ce nouveau marché. Ce guide, publié deux ans à peine après le premier voyage organisé, contenait toute une série de publicités vantant les mérites d'un imperméable « aisément transportable dans la poche », d'un télescope pour touristes « parfaitement adapté aux besoins d'un voyage en Suisse » et de chaussures de randonnée alpine « spécialement conçues pour les excursions en montagne ». On y trouvait également un commentaire sur l'hôtel du Cygne à Lucerne, rédigé comme suit :

Les frères Haefeli sont reconnaissants aux visiteurs et touristes anglais de leur appui et, encouragés par ce succès, signalent l'ouverture d'un nouvel établissement dont la capacité d'accueil a été grandement augmentée.

Nous avons vu d'autres preuves de la vitesse de la réaction des Suisses à l'afflux soudain de visiteurs (et d'argent). Cook s'étonnait lui-même de la rapidité et de l'éclat de son succès : « Il a suffi d'un instant pour obtenir en Suisse ce qui en Écosse a demandé dix ans. » Et cela ne faisait que commencer.

Dans la foulée de la réussite suisse, des voyages furent organisés en Italie et en Allemagne, avec plus de profit cette fois-ci ; puis Cook s'étendit jusqu'en Égypte, en Palestine, en Inde et en Amérique du Nord ; pour cette dernière destination, le premier voyage organisé par Cook, en 1866, durait neuf semaines et couvrait 17 000 km. Le marché s'était développé, et il ne s'agissait plus de voyages de deux ou trois semaines dans les Alpes ; un voyage autour du monde fut enfin organisé en 1872-1873. Le nom de Thomas Cook devint synonyme de tourisme dans le monde entier.

Cook constata bientôt que tout le monde ne souhaitait pas nécessairement explorer un pays, certains préféraient une

– Épilogue –

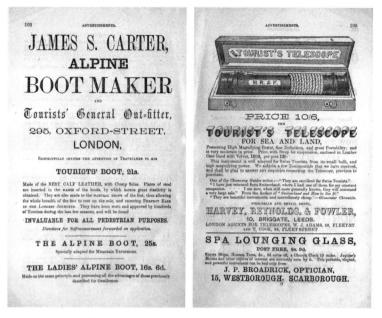

Les guides de Cook faisaient de la publicité pour toutes sortes de choses

simple villégiature à l'étranger. En 1900, l'agence proposait des « vacances populaires organisées », moins luxueuses que les circuits touristiques : il s'agissait plus ou moins de l'équivalent des forfaits « *all inclusive* » que nous connaissons de nos jours. Le circuit à cinq guinées jusqu'à Lucerne comprenait par exemple le trajet en deuxième classe depuis Londres et un séjour d'une semaine dans des « hôtels confortables de qualité », un menu fixe pour le dîner et un petit-déjeuner avec viande tous les jours, le tout pour cinq livres et cinq shillings (plus ou moins 450 francs actuels), et « le seul circuit pour Lucerne à cinq guinées, sans coûts de réservation ni frais supplémentaires ». Un séjour d'une semaine à Interlaken était également proposé pour sept guinées, tous les billets de train de montagne pour l'Oberland bernois pouvant être acquis à l'avance. Le séjour fut sans surprise apprécié par les voyageurs de tout type.

Thomas Cook (l'homme) mourut le 18 juillet 1892, mais l'entreprise fut perpétuée sous la conduite déterminée de son fils, John Mason Cook, qui y avait été associé de longue date. À sa mort en 1899, l'entreprise passa à ses enfants. Tout semblait au beau fixe. Thomas Cook & Son était l'agence de voyage de l'Empire britannique ; même la guerre semblait au début l'épargner. En décembre 1914, *La Gazette du voyageur* proposait de passer Noël dans le sud de la France ou sur les bords du lac Léman : dix-huit jours à Nice ou à Montreux pour 21 livres et 15 shillings en première classe. Des voyages guidés à Paris étaient encore organisés en septembre 1915 – on a peine à y croire : alors que la guerre faisait rage, le marché des séjours à l'étranger continuait sans ciller, mais cela ne dura pas et, en 1928, les petits-enfants de Thomas Cook vendirent l'entreprise.

L'empire bâti par Cook passa jusqu'aux moindres provinces aux mains de la Compagnie internationale des wagons-lits, l'entreprise gérant l'Orient-Express, avant d'être nationalisée en 1948 pour devenir une agence de voyages publique. En 2001, Thomas Cook fut à nouveau privatisée et acquise par des Allemands qui eurent la bonne idée de conserver son nom. Depuis sa fusion avec MyTravel et son entrée en Bourse, l'entreprise est redevenue britannique sous le nom de Thomas Cook Group. Bien qu'elle soit la deuxième agence de voyages la plus grande d'Europe, elle doit faire face à la concurrence des réservations en ligne, des compagnies aériennes *low cost* et des forfaits *do it yourself*. Malgré la baisse du cours de l'action et les licenciements, Thomas Cook Signature, un service qui peut être considéré comme le descendant direct des circuits guidés, continue d'exister. C'est peut-être là qu'est l'avenir : des vacances sur mesure proposées par la plus vieille agence (et peut-être la plus fiable ?). C'est ainsi, grâce à une attention personnalisée et à des services fiables proposés par une entreprise reconnue, que tout a commencé.

Avant la Suisse, Thomas Cook avait passé dix ans à chercher la formule gagnante pour les voyages à l'étranger ; après la Suisse, la conquête du monde entier fut réglée en dix ans ou, pour reprendre son expression : « Aujourd'hui, chacun peut voyager, chacun devrait voyager – d'ailleurs chacun voyage. » Le voyage organisé en Suisse n'a été ni la première ni, en fin de compte, la plus lourde étape ; mais il fut le premier succès, l'acte de naissance du tourisme de masse. C'est lui qui a fait de Cook une marque encore reconnue dans le monde entier. Thomas Cook et ses voyages organisés sont donc à l'origine d'une bonne partie de ce qui, dans le tourisme moderne, nous semble aller de soi. S'il avait échoué en Suisse, l'industrie touristique n'aurait peut-être pas le même visage aujourd'hui – peut-être n'y aurait-il pas d'escapades urbaines ni de locations de voiture à l'aéroport ? Ou peut-être que tout cela aurait fini par voir le jour d'une manière ou d'une autre.

Le tourisme de masse rend-il le monde meilleur ? Qui sait ? Dégâts écologiques ou réussite commerciale, plaisir pour tous ou luxe pour quelques élus, développement ou dépeuplement. Quel que soit le débat, la Suisse en a connu les envers et les revers, et, dans l'ensemble, elle s'en est peut-être bien sortie. Peut-être.

. . .

Thomas Cook ne fut pas le seul à voir ses clients se multiplier – les éditeurs des guides aussi ; ceux de Murray, de Baedecker et de Cook lui-même connurent leur âge d'or pendant les cinquante ans qui suivirent ce voyage organisé. De nouvelles destinations étaient constamment ajoutées. Personne ne partait de chez lui sans un guide dans son sac. La

Première Guerre mondiale porta aux guides un coup dont ils mettraient encore cinquante ans à se remettre en découvrant un nouveau marché fait de forfaits tout compris et de routards en vadrouille. Cependant, encore cinquante ans après, l'avenir paraît moins souriant.

Les guides Murray étaient toujours une institution pour les voyageurs britanniques bien après que Mlle Jemima s'en soit servie. En 1901, leurs droits furent cédés et leur publication reprit sous le nom de Guide bleu, avec une première édition sur la Suisse en 1923. Ces guides existent encore. La maison d'édition John Murray, quant à elle, est restée entre les mains de la famille jusqu'en 2012, date à laquelle elle a été vendue à Hodder Headline, qui fait depuis partie du groupe Hachette UK.

Les guides Thomas Cook ont perduré sous une forme ou une autre jusqu'à l'été 2013, période à laquelle l'entreprise a renoncé à ses activités éditoriales, à cause de la concurrence de rivaux comme *Lonely Planet* ou *Baedeker*, toujours florissants, et de la nouvelle menace de masses d'information en ligne. Celle-ci pourrait d'ailleurs venir à bout de toutes les éditions papier, et pas seulement des guides Cook.

Murray, Baedeker et Cook ont tous trois joué un rôle à part entière dans le développement du tourisme, en armant leurs lecteurs de courage pour partir seuls à l'aventure et explorer le vaste monde. Il leur a d'emblée été reproché de créer une mentalité de moutons, de porter atteinte à l'économie locale en rendant les touristes moins dépendants des connaissances des gens du lieu et de ruiner les lieux mêmes qu'ils cherchaient à encenser. Peut-être que tout cela était vrai, mais tout le monde n'avait pas les moyens d'engager un guide local ni le courage de partir seul. De nombreuses personnes se satisfaisaient volontiers de se rendre en groupe aux principales attractions et d'envoyer quelques cartes postales. Mlle Jemima était clairement enchantée du voyage, bien qu'elle n'ait pratiquement pas eu affaire aux autochtones. Qui sait, sans ces guides et voyages en groupe si décriés, tous ces gens seraient peut-être simplement restés chez eux. Cela aurait-il rendu le monde meilleur, cela les aurait-il rendus meilleurs ? J'en doute.

Le tourisme de masse, rendu possible par les groupes et les guides de voyage, a souvent été critiqué. On lui reproche tous les maux, de contribuer au surdéveloppement jusqu'à nuire aux populations locales, et ces critiques ne sont pas nouvelles. En 1870, le révérend Francis Kilvert écrivait : « De tous les animaux nuisibles, le touriste est le pire. Et de tous les touristes, le plus vulgaire, le plus mal élevé, le plus choquant et le plus détestable est le touriste britannique. » C'était probablement de gens comme les participants au voyage de Cook dont il parlait, des gens comme Mlle Jemima. Mais la qualifierait-on aujourd'hui de touriste ? Je n'en suis pas si certain. Elle voyageait en groupe, principalement parce qu'elle ne pouvait pas se permettre autre chose, et elle consultait son guide de voyage, tout comme les routards consultent aujourd'hui le *Lonely Planet* ou les forums sur Internet. Elle a vu le Lion de Lucerne, mais a aussi traversé à dos d'âne un col des Alpes ; elle prenait le thé à 17 heures, mais buvait l'eau du pays (qu'elle a jugée « délicieuse ») ; elle s'est promenée sur le Rigi mais a parcouru des glaciers en randonnée. Ce n'était sans doute pas Stanley au Congo, mais c'était tout de même une aventure, une entreprise nouvelle et intrépide sans itinéraire établi à l'avance, aucun hôtel réservé et aucun autre plan que celui de visiter la Suisse en deux semaines. Mlle Jemima apparaît bien plus aujourd'hui comme une voyageuse autonome que comme une touriste dorlotée. C'était une femme indépendante, infatigable, avec un sens de l'humour féroce, une énergie inépuisable et une grande attention au détail, qui, par ailleurs, n'avait effectivement rien contre rentrer chez elle après trois semaines à l'étranger.

Les snobs du voyage la tiendront sans doute pour une touriste enfermée dans sa bulle et non pour une véritable voyageuse. Pire encore, on lui reprochera d'avoir créé un modèle pour tous ceux qui l'ont suivie, mais, en optant pour le même parcours, difficile de ne pas l'imiter tant le planning est serré. Pris par le jeu des visites, de la recherche d'hôtels et du plaisir éprouvé, on finit par s'enfermer dans son monde. Ni Jemima ni moi ne nous sommes assis sur une place de village pour faire la causette aux anciens ; nous n'avons pas non plus grimpé jusqu'à une hutte perdue pour voir la fabrication du fromage. Pourtant, elle a vraiment apprécié la Suisse et cela n'a diminué en rien la valeur de son voyage. En quoi vaut-il moins de s'émouvoir d'une statue face à laquelle les visiteurs se pressent que de rencontrer un graveur dans la montagne ? Quant à la contemplation de l'aube sur le Rigi, elle est presque devenue l'inverse de l'attraction pour touristes qu'elle était. C'est devenu tellement démodé que seuls quelques passionnés le font encore ; et l'on pourrait donc le tenir pour une expérience authentiquement suisse.

Les touristes et les voyageurs sont les deux faces d'une même médaille : ils se méprisent mutuellement mais dépendent en fait les uns des autres. Sans les infrastructures créées pour le tourisme, il serait bien plus difficile et plus cher de voyager ; sans l'esprit d'aventure des voyageurs, les touristes seraient enfermés dans les mêmes endroits, sans connaître la destination suivante. Finalement, la différence n'est pas si grande : touristes ou voyageurs, la plupart des gens sont les deux à la fois, même au cours d'un seul voyage. C'est le cas de Mlle Jemima : touriste de nom, voyageuse dans l'âme. Ce qui importe, c'est qu'elle ait eu une chance de voyager, et ce grâce à Thomas Cook. Par son travail et par son voyage, elle nous a légué un monde plus accessible à tous et pas seulement à quelques privilégiés. Pour les autochtones, tout visiteur est un touriste, quelle que soit la durée de son séjour, son moyen de transport, les endroits qu'il visite et l'idée qu'il se fait de lui-même. En voyage, nous sommes tous des touristes.

...

Un itinéraire, deux voyages et cent cinquante ans d'écart – mais quelles sont les différences marquantes ? Les trajets sont plus rapides aujourd'hui, nous avons des salles de bains personnelles, nous prenons une douche tous les jours, et rien ne nous interdit de déguster un bon chocolat au lait à 11 heures. Pourtant, en comparant les deux tours, les différences ne semblent pas si nombreuses. Mlle Jemima reconnaîtrait encore son voyage malgré les améliorations du transport et de l'hygiène. La plupart des lieux visités lui seraient familiers, non seulement les montagnes immuables, mais également la vue depuis le lac de Thoune ou la vieille ville de Lucerne. Malgré quelques taches dans le paysage, comme l'antenne radiophonique sur le Rigi ou les blocs de béton de Grindelwald, le 20e siècle s'est montré clément en Suisse. Interlaken a grandi sans cesser d'être une petite ville de province avec, certes, de nombreux hôtels, tandis que l'amour suisse pour la tradition a permis de préserver bon nombre des coutumes du pays. Bien sûr, la descente de l'alpage ou la lutte suisse sont devenues des attractions touristiques, mais elles font également partie du patrimoine national et, loin d'être oubliées, elles sont préservées avec dévotion. La présence des touristes est une manne d'argent supplémentaire.

Ce qui a changé, en revanche, c'est ma vision de la Suisse. À travers les yeux de Mlle Jemima, je l'ai vue au-delà de l'image moderne de stabilité et de prospérité, où les comptes en banque des milliardaires et la ponctualité des trains sont choses courantes. Cette Suisse-là est très récente. Mlle Jemima m'a montré une Suisse plus ancienne, celle où les mendiants parcourent les villages, où les montagnards sont affectés de goitres, où les infrastructures laissent à désirer. Le merveilleux paysage suisse n'a pas beaucoup changé, mais les habitants des montagnes et de leurs alentours sont très différents. C'est peut-être pour cela que les Suisses sont si attentifs à l'argent, car il en manquait encore il n'y a pas si longtemps. Le tourisme a joué un rôle majeur dans la réussite de la Suisse et a contribué à faire d'un pauvre pays rural une nation prospère. Découvrir la vie en Suisse avant qu'elle ne tire le gros lot de l'économie mondiale a changé mon regard sur le pays, et je ne l'aime que davantage. J'étais loin de m'attendre à cela en faisant des recherches sur un voyage vieux de cent cinquante ans.

Je ne m'attendais pas non plus à l'esprit d'aventure dont faisaient preuve ces gens de l'époque victorienne. Mlle Jemima endurait des choses dont peu seraient capables pour des vacances en Europe : dix-huit heures de voyage dans des trains bondés sans toilettes, pas d'eau courante dans les hôtels mais des égouts ouverts dans les rues, quatre à cinq heures de sommeil en moyenne. C'est d'autant plus impressionnant que les habits ne leur facilitaient pas la tâche : imaginez parcourir 40 km par jour en montagne avec la chaleur et le poids d'un jupon, d'une crinoline, d'un corset et d'une veste. Malgré tout, jamais les membres du Junior United Alpine Club ne s'étaient autant amusés. À en croire M. Williams : « L'effort est rude mais nous nous amusons beaucoup. » On peinait à la tâche, hier comme aujourd'hui, mais c'étaient des peines d'amour, passées dans l'enthousiasme avec, au retour, la tête pleine de souvenirs ; je suis parti curieux et suis revenu admiratif de ce qu'ils avaient fait et de tout ce qui, sans eux et sans les touristes qui leur ont succédé, n'aurait jamais été possible.

Post-scriptum personnel

Après toutes ces heures en compagnie de Mlle Jemima, je ne peux pas m'empêcher de chercher à savoir ce qu'il est advenu de l'héroïne de notre histoire. Ce n'est pas comme si la publication de son journal avait fait d'elle une célébrité – il n'était destiné qu'aux membres du Junior United Alpine Club, et c'est tout à fait par hasard qu'il a été découvert dans les décombres d'un bâtiment bombardé. Ces deux grands volumes rouges reposent maintenant en toute sécurité dans les archives de la société Thomas Cook à Peterborough. Quant à la manière dont ils sont parvenus jusqu'à cet entrepôt détruit par les bombes, cela reste un mystère, mais il est toutefois possible de savoir ce qui est arrivé à leur auteur après leur rédaction. Il est temps de faire quelques recherches généalogiques.

Heureusement, j'ai deux sources pour le faire à ma place. Le passe-temps préféré de mon père, à part le rugby à la télévision, c'est la généalogie. Il a passé des heures et des heures à exhumer les traces de nos aïeux au cours des siècles. À qui d'autre pourrais-je m'adresser pour savoir ce qui est arrivé à Mlle Jemima et à sa famille ? D'ailleurs, le mystère a été levé rapidement, car il ne s'agit pas d'un nom courant, et mon père sait où chercher.

Je peux me faire une image de sa vie, sans pouvoir hélas me faire une image de la dame en question. Cette image, c'est ma deuxième source qui me la fournit : M. Peter Williamson, de Inntravel, une agence de voyages spécialisée basée dans le Yorkshire du Nord qui propose de partir pendant douze nuitées sur les traces de Mlle Jemima avec renseignements fournis. M. Williamson a donc fait des recherches sur l'histoire de Jemima. La voici.

Quatre ans après son aventure en Suisse, en 1867, Jemima épousa John Greenwoord, un veuf de quinze ans son aîné, qui n'avait apparemment pas besoin de travailler pour vivre ; le cens suivant le décrit simplement comme « propriétaire foncier ». John avait trois enfants d'un précédent mariage, mais il eut avec Jemima un fils du nom de Robert Morrell Greenwood, né le 21 janvier 1868. La famille, qui n'avait pas de problèmes financiers, se déplaça à Lytham, dans le Lancashire, puis à Somerset, pour revenir enfin dans le Yorkshire, où John mourut en 1906. Jemima décéda à son tour le 13 octobre 1909. Elle est enterrée dans le petit cimetière du village d'East Morton, près de Bradford. Elle eut tout de même le temps de voir Robert épouser Margaret Leir et lui laissa une propriété de 14 261 livres, soit plus d'un million de francs actuels. Après avoir été nommé commandeur de l'ordre de l'Empire britannique en 1918, Robert mourut sans descendance en 1947. C'est ici que s'arrête la postérité de Mlle Jemima, tout comme celle de son frère aîné, dont les enfants n'eurent pas de descendance non plus.

Le nom de famille s'est perpétué à travers son cadet William, bien qu'il mourût cinq ans avant elle. Trésorier de l'équipée suisse, il devint gérant d'une banque à York et rédigea également une *Histoire et monuments de Selby*, illustrée par Jemima. Ses enfants furent tous deux employés chez Rowntree, le chocolatier de York qui inventa les KitKat avant d'être racheté par Nestlé, la multinationale suisse de l'alimentation. Le plus jeune des deux enfants, John Bowes Morrell, finit par diriger l'entreprise et devint maire de York et fondateur de l'université de la ville. C'est par lui que passe le lien de ses petits-enfants et arrière-petits-enfants avec Mlle Jemima ; certains ont même participé à la reconstitution du voyage en costume d'époque

– Post-scriptum personnel –

pour le centenaire en 1963. Le même trajet, la même famille, à un siècle d'écart.

Et c'est ainsi que s'achève le rôle de la famille Morrell dans cette histoire. Mais est-ce vraiment le cas ? Quelques jours plus tard, j'ai reçu un e-mail de mon père. Ayant reconnu l'un des noms, celui de la femme de Robert – Margaret Leir, de Hertfordshire –, il avait continué de creuser. La suite, cela fait un peu peur à dire, me concerne personnellement. Sur la commode de mes parents, il y a une charmante théière en argent frappée du blason des Leir. Parmi les anciens et nombreux portraits familiaux de la maison, il s'en trouve un qui ressemble à un second rôle dans *Orgueil et préjugés*. Son nom ? Le révérend père William Leir, mort en 1863. S'agit-il d'une coïncidence ? Peut-être un parent éloigné ? Ce n'est pas comme s'il s'appelait Smith, et il ne doit pas y avoir tellement de Leir en Angleterre. Il se trouve que le William du portrait est l'arrière-grand-père de Margaret, qui se trouve également être l'arrière-grand-père de Thomas Bewes, qui est mon propre arrière-grand-père. Margaret et Thomas étaient donc cousins issus de germains et elle est autrement dit une lointaine cousine : ma cousine issue de germain au troisième degré, grâce à une énorme distance entre générations.

Et la théière ? C'est un cadeau de mariage reçu par Sophia, la fille de William, la grand-tante de Margaret et mon aïeule : Sophia eut une fille, Elizabeth, qui eut elle-même une fille, Hester, qui, de son époux Thomas Bewes, eut un fils, Arthur, qui eut un fils, mon père. En parallèle, le frère de Sophie, William (pasteur comme son père) enfanta Charles (également pasteur de son état), qui eut une fille, Margaret, laquelle épousa Robert, le fils de Jemima. On ne peut plus simple.

Incroyable, n'est-ce pas ? J'ai passé quatre ans avec Jemima, à lire ses écrits et à la suivre à travers l'Europe, pour me rendre

Illustration de Jemima Morrell tirée de The History and Antiquities of Selby, *le livre de son frère William ; remarquez sa signature en bas à gauche*

compte enfin que je suis vaguement apparenté à sa belle-fille. Je n'aurais jamais pu imaginer une chose pareille. Je n'ai jamais connu mon arrière-grand-père Thomas, et sans doute celui-ci n'a-t-il jamais rencontré sa cousine germaine Margaret (ni la belle-mère de celle-ci !). Ou peut-être bien que si. Je connais certains de mes cousins au deuxième degré et, étant allé à leur mariage, j'y ai rencontré leurs belles-mères. La Grande-Bretagne a beaucoup changé depuis cent cinquante ans, et les 23 millions d'habitants se tenaient chacun dans leur classe – il est donc possible que ces personnes se soient rencontrées. Quoi qu'il en soit, ce lien familial existe comme un petit écho de l'histoire attendant qu'un écrivain surpris y prête l'oreille.

Robert et Margaret étant morts sans descendance, je n'ai pas hélas de cousins au cinquième degré que je pourrais rencontrer, et je dois donc me contenter de la belle-mère de l'arrière-grand-père de ma cousine au second degré. Peut-être qu'après tout il n'y a que six degrés de séparation au plus entre deux personnes quelconques. En tout cas, cela s'est vérifié pour Jemima et moi. Des générations et des décennies après, le

Le révérend William Leir, 1768–1863

destin a voulu que nous explorions la Suisse côte à côte, réunis par notre admiration du paysage de rêve. Le moyen de transport a sans doute autant changé que le tourisme, mais le plaisir de voyager reste intact. Et cela ne changera sans doute jamais.

Annexe I
Le monde en 1863

À quoi le monde ressemblait-il lorsque Mlle Jemima entreprit son voyage ? Quelque cinquante ans après la défaite de Napoléon à Waterloo, l'Europe était pour une fois relativement calme et prospère. La Grande-Bretagne se trouvait depuis vingt-six ans sous le règne de la reine Victoria, endeuillée encore et toujours par la perte du prince Albert. Elle allait occuper le trône trente-huit autres années, au cours desquelles elle porterait chaque jour, sans exception, la couleur noire.

Après deux tentatives de république, la France était redevenue une royauté, l'Allemagne était une confédération d'une trentaine d'États, l'Italie unifiée avait tout juste deux ans et la majorité de l'Europe de l'Est appartenait encore aux Empires autrichien ou ottoman.

Les États-pas-encore-Unis se livraient une guerre civile et un soldat suisse – Emil Frey – dans le camp des Nordistes, fut capturé par les Sudistes à la bataille de Gettysburg au mois de juillet. Plus tard, il deviendrait le premier ambassadeur de la Suisse aux États-ré-Unis et conseiller de la Confédération suisse.

L'Amérique latine était en grande partie indépendante, tout comme la principauté d'Hawaï. L'Alaska appartenait à la Russie, l'Afrique à l'Europe et l'Australie à la Grande-Bretagne. La Chine était dominée par la dynastie Qing et l'Inde par le Raj britannique depuis tout juste cinq ans. La Thaïlande s'appelait le Siam, l'Iran la Perse et le Sri Lanka Ceylan.

La Grande-Bretagne comptait 23 millions d'habitants – relativement peu comparé à sa domination mondiale – tandis que l'Italie en comptait 25 millions, les États-Unis 31, la France 37 et la Suisse 2,5 millions.

1863 vit naître un sport assez populaire, le football (la version non américaine), dont le coup de sifflet officiel fut lancé en octobre, mais les nouvelles règles ne plaisaient pas à tout le monde et certains préféraient jouer façon rugby, en coinçant leur tête entre les jambes des autres joueurs.

Au moment où Thomas Cook initiait le tourisme de masse, le métro londonien inaugurait les premiers trains souterrains du monde entre Paddington et Farringdon. De plus en plus de gens pouvaient se déplacer, soit dans la plus grande ville du monde, soit à travers une partie de l'Europe.

1863
Janvier

- 1   Proclamation d'émancipation par Abraham Lincoln ; fin de l'esclavage
- 1   Naissance du baron Pierre de Coubertin, inventeur des Jeux olympiques modernes
- 4   Patins à roulettes quatre roues brevetés par James Plimpton à New York
- 8   Fondation du Yorkshire Cricket Club à Sheffield
- 10   Premières rames de métro londonien sur la ligne Metropolitan
- 13   Thomas Crapper invente la cuvette de toilettes avec chasse d'eau
- 17   Naissance de David Llyod George, Premier ministre britannique
- 23   Funérailles nationales des explorateurs australiens Robert O'Hara Burke et William John Wills à Melbourne

Février

- 3   Samuel Clemens utilise pour la première fois le pseudonyme Mark Twain
- 9   La Société d'utilité publique genevoise crée le comité qui deviendra la Croix-Rouge
- 10   Alanson Crane de Virginie dépose le brevet pour l'extincteur
- 17   Première réunion à Genève du Comité international de secours aux militaires blessés en campagne

Mars

- 10   Le prince de Galles épouse la princesse Alexandra du Danemark

27 Naissance de Henry Royce, fabricant de voitures britannique
30 Le prince William du Danemark devient Georges Ier de Grèce

Avril
19 Fondation du Schweizerische Alpenclub (« club alpin suisse ») à Olten
29 Naissance de William Randolph Hearst, magnat de la presse américain

Mai
2 Bataille de Chancellorsville en Virginie
10 Stonewall Jackson succombe à ses blessures reçues à Chancellorsville
21 Fondation de l'église adventiste du septième jour dans le Michigan

Juin
20 La Virginie-Occidentale devient le 35e État d'Amérique
23 Napoléon III accorde les droits d'exploitation de l'eau minérale de Vergèze, rebaptisée plus tard Perrier
26 Le premier tour de Thomas Cook pour la Suisse quitte Londres

Juillet
1-3 Bataille de Gettysburg en Pennsylvanie
16 Le premier tour de Thomas Cook pour la Suisse rentre à Londres
17 Invasion de Waikato pendant la guerre de Nouvelle-Zélande

30 Naissance de Henry Ford, fabriquant de voitures américain

Septembre
20 Jakob Grimm meurt à Berlin
29 Première représentation de l'opéra de Bizet, Les Pêcheurs de perles, à Paris

Octobre
3 Le président Lincoln déclare Thanksgiving le dernier jeudi de novembre
25 Élections fédérales en Suisse ; Parti radical-démocratique suisse majoritaire
26 Fondation de la Fédération anglaise de football à Londres
26-9 La Conférence internationale de Genève fonde la Croix-Rouge

Novembre
19 Abraham Lincoln prononce le discours de Gettysburg
19 Création de Swiss Re, société d'assurance, à Zurich
23 Louis Ducos du Hauron dépose le brevet de la photographie couleur

Décembre
8 Les clubs de foot qui suivent les règles du rugby sont radiés par la Fédération
12 Naissance de Edvard Munch, artiste norvégien
18 Naissance de l'archiduc Franz Ferdinand, héritier de la couronne austro-hongroise
24 William Makepeace Thackeray décède à Londres

Annexe 2
La suisse dans les années 1860

Population

D'après le recensement de 1860, Berne était alors le plus grand canton avec 467 141 habitants, suivi par Zurich et le canton de Vaud. Le pays ne comptait que dix communes de plus de 10 000 habitants, composant 8 % de la population totale. Aujourd'hui 45 % des Suisses vivent dans une commune de plus de 10 000 habitants, dont les dix plus grandes représentent 17 % de la population nationale.

Suisse	2 510 494
Germanophones	69,5 %
Italophones	5,4 %
Francophones	23,4 %
Romanches	1,7 %
Catholiques	40,7 %
Protestants	58,9 %
Étrangers	4,6 %
Britanniques	1 202
Vaches	944 000

10 Plus grandes villes

Genève	41 415
La Chaux-de-Fonds	16 778
Bâle	37 918
Saint-Gall	14 532

Berne	29 016
Lucerne	11 522
Lausanne	20 515
Fribourg	10 454
Zurich	19 758
Neuchâtel	10 382

Naissances et décès
(chiffres actuels entre parenthèses)

Espérance de vie
    Hommes   40,6 (80,1)
    Femmes   43,2 (84,5)
Taux de mortalité   23,6 ‰ (7,8)
Taux de natalité   32,3 ‰ (10,2)
Mariages   7,8 ‰ (5,3)
Densité par médecin   1 715 (500)

Emplois
(chiffres actuels entre parenthèses)

Secteur primaire
    Agriculture   57 % (4 %)
Secteur secondaire
    Industrie   33 % (23 %)
Secteur tertiaire
    Services   10 % (73 %)

Salaires journaliers

Ouvrier agricole ou textile   1 à 1,50 francs
Maçon, verrier   2,40 francs
Métallurgiste, tailleur   3 à 3,50 francs

Prix

Francs par kilo

Bœuf	1,08	Farine	0,48
Pain	0,43	Patates	0,07
Beurre	2,16	Sucre	1,10
Œufs	5 cts pièce	Vin	3 cts/l
Lait	11 cts/l	Chemise	2,20

Poste et banques

Offices de poste	266
Lettres envoyées	
national	25 millions
international	8 millions
Télégrammes	
national	299 000
international	116 000
Acheminement	318 lignes,
	734 diligences,
	774 000 passagers
Banques	291
Total dépôts	542 millions de francs
Taux d'intérêt	4 %

Annexe 3
À propos de l'argent

La dernière page du journal de Mlle Jemima constitue l'annexe II ; une fin relativement brève, c'est le moins qu'on puisse dire :

> " L'éditeur a reçu le rapport d'excursion de la part d'un membre du Club. Il est remarquable en tous points, en particulier par sa brièveté, c'est pourquoi il peut être mentionné :
>
> "Décompte d'un tour en Suisse et en France du 26 juin au 16 juillet 1863, 21 jours, £19.17.6"
> W.W. Morrell, Trésorier "

Ce montant de 19 livres 17 shillings et six pence, qui correspond aujourd'hui à 1 500 livres, soit environ 2 300 francs suisses, était considéré comme « très raisonnable et moins que celui envisagé » par M. William. Le trésorier ne fournit pas les détails du décompte, mais le voyage de Thomas Cook qui suivit dans l'été nous en donne un aperçu.

Pour le voyage aller-retour de Londres à Rigi en passant par Genève, Chamonix, Interlaken et Berne, Cook dépensa au total 17 livres 0 shilling et 1 penny (environ 1 300 livres ou 2 000 francs suisses) dont :

Billets   10 £ 8 s 1 p
Hôtels, etc. 6 £ 12 s 0 p

Parmi les « etcetera », Cook déboursa 18 francs pour deux nuitées à Chamonix et 5 repas par jour, soit 60 £ ou environ 90 francs d'aujourd'hui. Le train de Londres à Genève aura coûté 4 £ 13 s en seconde classe et 6 £ 6 s en première (soit 530 et 730 francs).

Aujourd'hui, le budget pour les hôtels et les repas dépasse largement celui des billets de train. Notre voyage aura coûté au total 2 764 francs par personne pour seize jours, soit :

Billets   650 CHF
Hôtels   1 500 CHF
Repas, etc.   614 CHF

Ce montant inclut un abonnement de transport demi-tarif, valable pour tous les trajets en trains et en bateaux dans toute la Suisse, un excellent investissement pour tous les visiteurs des temps modernes.

On constate cependant qu'en dépit des cent cinquante ans qui nous séparent de Mlle Jemima, le coût total lui n'est pas si éloigné ; sauf si nous avions passé quatre jours à Paris à la fin du voyage, le budget aurait peut-être explosé. La plus grande différence, mais pas la plus réjouissante, aurait été marquée par des trajets en avion plutôt qu'en train ; moins cher, mais moins amusant.

. . .

Le franc suisse est désormais l'une des plus fortes monnaies du monde, mais tel ne fut pas toujours le cas, en particulier en 1863. Lorsque Thomas Cook arriva en Suisse avec son groupe de touristes, le franc n'avait que treize ans. La nouvelle monnaie unique venait d'être adoptée, de même que la Constitution fédérale, pour aider à l'unification du pays après la guerre civile.

Avant l'arrivée du franc, plus de 8 000 pièces différentes étaient utilisées comme moyen de paiement légal en Suisse. Non seulement chaque canton possédait sa propre monnaie, mais les monnaies de l'ancienne République et des pays voisins étaient aussi mises en circulation. Le nouveau franc fut conçu sur le modèle du franc français, divisé en centimes (ou Rappen, en allemand). Pour les voyageurs britanniques un peu trop anxieux, les guides de voyage stipulaient que « les souverains et les billets anglais sont généralement acceptés dans les hôtels partout en Suisse ». Ce qui n'est plus le cas aujourd'hui.

La livre de 1863 fonctionnait sur un système pré-décimal, qui porte à confusion tant pour les étrangers que pour tous les Britanniques nés après 1971 :

une livre était égale à 20 shillings et un shilling à 12 pence. Les prix étaient libellés avec les symboles unitaires : £, s, p. Le coût total du premier voyage de Thomas Cook s'élevait à 19 £ 7 s 6 p par exemple. Et pour rendre les choses encore plus compliquées, il existait d'autres pièces avec d'autres montants et d'autres noms, qui disparurent toutes avec le système décimal :

Bob – nom familier du shilling

Couronne – pièce en argent d'une valeur de cinq shillings (soit un quart de livre)

Guinée – équivalent de 21 shillings, basé sur une pièce qui n'existait plus

Souverain – pièce d'or d'une valeur d'une livre

Si l'on compare les prix d'hier et d'aujourd'hui, il faut considérer certaines particularités :

Taux de change – en 1863, une livre équivalait à 25 francs, un taux qui resta relativement stable jusqu'à la Première Guerre mondiale. Depuis, le franc suisse n'a cessé de se renforcer :

En 1945, 1 £ =   17 CHF
En 1970, 1 £ =   20 CHF
En 2000, 1 £ =   2,50 CHF
Aujourd'hui, 1 £ = 1,50 CHF

Valeur relative – le plus difficile pour les lecteurs contemporains, c'est d'estimer la valeur des choses d'autrefois par rapport à celles d'aujourd'hui. Pour les biens de consommation, nous pouvons nous baser sur l'inflation : un billet de train qui coûtait 7,20 francs en 1863 vaut aujourd'hui 100 francs, tandis qu'une livre de bœuf à huit shillings vaut aujourd'hui 2,40 livres. Étant donné que les salaires et les prix n'ont pas évolué au même rythme, il convient peut-être d'aborder la question sous un autre angle. En Suisse en 1863, le beurre était deux fois plus cher que le bœuf, mais il fallait deux jours de salaire à un ouvrier agricole pour en acheter un kilo ; en Grande-Bretagne, le même ouvrier ne déboursait qu'une demi-journée de travail pour acheter un kilo de beurre anglais. Afin de vous aider, dans vos exercices de calcul mental pendant la lecture de ce livre, voici une petite aide à la conversion (très succincte) :

1863	**Aujourd'hui**	**1863**	**Aujourd'hui**
1 £	75 £	25 CHF	375 CHF
1 s	3,75 £	1 CHF	15 CHF
10 p	3 £	10 centimes	1,50 CHF
1 p	30 p	1 centime	15 centimes

Bibliographie

Livres en anglais

Michael Bailey (ed.), Robert Stephenson: *The Eminent Engineer*, Ashgate Publishing, 2003.

Andrew Beattie, The Alps: *A Cultural History, Signal Books*, 2006.

Geoffrey Best, *Mid-Victorian Britain 1851–75*, Flamingo, 1985.

Diccon Bewes, *Swiss Watching: Inside the Land of Milk and Money*, 2nd edition, Nicholas Brealey Publishing, 2012.

Diccon Bewes, *Swisscellany: Facts and Figures about Switzerland*, Bergli Books, 2012.

Margrit Bodmer-Jenny & Rudolf Gallati, *From Interlaken with Love*, Ott Verlag, 1986.

George Bradshaw, *Bradshaw's Handbook 1863, Old House*, 2010.

R. James Breiding, *Swiss Made, Profile Books*, 2013.

Piers Brendon, *Thomas Cook, Secker & Warburg*, 1991.

W. Catrina, P. Krebs, B. Moser & R. Rettner, *Jungfraujoch: Top of Europe*, AS Verlag, 2011.

Clive H. Church & Randolph C. Head, *A Concise History of Switzerland*, Cambridge, 2013.

Ronald W. Clark, *The Day the Rope Broke*, Mara Books, 2008.

Beverly Cole, *Trains: The Early Years, H. Fullmann*, 2011.

Ann C. Colley, *Victorians in the Mountains*, Ashgate, 2010.

Arthur Conan Doyle, *The Final Problem, Strand Magazine*, 1893.

Thomas Cook, *Guide to Cook's Tours in France, Switzerland & Italy*, Thomas Cook Ltd, 1865.

Thomas Cook, *Cook's Tourist's Handbook to Switzerland*, Thomas Cook Ltd, 1874.

Ed Douglas, *Mountaineer*, Dorling Kindersley, 2011.

Matthew Engel, *Eleven Minutes Late*, Pan Macmillan, 2009.

Karen Farrington, *Great Victorian Railway Journeys*, Collins, 2012.

Henry Gaze, *Switzerland: How to See it for Ten Guineas*, W. Kent, 1862.

Gérard Geiger (ed.), 1291–1991 : *The Swiss Economy*, SQP Publications, 1991.

H. B. George, *The Oberland and Its Glaciers: Explored and Illustrated with Ice-Axe and Camera*, Unwin Brothers, 1866.

Jill Hamilton, *Thomas Cook: The Holiday-Maker*, Sutton Publishing, 2005.

Adam Hart-Davis, *What the Victorians Did for Us*, Headline, 2001.

K. Theodore Hoppen, *The Mid-Victorian Generation 1846–1886*, Clarendon Press, 1998.

Arnold Lunn, *Switzerland and the English*, Eyre & Spottiswoode, 1945.

Jemima Morrell, *Miss Jemima's Swiss Journal*, Putnam, 1963.

Richard Mullen & James Munson, *The Smell of the Continent*, Macmillan, 2009.

John Murray (ed.), *A Handbook of Travel-Talk*, John Murray, 1858.

John Murray III, *A Handbook for Travellers in Switzerland, and the Alps of Savoy and Piedmont*: 9th edition, John Murray, 1861.

Jim Ring, *How the English Made the Alps*, John Murray, 2000.

Ralph Roman Rossberg, *The Jungfrau Region, Hallwag*, 1991.

Alan Sillitoe, *Leading the Blind: A Century of Guidebook Travel 1815–1911*, Bookcase Editions, 2004.

Jonathan Steinberg, *Why Switzerland?*, Cambridge University Press, 1996.

Edmund Swinglehurst, *Cook's Tours, Blandford Press*, 1982.

Matthew Teller, *The Rough Guide to Switzerland*, Rough Guides, 2010.

Mark Twain, *A Tramp Abroad, Penguin*, 1998.

Christian Wolmar, *Fire and Steam*, Atlantic Books, 2007.

John Wraight, *The Swiss and the British*, Michael Russell, 1987.

The Kandersteg Story, Altels Verlag, 2001.

Railways in the Bernese Oberland, Photoglob, 2001.
Switzerland: 1st edition, Baedeker, 1863.

The Railway Traveller's Handy Book 1862, Old House, 2012.

The Rough Guide to France, Rough Guides, 2011.

UNWTO Tourism Highlights, World Tourism Organisation, 2012.

Livres en allemand

Georges Andrey, *Schweizer Geschichte für Dummies*, Wiley, 2009.

Hans Brugger, *Die schweizerische Landwirtschaft 1850–1914*, Huber Verlag, 1978.

Bundesamt für Statistik, *Statistisches Jahrbuch der Schweiz 2012*, NZZ Verlag, 2012.

Agnès Couzy et al., *Legendäre Reisen in den Alpen*, Frederking & Thaler, 2007.

Arthur Fibicher, *Walliser Geschichte Band 3.1*, Sitten, 1993.

Roland Flückiger-Seiler, *Hotel Paläste: zwischen Traum und Wirklichkeit*, Hier+Jetzt, 2003.

Roland Flückiger-Seiler, *Hotel Träume: zwischen Gletschern und Palmen*, Hier+Jetzt, 2005.

Thomas Frey & Hans-Ulrich Schiedt, *Monetäre Reisekosten in der Schweiz 1850–1910 – Wie viel Arbeitszeit kostet die Freizeitmobilität?*, in Hans-Jörg Gilomen et al. (eds), Freizeit und Vergnügen vom 14. bis zum 20. Jahrhundert (Reihe: Schweizerische Gesellschaft für Wirtschafts- und Sozialgeschichte – Société Suisse d'histoire économique et sociale 20), Via Storia, 2005.

Rudolf Gallati, *Aarmühle Interlaken: Eine Ortsgeschichte*, Verlag Schlaefli, 1991.

Louis Gaulis & René Creux, *Schweizer Pioniere der Hotellerie*, Editions de Fontainemore, 1976.

Albert Hauser, *Das Neue kommt: Schweizer Alltag im 19. Jahrhundert*, NZZ Verlag, 1989.

Dr Joseph Hardegger et al., *Das Werden der modernen Schweiz 1798–1914*, Lehrmittelverlag des Kantons Basel Stadt, 1986.

Adi Kälin, Rigi: *Mehr als ein Berg*, Hier+Jetzt, 2012.

Christine Kehrli-Moser, *Rosenlaui*, 2012.

Markus Klenner, *Eisenbahn und Politik 1758–1914*, WUV Universitätsverlag, 2002.

Markus Krebser, *Interlaken*, Verlag Krebser Thun, 1990.

Dr Louis Largo & Peter Salzmann, *Thermen im Wallis*, Mengis Druck, 2012.

Thomas Maissen, *Geschichte der Schweiz*, Hier+Jetzt, 2010.

Ruth Reinecke-Dahinden, *Die Rigi*, Sutton Verlag, 2011.

Heiner Ritzmann-Blickenstorfer & Hansjörg Siegenthaler (Hg.), *Historische Statistik der Schweiz*, Chronos-Verlag, 1996.

Christian Schütt (Hg.), *Chronik der Schweiz*, Chronik Verlag & Ex Libris Verlag, 1987.

F.A. Volmar, *Die erste Eisenbahn der Berner Oberlandes*, Haupt Verlag, 1946.

Hans G. Wägli, *Schienennetz der Schweiz*, AS Verlag, 2010.

Felix Weber, *175 Jahre Rigi Kulm Hotel*, Familie Käppeli, 1991.

Christoph Wyss, *100 Jahre Tourismus-Organisation Interlaken*, Schlaefli & Maurer, 2009.

Ein Jahrhundert Schweizer Bahnen 1847–1947, Eidgenössisches Amt für Verkehr, 1947.

Schweiz: 9ᵉ Auflage, Bacdckcr, 1862.

Schweizer Tourismusstatistik, *Bundesamt für Statistik*, 2011.

Liste des illustrations et crédits des photos

9	Carte de l'itinéraire (*Miss Jemima's Swiss Journal*, 1963, archives de Thomas Cook)
18	Page de titre du journal original de Mlle Jemima (archives de Thomas Cook)
20	Photo de groupe du Junior United Alpine Club (archives de Thomas Cook)
23	William Morrell (archives de Thomas Cook)
23	Jemima Morrell (archives de Thomas Cook)
25	Jemima Morrell et ses parents (Richard Moody/Peter Williamson)
30	Thomas Cook (archives de Thomas Cook)
40	Publicité tirée de *A Handbook for Travellers in Switzerland, and the Alps of Savoy and Piedmont*, John Murray, 9e édition, 1861
58	Page de Genève (tirée du journal original de Mlle Jemima, archives de Thomas Cook)
64	Gare Cornavin, Genève (BGE, Centre d'iconographie genevoise)
73	Publicités tirées de *A Handbook for Travellers in Switzerland, and the Alps of Savoy and Piedmont*, John Murray, 9e édition, 1861
75	Souvenir de Genève (BGE, Centre d'iconographie genevoise)
85	Pont du Mont-Blanc et Lac de Genève (archives de Thomas Cook)
87	Hôtel de La Couronne, Genève (BGE, Centre d'iconographie genevoise)
92	Une diligence (archives de Thomas Cook)

– Liste des illustrations et crédits des photos – 397

95	Vue de Saint-Martin (tirée du journal original de Mlle Jemima, archives de Thomas Cook)
102-3	Chamonix, Le Mauvais Pas et la Mer de Glace (Zentralbibliothek Zürich)
115	Hôtel Royal de Chamonix et Mont-Blanc, env. 1860 (© Collection du Musée Alpin de Chamonix – Tous droits réservés)
127	Randonnée au-dessus de la Mer de Glace (archives de Thomas Cook)
131	Mer de Glace, env. 1860 (© Collection du Musée Alpin de Chamonix – Tous droits réservés)
140	Vue Grand Bain, Leukerbad (Thermen in Wallis)
143	Passage au-dessus des Alpes (archives de Thomas Cook)
145	Col de la Tête Noire (tiré du journal original de Mlle Jemima, archives de Thomas Cook)
154	Die Eiserne Thurbrücke, Ansicht von Osten gegen Andelfingen, 1857 (Zentralbibliothek Zürich)
158	Sion, Vue Générale, Laurent Deroy, um 1845 (Zentralbibliothek Zürich)
160	Sion (tiré du journal original de Mlle Jemima, archives de Thomas Cook)
171	Centre de Loèche-les-Bains (archives de Thomas Cook)
178	Leukerbad und Balmhorn (Thermen im Wallis)
182	Page de l'Oberland Bernois (tirée du journal original de Mlle Jemima, archives de Thomas Cook)

187	À cheval sur un sentier de montagne (archives de Thomas Cook)
201	Hôtel Schwarenbach, Col de la Gemmi (archives de Thomas Cook)
203	Hôtel de l'Ours, Kandersteg (archives de Thomas Cook)
208	Tunnelarbeiter beim Vollausbruch (BLS AG Archive)
213	E 3/3 Nr 2 (oder Nr 3, je nach Quelle) der Gürbetalbahn im Kandertal Station Aeschi/Heustrich mit Gepäckwagen F44 und zwei zweitklassigen Personenwagen (archives de BLS AG)
221	Interlaken mit Jungfrau (Zentralbibliothek Zürich)
224	Omnibus tiré par des chevaux (archives de Thomas Cook)
229	Chute du Staubbach prise à l'entrée du village de Lauterbrunnen, Gabriel Lory fils, gravure, c1820 (© Collection Niklaus et Elsbeth Wyss-Burger, Unterseen)
233	Souvenir d'Interlaken, Krüsi, gravure sur acier, 1855 (© Collection Niklaus et Elsbeth Wyss-Burger, Unterseen)
237	Höhematte, Interlaken (archives de Thomas Cook)
240	Unterseen, Barnard, lithographie colorisée, env. 1850 (© Collection Niklaus et Elsbeth Wyss-Burger, Unterseen)
243	Carte postale de l'Hôtel Central Continental (Tourisme Interlaken)

246	Hôtel Victoria-Jungfrau, Interlaken (archives de l'Hôtel Victoria-Jungfrau)
251	Dampflok der WAB in Grindelwald, im Hintergrund Wetterhorn (archives de BLS AG)
254	Station Eismeer Ausbruch, 1903 (archives de la Jungfraubahn)
261	Bahnen der Jungfrau Region Postkarte (archives de la Jungfraubahn)
264	Glacier inférieur de Grindelwald, Franziska Möllinger, lithographie colorisée d'après un daguerréotype, 1844 (© Collection Niklaus et Elsbeth Wyss-Burger, Unterseen)
267	Hôtel de l'Aigle Noir, en-tête d'une note d'hôtel vers 1870, lithographie (© Collection Christoph Wyss, Unterseen)
269	Grindelwald, Rudolf Dickenmann, gravure sur acier, vers 1860 (© Collection Niklaus et Elsbeth Wyss-Burger, Unterseen)
271	Grotte glacière (tiré du journal original de Mlle Jemima, archives de Thomas Cook)
286	Débarcadère et embarcadère d'Interlaken Ost (archives de Thomas Cook)
287	Hôtel du Lac, Interlaken (Familie Hofmann)
291	DS Brienz in Interlaken Ost (archives de BLS AG)
294	Giessbach, Rudolf Dickenmann, gravure sur acier, 1879 (© Collection Niklaus et Elsbeth Wyss-Burger, Unterseen)
299	Brünigbahn-Einschnitt, Verlag Chr. Brennenstuhl, Meyringen, Nr. 11 (Sammlung Joachim Biemann)

307	Die Luzern-Rigi-Bahn von Vitznau nach Rigi-Kulm, Corradi, 1877 (Zentralbibliothek Zürich)
310	Carte postale représentant le Lion de Lucerne (Diccon Bewes)
312	Lucerne et le Pilatus (archives de Thomas Cook)
314	Luzern & Rigi (Zentralbibliothek Zürich)
315	Rigi Bahn (archives de Thomas Cook)
324	Die Luftbahn auf dem Rigi, 1864 (Zentralbibliothek Zürich)
336	Rigi Sonnenaufgang, 1875 (Zentral- und Hochschulbibliothek Luzern, Sondersammlung)
343	Le port et la ville de Neuchâtel, vers 1870-1875 (045PHO-4.3) (AEN, Archives de l'État de Neuchâtel)
352	Registre de la clientèle de l'Hôtel Rigi Kulm (Familie Käppeli)
354	Cook's Tourist's Handbook to Switzerland, 1874 (archives de Thomas Cook)
365	Publicités tirées du Guide to Cook's Tours in France, Switzerland and Italy, 1865 (archives de Thomas Cook)
376	Illustration de Jemima Morrell tirée de *The History and Antiquities of Selby* de William Wilberforce Morrell, Whittaker & Co, 1867
377	Révérend William Leir, 1768-1863 (Diccon Bewes)

Remerciements

J'ai rencontré Mlle Jemima pour la première fois il y a quatre ans, j'ai eu l'idée d'écrire un livre il y a trois ans, j'ai marché dans les pas de Mlle Jemima il y a deux ans, et le projet s'est réalisé il y a un an. Il m'a fallu du temps pour faire tout ce chemin, et j'ai été beaucoup aidé tout du long.

Rien de tout cela ou presque n'aurait été possible sans Paul Smith, l'archiviste de Thomas Cook ; ou du moins, cela aurait été nettement moins intéressant. Il en sait bien plus qu'il n'en faut sur l'histoire de Cook et a patiemment partagé et abordé avec moi les aspects les plus subtils des voyages organisés au 19e siècle.

Toute l'équipe londonienne de Switzerland Tourism, mais Marcelline Kuonen et Heidi Reisz en particulier, m'ont continuellement soutenu et encouragé, notamment lors des journées de grande chaleur passées à la House of Switzerland pendant les Jeux Olympiques de Londres. Je remercie également toutes les personnes rencontrées dans les divers offices de tourisme et centres d'archives locaux qui nous ont accueillis sans broncher, moi, mes questions pointues et mes demandes bizarres, en particulier Fabian Appenzeller à Lucerne, David Kestens à Loèche-les-Bains, Alice Leu à Interlaken, Anne-Sophie Perrin à Chamonix, Stephan Römer à Grindelwald et Doris Wandfluh à Kandersteg.

Je remercie spécialement Daniela Fuchs de la JungfrauBahn, Anita Grossniklaus de BLS, Ernst Hofmann de l'Hôtel du Lac, Caroline Kälin de l'Hôtel Victoria-Jungfrau, Renate Käppeli de l'Hôtel Rigi Kulm, Didier Plaschy de Via Storia, Alice Robinson de la Zentralbibliothek Zürich, Julia Slater de swissinfo.ch, Bryan Stone et Malcolm Bulpitt de la Swiss Railways Society, Peter Williamson d'Inntravel et Christoph Wyss du Touristik-Museum der Jungfrau-Region.

Je remercie enfin tous ceux qui m'ont aidé à aller aussi loin dans ce projet : Louise Atkinson, Joachim Biemann, Karen Davies, Christine Falcombello, Jane Fuhrimann-Greenaway, Tony Helyar, Silvia Hess, Dagmar Hexel, Carola Klein, Anthony Lambert, Michael Murphy, Catherine Nelson Pollard, Marcela Quezada, Daniel Pedroletti, Ruth Reinecke, Peter Salzmann, Janet Skeslien Charles, Beatrice Tschirren, Dirk Vaihinger, Kathy van Reusel, Christina Warren, Markus Williner.

J'adresse une note de remerciement personnelle aux personnes suivantes : Helen Fields, Shelley Harris et Brian Wright, qui ne m'ont jamais laissé oublier que l'écriture est source de plaisir, surtout le week-end ;

Anna Galvani et John Sivell, grâce à qui j'ai entretenu mon anglais en jouant au Scrabble ; Zelda McKillop, pour toutes ces heures passées à me relire ;

Julie Schmutz, qui m'a donné accès à une formidable source d'enrichissement en me faisant découvrir un livre essentiel ;

Martin Tschirren et Beat Stoller, qui ont tenu Gregor occupé ;

Simon Whitehead, qui m'a fait paraître à mon avantage sur pellicule (pour en savoir plus sur lui, rendez vous sur www.threebythree.ch).

Sans mon agent, Edwin Hawkes, et le personnel au complet de Nicholas Brealeay Publishing, ce livre serait toujours dans mon ordinateur et non entre vos mains. Le lecteur ne soupçonne peut être pas le travail de fond qu'ils ont accompli dans l'ombre, mais je leur en suis pour ma part éternellement reconnaissant.

Sans Gregor et sa famille, je ne serais pas resté aussi longtemps en Suisse et n'aurais jamais écrit ce livre, et trois encore moins. Gregor m'a partagé ces dernières années avec une dame de 180 ans, mais s'est rarement plaint de notre inhabituel ménage à trois.

Enfin, et surtout, merci à toute ma famille, qui est peut-être loin physiquement mais est présente par l'esprit. Et merci tout particulièrement à mes parents, dont l'enthousiasme et le soutien m'ont aidé à croire que ce rêve pouvait devenir réalité.